探究の過程における
すぐ実践できる 情報活用スキル
単元シートを活用した授業づくり ——— 55

塩谷京子［著］
SHIOYA Kyoko

ミネルヴァ書房

はじめに

　本書『探究の過程における　すぐ実践できる情報活用スキル55――単元シートを活用した授業づくり』（以下，『情報活用スキル55』と表記）は，『すぐ実践できる情報スキル50――学校図書館で育む基礎力』（2016）（以下，『情報スキル50』と表記）の続編です。続編である本書は，『情報スキル50』の特徴を生かし，発展させました。この発展が本書の軸でもあります。「はじめに」は7ページに渡ります。簡単に一読してから，目次へと進んでみてください。本書の役立て方が見えてきます。

　『情報スキル50』の特徴は，探究の過程におけるスキルを，小学校1年生から中学校3年生までの9年間を見通して示したことでした。そのため，9年間のスキルの系統が把握できるように，指導事例と解説を組み入れながら，指導者自身がスキルの系統と指導法を理解できる構成としました。なお，探究の過程については世界中でいくつものプロセスが提案されていますが，学習指導要領解説の総合的な学習の時間編（文部科学省 2008）に示されている「課題の設定」「情報の収集」「整理・分析」「まとめ・表現」の4つの過程をもとに作成しました。

　『情報スキル50』出版後，学習指導要領が改訂されました（文部科学省 2017a, 2017b）。「改訂のポイント」（文部科学省 2017c）には「教育内容の主な改善事項」として，以下の6項目（その他を除く）が取り上げられています。

「言語能力の確実な育成」
- 発達の段階に応じた，語彙の確実な習得，意見と根拠，具体と抽象を押さえて考えるなど情報を正確に理解し適切に表現する力の育成（小中：国語）
- 学習の基盤としての各教科等における言語活動（実験レポートの作成，立場や根拠を明確にして議論することなど）の充実（小中：総則，各教科等）

「理数教育の充実」
「伝統や文化に関する教育の充実」
「道徳教育の充実」　　　　　　　　　　――説明は略
「体験活動の充実」
「英語活動の充実」
「その他の重要事項」

このうちの,「言語能力の確実な育成」には,事例を示したうえで,「情報を正確に理解し適切に表現する力の育成」「学習の基盤としての各教科等における言語活動」を重視することが示されています。これらの事例の中には,「意見と根拠」「実験レポートの作成」など,筆者が整理してきたスキルと重なるものがあります。そのため本書は,探究の過程におけるスキルを習得することだけでなく学習指導要領改訂のポイントの中の「言語能力の確実な育成」を視野に入れた構成を,企画段落から意識しました。
　このように,新学習指導要領に対応し,『情報スキル50』の特徴を生かしたうえで,その延長線上に本書への発展の道筋を描きたいと考え,基本方針として次の3点を立てました。

① 「情報スキル」から「情報活用スキル」へ
② 探究の過程における「情報活用スキル」を再検討
③ 単元づくりに役立つ「授業レポート」と「単元シート」の充実

　この3点は,本書の柱にもなっていることから,大まかに説明を加えておきます。

① 「情報スキル」から「情報活用スキル」へ
　『情報スキル50』の続編である本書のタイトルに,「活用」という文字を加えたのには,2つの理由があります。一つは,書店等で,『情報スキル50』が教育ではなくコンピュータの棚に置かれているのを目にしたからです。本書は情報全般に関するスキルではなく情報を「活用」するときに必要となるスキルについて扱っている本であることをタイトルから伝える必要性を感じました。もう一つは,学習指導要領改訂により,「知識・技能」は,単に記憶するとか,身につけることだけではなく,生きて働くものであるという考え方が示されたことです。新学習指導要領では,「生きて働く」場面として,小学校では「日常生活」,中学校では「社会生活」という用語が使われています。筆者が「スキル」という用語を使用してきたのも,日常生活や社会生活において情報を「活用」するときに,必要となる「知識・技能」を整理したいという考えがもとになっています。情報を活用するスキルが,生きて働く知識・技能として身につくためには,各教科等の単元において,ねらいに対応した学習活動の中で繰り返し「活用」することが大切であると考えています。
　このような経緯により,本書は「知識・技能」に目を向け,日々の授業において情報をどう「活用」するのかを解説した内容であることから,「**情報活用スキル**」という用語を使用することとしました。

② 探究の過程における「情報活用スキル」を再検討

　一覧表を作成するにあたり、項目を再検討しました。まず、縦軸は探究の過程、横軸に発達段階としている点は、『情報スキル50』と変わりません。修正したのは、それぞれの中の分類です。新学習指導要領の文言や、学校現場での授業実践をもとに、縦軸では、「情報の収集」「整理・分析」「まとめ・表現」の過程を、横軸では発達段階を、次のように整理しました。

〈縦軸の探究の過程「情報の収集」（次頁の「本書への発展の道筋」Ⓐ参照）〉

> 「情報の収集」の過程の「集める」の中を、
> 　「調べる─メディアを選ぶ」「調べる─情報を見つける」
> 　「地域に出て調査をする」
> 　「観察や実験をする」
> の3つに分類し、「観察や実験をする」の項目を新たに加えました。

　情報を集める方法には、「ライブラリーワーク」「フィールドワーク」「ラボラトリーワーク」があり、「ラボラトリーワーク」が「観察や実験をする」にあたります。「ライブラリーワーク」は「調べる─メディアを選ぶ」「調べる─情報を見つける」にあたり、「フィールドワーク」は「地域に出て調査をする」にあたります。

　「言語能力の確実な育成」は「各教科等における言語活動を通して行う」（文部科学省 2017c）と示されたことから、理科で扱う「観察や実験をする」を情報を集める方法の一つとして加えました。そうすることで、情報を集めるときに、3つの方法を別々のものとするのではなく、「見学」と「本で調べる」、「観察」と「本で調べる」、「インタビュー」と「実験」というような組み合わせもイメージしやすくなるからです。

　そして、この3つの方法で得た結果やデータは、主張や結論を述べるときの根拠の元になる事実として示すことができ、「まとめ・表現」の過程へとつながっていきます。

〈縦軸の探究の過程「整理・分析」（次頁の「本書への発展の道筋」Ⓑ参照）〉

> 「整理・分析」の過程を、
> 　「ものごとを分析し特徴や傾向をつかむ」
> 　「量を分析し特徴や傾向をつかむ」
> の2つに分類しました。

　新学習指導要領では算数・数学の領域が再構成され、「データの活用」という領域が新設されました。各教科等において、アンケート結果や実験結果を整理したうえで、データを用いて「特徴や傾向をつかむ」という学習が、すでに行われています。算数・数学での学びを各教科等の学習へつなげるために、本書の「情報活用スキル一覧表」では、「量を分析し特徴や傾向をつかむ」という項目名で整理しました。

本書への発展の道筋

『情報スキル50』の一覧表

探究の過程		タイトル	ステップ1 小学校1／2年生	ステップ1 小学校3／4年生	ステップ2 小学校5／6年生	ステップ3 中学校1年生	ステップ3 中学校2年生	ステップ3 中学校3年生
Ⅰ 課題の設定	つかむ	A 問いをつくる	①知りたいことを絞る ＊国語・生活	②知りたいことを整理する ＊国語・社会・総合	③知識を広げてからテーマを選ぶ ＊国語・総合		④共通テーマから自分の問いを作る ＊国語・総合	
Ⅱ 情報の収集	見通す	B 計画を立てる			⑤調べる方法を整理する ＊国語・社会・総合	⑥調査計画を立てる ＊地理・総合		
	集める	C 探索する	⑦読みたい本の場所を知る ＊国語・学活	⑧日本十進分類法（NDC）を知る ＊国語・学活	⑨参考図書を使う ＊国語・社会	⑩メディアの種類や特徴を知る ＊国語・総合	⑪使用するメディアを目的に応じて選ぶ ＊地理	
		D 事典・辞典を引く		⑫百科事典を引く ＊国語		⑬事典・辞典を使いこなす ＊国語		
		E 目次・索引を使う		⑭目次・索引を使う ＊国語・社会・理科・総合		⑮見当をつけて情報・資料を探す ＊国語・地理・総合		
		F インターネットを使う		⑯キーボードを使う ＊国語・総合	⑰インターネットを使って情報を集める ＊国語・社会・総合		⑱インターネットのよりよい利用について考える ＊道徳	
		G 地域に出て調査をする		⑲アンケートを作る ＊国語・社会・総合	⑳インタビューをする ＊国語・社会・総合	㉑目的に応じたアンケートを作成する ＊国語	㉒目的に応じたインタビューを行う ＊国語	
	収める	H 情報を手元に置く	㉓問いと答えを正対させる ＊国語・生活	㉔要約と引用を区別する ＊国語・社会	㉕参考にした資料を書く ＊国語・社会・理科・総合	㉖著作権を意識して要約や引用をする ＊道徳		
Ⅲ 整理・分析	考えをつくる	I 言葉を扱う		㉗集めた情報を比較・分類する ＊国語・社会・総合	㉘関係づけながら主張を見出す ＊国語・社会・理科・総合	㉙観点を立てて情報を整理する ＊国語	㉚目的に応じて情報を整理する方法を選ぶ ＊国語	㉛事実と主張のつながり方を読み取る（論理展開） ＊国語
		J 数値を扱う			㉜調査結果の特徴を読み取る（グラフ，表） ＊社会・算数・総合		㉝調査結果の傾向を読み取る（ヒストグラム） ＊地理・数学・総合	㉞標本調査から母集団の傾向を読み取る ＊数学・生徒会活動
Ⅳ まとめ・表現	まとめる	K 筋道を通す	㉟なぜ・なにシートを使って主張と根拠を組み立てる ＊国語・生活		㊱ピラミッドチャートを使って事実・意見・主張を組み立てる ＊国語・社会・理科・総合	㊲ピラミッドチャートを使って構造化する ＊国語・社会・理科・総合		
	表現する	L プレゼンテーションをする		㊳形式に沿ってプレゼンテーションを行う（紙芝居） ＊国語・総合	㊴主張が伝わるプレゼンテーションを行う ＊国語・社会・総合		㊵相手や目的に応じたプレゼンテーションを行う ＊国語	
		M 事実や事柄を正確に伝える		㊶はじめ・なか・おわりを区別して報告する文章を書く ＊国語	㊷事実（結果）と自分の考えを区別して報告する文章を書く ＊国語・社会・総合	㊸レポートの形式を知る ＊国語	㊺わかりやすい説明の仕方を工夫する ＊国語	㊻自己の考えを明確にしてレポートにまとめる ＊理科
						㊹レポートにまとめる ＊国語		
		N 根拠に基づいて考えを伝える			㊼要約や引用を取り入れて意見文を書く ＊国語		㊽立場と根拠を明らかにして意見文を書く ＊国語	㊾根拠を明らかにして説得力のある批評文を書く ＊国語
								㊿文章の形態を選んで書く ＊国語

＊指導可能な各教科等

Ⓐ

Ⓑ

Ⓒ

Ⓓ

探究の過程における情報活用スキル55一覧表

探究の過程			No	ステップ1 探究の各過程におけるスキルを習得する段階 小学校1／2年生	No	小学校3／4年生	No	ステップ2 探究の過程を見通したときのスキルを習得する段階 小学校5／6年生	No	中学校1年生	No	ステップ3 より説得力をもたせるためのスキルを習得する段階 中学校2年生	No	中学校3年生
Ⅰ 課題の設定	問う	問いをつくる	1	知りたいことを絞ってから問いをつくる (国語・生活)	2	知りたいことを整理してから問いをつくる (国語・社会・理科・総合)	3	イメージを広げてから問いをつくる (国語・社会・理科・総合)		(国語・社会・総合)	4	共通テーマから自分の問いをつくる (国語・社会・理科・総合)		(社会・理科・総合)
Ⅱ 情報の収集	見通す	計画を立てる					5	調べる方法を整理し，調査計画を立てる (国語・社会・総合)		(社会・総合)	6	問いを解決する過程を順序立てる (社会・理科・総合)		(社会・理科・総合)
	集める	調べる―メディアを選ぶ	7	読みたい本の場所や日本十進分類法(NDC)を知る (国語・学活)		(国語・学活)	8	インターネットを使って情報を集める (国語・社会・理科・総合)	9	メディアの種類や特徴を知る (国語・総合)	14	メディアを選び，見当をつけて情報・資料を見つける (社会・理科・総合)		(社会・理科・総合)
		調べる―情報を見つける	10	目次・索引を使う (国語・生活)	11	百科事典を引く (国語)	12	年鑑を使う (国語・社会・総合)	13	見当をつけて事典・辞典・年鑑を使い分ける (国語)				
		地域に出て調査をする	15	身近な人々の生活や地域の出来事などに気づく (国語・生活)	16	形式に沿って，インタビューをしたりアンケートをつくったりする (国語・社会・総合)	17	話の流れに沿ってインタビューをする (国語・社会・総合)	18	目的に応じたアンケートを作成する (国語・総合)	19	目的に応じて，インタビューやアンケートを行う (国語・総合)		(総合)
		観察や実験をする	20	身の回りの生き物を五感を通して観察する (生活)	21	予想を立てて，観察や実験をする (理科)	22	予想をもとに条件を整えて，観察や実験をする (理科)	23	仮説を立てて，観察や実験をする (理科)	24	仮説を立証する方法を発想し，観察や実験をする (理科)		(理科)
	収める	情報を手元に置く	25	問いが求めている答えを書く (国語・生活)	26	要約と引用を区別する (国語・社会)	27	参考にした資料を書く (国語・社会・理科・総合)	28	著作権を意識して，要約や引用をする (国語・技術・道徳)				
Ⅲ 整理・分析	整理・分析する	ものごとを分析し特徴や傾向をつかむ	29	集めた情報を比較・分類する (国語・生活)		(国語・社会・理科・総合)	30	観点を立てて情報を整理する (国語・社会・総合)		(国語・総合)	32	目的に応じて観点別に情報を整理し，特徴や傾向をつかむ (国語・社会・理科・総合)		(国語・社会・理科・総合)
							31	集めた情報を関係付けたり，多面的に見たりする (国語・社会・理科・総合)		(国語・社会・理科・総合)				
		量を分析し特徴や傾向をつかむ	33	簡単な表やグラフを用いて，表したり読んだりする (算数)	34	棒グラフ・折れ線グラフの特徴や用い方を理解した上で，表したり読んだりする(差・変化) (国語・算数・総合)	35	表やグラフの特徴と用い方を理解する(差・変化・割合・度数分布) (算数)	36	ヒストグラムや相対度数の必要性と意味を理解する (数学)	38	四分位範囲や箱ひげ図の必要性と意味を理解する (数学)	39	標本調査の必要性と意味を理解する (数学)
							37	根拠に合った表やグラフを作成した上で，データの特徴や分布の傾向をつかむ (国語・算数・総合)		(社会・数学・総合)	40	データの分布の傾向を比較したり，標本から母集団の傾向を推定したりする (社会・数学・理科・技術・総合)		(社会・数学・理科・技術・総合)
Ⅳ まとめ・表現	まとめる	一つにまとめる	41	伝えたいことと，理由や事例を，順序立てたり筋道立てたりして組み立てる (国語・生活)		(国語・社会・理科・総合)	42	主張と根拠，根拠のもとになる事実を筋道立てる (国語・社会・理科・総合)		(国語・社会・理科・総合)	43	主張と根拠，根拠のもとになる事実を構造化する(論理展開) (社会・理科・総合)		(社会・理科・総合)
	表現する	プレゼンテーションをする	44	形式に沿って，スピーチやプレゼンテーション（紙芝居）を行う (国語・生活)		(国語・社会・理科・総合)	45	主張が伝わるプレゼンテーションを行う (国語・社会・総合)		(国語・社会・総合)	46	相手や目的に応じたプレゼンテーションを行う (国語・技術・総合)		(国語・英語・音楽・総合)
		事実や事柄を正確に伝える	47	観察したことや体験したことを順序よく書く (国語)	48	はじめ，なか，おわりを区別して報告する文章を書く (国語)	49	事実と自分の考えを区別して報告する文章を書く (国語・社会・総合)	50	レポートの形式(社会的・科学的）を知る (国語)	52	自己の考えを明確にして，報告する文章を書く (社会・理科・総合)		(社会・理科・総合)
									51	事実や事柄に基づいた根拠を取り入れて，報告する文章を書く (国語・社会・理科・総合)				
		根拠に基づいて考えを伝える					53	要約・引用，図表を取り入れて意見文を書く (国語)			54	主張の根拠となる具体例・説明を加えて，意見文を書く (国語)	55	根拠を明らかにして説得力のある批評文を書く (国語)

はじめに

〈縦軸の探究の過程「まとめ・表現」(「本書への発展の道筋」ⓒ参照)〉

> 「まとめ・表現」の過程の「まとめる」において,「筋道を通す」の表記を「一つにまとめる」に変更しました。

　まとめるという言葉は,さまざまな状況で使われます。「まとめ・表現」として,ひとくくりになっていることから,ここでの「まとめ」は表現が視野に入っていると考えられます。つまり,伝える相手がいることを前提としたうえでのまとめとなります。

　課題を設定し,情報を収集し,整理・分析する過程を経ると,自分の手元にはたくさんの事実や考えが残ります。それを,そのまますべて伝えたとしたら,読み手や聞き手は大変なことになります。そこで必要になるのが,相手に伝えるために順序立てたり,筋道立てたり,構造化したりして一本化することを意味した「まとめる」という段階です。小中学校の学習指導要領国語の目標(文部科学省 2017a, 2017b)では,「筋道立てて考える」という用語が小学校3年生から中学校1年生までの5年間に渡り使われています。小中9年間のうちの5年間を占めており,その前の小学校1,2年生は「順序立てて考える」,その後の中学校2,3年生は,「論理的に考える」という言葉が使われています。発達段階に応じて,これらの用語が使い分けられているのです。

　このように,「筋道を通す」ことは「まとめ」の一部であるため,全体を表し,なおかつ何をするのかがわかる用語として「一つにまとめる」を選びました。

〈横軸の発達段階〉

> 発達段階を「何を習得するのか」という視点で再検討し(「本書への発展の道筋」Ⓓ参照),
> 　　「ステップ1:**探究の各過程における**スキルを習得する段階」
> 　　「ステップ2:**探究の過程を見通したときの**スキルを習得する段階」
> 　　「ステップ3:**より説得力をもたせるための**スキルを習得する段階」
> という3つのステップに分類しました。

　この分類をもとに,小中9年間の接続という視点で,どの学年がどのステップにあたるのかを再度見直しました。小学校1〜4年生では探究の過程ごとのスキルを習得しているのに対し,「探究の過程を見通す」ことを前提としたスキルの習得が小学校5／6年生と中学校1年生で行われています。そのうえで,中学校2／3年生では「より説得力をもたせる」ことへと進みます。特に中学校1年生では,小学校の学びを中学校での学びの視点から整理したうえで,今後につながる基礎・基本を学びます。そのため,小学校5／6年生と中学校1年生をひとまとまりとすることで,小中をつなげた情報活用スキルの内容が見えやすくなると考えました。

> そこで，発達段階の区分を（iv頁の「本書への発達の道筋」①参照），
>   「ステップ1：小学校1～4年生」
>   「ステップ2：小学校5／6～中学校1年生」
>   「ステップ3：中学校2／3年生」
> に修正しました。

　このように，一覧表の「縦軸：探究の過程」と「横軸：発達段階」を再検討したうえで各区分を修正し，新学習指導要領の文言や学校現場での授業実践をもとに情報活用スキルを選び直しました。その結果，情報活用スキルの数を50から55に増やすことになりました。

③　単元計画に役立つ「授業レポート」と「単元シート」の充実
　「言語能力の確実な育成」のための授業改善を考えたときに必要なのは，授業を1時間ごとにとらえるのではなく，単元を見通したうえで本時では何をするのかという視点です。通常，単元計画を立てるときには，単元のねらいを把握したうえで，ねらいと子どもの実態に即した学習活動を，教師自身がいくつか選んでいます。また，学習活動に対してどういう準備が必要なのかを考え，授業を進めていきます。そして，授業後は，問題点を見出したり改善点をもとに学習活動を変更したりして，元の単元計画を修正します。
　本書では，このような授業改善に役立つために，スキルの系統と指導法の理解に重点を置いた『情報スキル50』より，さらに実践的な提案が必要であると考えました。一つは，**授業レポートの充実**，もう一つは**単元シート**の提示です。

> 　**授業レポート**には，各教科等における1つの単元において，
>   「ねらいに到達するために，どういう願いでどういう学習活動を設定したのか」
>   「情報活用スキルの習得は単元計画のどこに組み込んだのか」
>   「子どもはどのような反応をしたのか」
> など，教師の意図が見えるようにするため，各授業レポートの最初のページには**単元シート**を置きました。
> 　**単元シート**は，1ページで，
>   単元を概観でき，
>   学習する子どもの視点に立った単元の流れが見え，
>   ねらいと合った学習活動と学習活動に必要な準備を確認でき（2種類の付箋を使用），
>   単元の流れの中で，情報活用スキルを位置付けできる（矢印を使用）
> 構成となっています。

はじめに

　先生方が実際に単元計画を立てるときに，自由に書き込みができる枠のみの単元シートも付録としてつけました。合わせて，読者の方々からご要望の多かった情報カードも使い方例とチェック項目を示した形式で付録に加えました。本書の付録（194〜197頁）はコピー可としています。

　以上の3項目が，『情報スキル50』から本書『情報活用スキル55』への発展の道筋です。2冊を読み比べたり行き来したりしながら，授業づくりのお役に立てていただければ幸いです。

　　2018年12月4日　　　　　　　　　　　　　　　　　　　　　　塩谷　京子

目　次

はじめに

第1章　情報活用スキル55一覧表を読む……………………………………1

探究の過程における情報活用スキル55一覧表……………………………2
① 一覧表を3つの視点で見てみよう　4
② 「魚の目」で見たときの疑問　5
③ 「虫の目」で見たときの疑問　6
④ 「鳥の目」で見たときの疑問　10
⑤ 日々の授業と情報活用スキル55　15

第2章　単元計画に役立つ「単元シート」と「授業レポート」………………17

ステップ1　小学校1～4年生　探究の各過程におけるスキルを習得する段階……18
小1：生活　　　　図鑑の目次・索引を使って調べ情報カードに書く　18
小1：国語・生活　観察メモをもとに文章を書く　22
小1：国語　　　　目のカメラで撮った写真を文章で表す　26
小2：国語・生活　国語科とリンクした生活科の単元計画　30
小3／4年：総合　整理して見えてきた「問い」――知りたいことを見つけよう　36
小3：総合　　　　探究の各過程に情報活用スキルを組み込む　40
小3：理科　　　　比べることを通して植物には固有の形態があることを実感する　48
小3：国語　　　　例文の型をまねて，自分の文章を書く　52
小4：理科　　　　理由のある予想をもって実験をし，根拠のある説明をする　56
小4：国語　　　　集めた情報を整理・分類してから自分の考えをつくる　62
小4：国語　　　　友達に説明しながら，つながりがあるかどうかを考え合う　66

目 次

ステップ2 小学校5／6～中学校1年生 探究の過程を見通したときのスキルを習得する段階……………………………………………………………70

　小5／6年：総合　インターネットだけではダメ——3つの調べ方を組み合わせよう　70

　小5：総合　2段階の問いづくりを組み入れた単元づくり　74

　小5：総合　ピラミッドチャートで筋道立てれば報告書は簡単！　78

　小5：理科　莫大な情報の中から使用するサイトを子どもたちで選択する　84

　小5：社会　参考図書（年鑑）は役に立つ　90

　小6：社会　歴史を楽しく学ぶために——追究の扉をひらく　94

　小6：総合　事柄のつながりを整理し，主張を導き出す　98

　小6：国語　クラスをよりよくする意見文を書く　102

　小6：国語　自分の伝えたいことを短い言葉で表現する　106

　小6：国語　自分の考えをより明確に伝える意見文を書く　110

　中1：総合　探究の過程を見通した計画を立て，フィールドワークをスタート　114

　中1：国語　ふさわしいメディアで調べる　120

　中1：国語　ふさわしい参考図書で調べる——「何を調べるのか」を意識する　124

　中1：国語　著作者を尊重することで，自分の意見も大事にしよう——要約と引用　128

　中1：国語　観点を立てることと構成を組み立てること——中学生に必須な基礎基本　132

　中1：国語　事実，意見，主張のつながりを意識化する——ピラミッドチャートを使って　136

　中1：国語　レポートの形式は論理の流れ——正確にわかりやすく報告する　140

ステップ3 中学校2／3年生 より説得力をもたせるためのスキルを習得する段階……………………………………………………………144

　中2：国語　目的に合わせた情報分析——情報整理で先を見る　144

　中2：理科　実験結果を効果的に活用し，学習課題を解決できる力を身につける　150

　中2：国語　意見に説得力をもたせよう——フリップの効果を生かして　154

　中2：国語　意見に説得力をもたせよう——反論に対する意見を取り入れて　158

　中3：理科　「自分の興味や疑問」に向かい合う——卒業論文を書く　162

　中3：数学　標本調査って面白い！——数学，国語，図書館がつなが

    ると　170
  中3：音楽　曲のよさをプレゼンテーションしよう　176
  中3：国語　論理の展開を意識して──ゴールを見据える　180

引用・参考文献　184
おわりに　186
索　引　191
付　録　単元シート／単元シートの使い方
   情報カード／情報カードの使い方例とチェック

第1章

情報活用スキル55
一覧表を読む

探究の過程における情報活用スキル55一覧表

探究の過程		発達段階	ステップ1			
			探究の各過程におけるスキルを習得する段階			
			No	小学校1／2年生	No	小学校3／4年生
I 課題の設定	問う	問いをつくる	1	知りたいことを絞ってから問いをつくる（国語・生活）	2	知りたいことを整理してから問いをつくる（国語・社会・理科・総合）
II 情報の収集	見通す	計画を立てる				
	集める	調べる―メディアを選ぶ	7	読みたい本の場所や日本十進分類法（NDC）を知る（国語・学活）		（国語・学活）
		調べる―情報を見つける	10	目次・索引を使う（国語・生活）	11	百科事典を引く（国語）
		地域に出て調査をする	15	身近な人々の生活や地域の出来事などに気づく（国語・生活）	16	形式に沿って、インタビューをしたりアンケートをつくったりする（国語・社会・総合）
		観察や実験をする	20	身の回りの生き物を五感を通して観察する（生活）	21	予想を立てて、観察や実験をする（理科）
	収める	情報を手元に置く	25	問いが求めている答えを書く（国語・生活）	26	要約と引用を区別する（国語・社会）
III 整理・分析	整理・分析する	ものごとを分析し特徴や傾向をつかむ	29	集めた情報を比較・分類する（国語・生活）		（国語・社会・理科・総合）
		量を分析し特徴や傾向をつかむ	33	簡単な表やグラフを用いて、表したり読んだりする（算数）	34	棒グラフ・折れ線グラフの特徴や用い方を理解した上で、表したり読んだりする（差・変化）（国語・算数・総合）
IV まとめ・表現	まとめる	一つにまとめる	41	伝えたいことと、理由や事例を、順序立てたり筋道立てたりして組み立てる（国語・生活）		（国語・社会・理科・総合）
	表現する	プレゼンテーションをする	44	形式に沿って、スピーチやプレゼンテーション（紙芝居）を行う（国語・生活）		（国語・社会・理科・総合）
		事実や事柄を正確に伝える	47	観察したことや体験したことを順序よく書く（国語）	48	はじめ、なか、おわりを区別して報告する文章を書く（国語）
		根拠に基づいて考えを伝える				

第1章 情報活用スキル55一覧表を読む

（ ）内は実践可能な各教科等

	ステップ2 探究の過程を見通したときのスキルを習得する段階				ステップ3 より説得力をもたせるためのスキルを習得する段階		
No	小学校5／6年生	No	中学校1年生	No	中学校2年生	No	中学校3年生
3	イメージを広げてから問いをつくる (国語・社会・理科・総合)		(国語・社会・総合)	4	共通テーマから自分の問いをつくる (国語・社会・理科・総合)		(社会・理科・総合)
5	調べる方法を整理し，調査計画を立てる (国語・社会・総合)		(社会・総合)	6	問いを解決する過程を順序立てる (社会・理科・総合)		(社会・理科・総合)
8	インターネットを使って情報を集める (国語・社会・理科・総合)	9	メディアの種類や特徴を知る (国語・総合)	14	メディアを選び，見当をつけて情報・資料を見つける (社会・理科・総合)		(社会・理科・総合)
12	年鑑を使う (国語・社会・総合)	13	見当をつけて事典・辞典・年鑑を使い分ける (国語)				
17	話の流れに沿ってインタビューをする (国語・社会・総合)	18	目的に応じたアンケートを作成する (国語・総合)	19	目的に応じて，インタビューやアンケートを行う (国語・総合)		(総合)
22	予想をもとに条件を整えて，観察や実験をする (理科)	23	仮説を立てて，観察や実験をする (理科)	24	仮説を立証する方法を発想し，観察や実験をする (理科)		(理科)
27	参考にした資料を書く (国語・社会・総合)	28	著作権を意識して，要約や引用をする (国語・技術・道徳)				
30	観点を立てて情報を整理する (国語・社会・総合)		(国語・社会・総合)	32	目的に応じて観点別に情報を整理し，特徴や傾向をつかむ (国語・社会・理科・総合)		(国語・社会・理科・総合)
31	集めた情報を関係付けたり，多面的に見たりする (国語・社会・理科・総合)		(国語・社会・理科・総合)				
35	表やグラフの特徴と用い方を理解する(差・変化・割合・度数分布) (算数)	36	ヒストグラムや相対度数の必要性と意味を理解する (数学)	38	四分位範囲や箱ひげ図の必要性と意味を理解する (数学)	39	標本調査の必要性と意味を理解する (数学)
37	根拠に合った表やグラフを作成した上で，データの特徴や分布の傾向をつかむ (国語・算数・総合)		(社会・数学・総合)	40	データの分布の傾向を比較したり，標本から母集団の傾向を推定したりする (社会・数学・理科・技術・総合)		(社会・数学・理科・技術・総合)
42	主張と根拠，根拠のもとになる事実を筋道立てる (国語・社会・理科・総合)		(国語・社会・理科・総合)	43	主張と根拠，根拠のもとになる事実を構造化する(論理展開) (社会・理科・総合)		(社会・理科・総合)
45	主張が伝わるプレゼンテーションを行う (国語・社会・総合)		(国語・社会・総合)	46	相手や目的に応じたプレゼンテーションを行う (国語・技術・総合)		(国語・英語・音楽・総合)
49	事実と自分の考えを区別して報告する文章を書く (国語・社会・総合)	50	レポートの形式(社会的・科学的)を知る (国語)	52	自己の考えを明確にして，報告する文章を書く (社会・理科・総合)		(社会・理科・総合)
		51	事実や事柄に基づいた根拠を取り入れて，報告する文章を書く (国語・社会・理科・総合)				
53	要約・引用，図表を取り入れて意見文を書く (国語)			54	主張の根拠となる具体例・説明を加えて，意見文を書く (国語)	55	根拠を明らかにして説得力のある批評文を書く (国語)

©2018/12 Kyoko SHIOYA

❶ 一覧表を3つの視点で見てみよう

まず、一覧表を「魚の目」「虫の目」「鳥の目」で見てみたい。「魚の目」とは、魚は川や潮の流れを見ながら動くことから、流れを見る（視点を動かして見る、つなげて見る）ことを指す。「虫の目」とは、虫は複眼のため視角が広いことから、広く、そして近くまでを見ることを指す。「鳥の目」とは、空高く飛ぶ鳥が全体を見ながら獲物を探すことから、俯瞰して見る（全体を見る）ことを指す。

一覧表を「魚の目」で見るときは、縦横にセルを動かしながらセルとセルのつながりに目を向けたい。「虫の目」で見るときは、セルごとの用語にも目を向けたい。「鳥の目」で見るときは、縦軸と横軸の項目に目を向けたい。

次に、一覧表をこのような見方で眺めていると、疑問が浮かんでくるのではないだろうか。興味のあるところから解説を読めるように、以下に疑問を並べてみた。

〈「魚の目」で見たときの疑問〉
(1) グレーで塗りつぶしてあるのは、どういう意味があるのか？
〈「虫の目」で見たときの疑問〉
(2) No.26 要約と引用って、小学校中学年で出てくるの？
(3) No.48 はじめ、なか、おわりの区別って、小学校中学年で出てくるの？
(4) No.30 観点を立てるって、どうすること？
〈「鳥の目」で見たときの疑問〉
(5) 自分は小学校の教師だから、中学校の内容は関係がないのではないかな？
(6) 探究の過程の項目が、「課題の設定→問う→問いをつくる」というように、どうして3段階で書かれているの？

(1)～(6)は、疑問の例である。疑問をもちながら読むことは、情報を鵜呑みにしないという意味でも、大切なことである。これら以外の疑問があったら、ぜひ、付箋等にメモしておきたい。本書の他のページ、参考にしたい文献、さらには、他の著書や、友達や先輩との会話の中で解決できるかもしれないからだ。

以下は、疑問に対する解説である。

❷ 「魚の目」で見たときの疑問

(1) グレーで塗りつぶしてあるのは，どういう意味があるのか？

　情報活用スキル55の一覧表には，グレーで塗りつぶしている部分が4箇所ある。

　例えば，「計画を立てる」の小学校1／2年生，3／4年生はグレーで塗りつぶしてある。なぜかというと，この発達段階では，「計画を立てる」という情報活用スキルを使う授業場面を見出しにくかったからである。小学校5／6年生で，No.5「調べる方法を整理し，調査計画を立てる」とあるのは，このような授業場面が必要になるからである。例えば，総合的な学習の時間において，ただ「計画を立てなさい」と呼びかけるだけでは子どもはどのようにして計画を立てたらいいのかがわからない。そこで，今まで調べたさまざまの方法を，読んで調べる，地域に出て調べる，実験観察をするという3つに整理することで，自分の問いを解決するための適切な方法を選ぶことができるようになる。

　つまり，前の学年（小学校1／2年，3／4年）では，本で調べる，インターネットで調べる，社会科見学に行く，アンケートをとる，インタビューをする，実験をするなど，さまざまな調べる方法を各教科等の学習の中で断片的に体験している。このように，一通りの方法を体験してからでないと，調べる方法の全体像を整理するのは難しい。それゆえに「計画を立てる」は，小学校5／6年生をスタートとしており，その前は，グレーで塗りつぶしているのである。

　また，「情報を手元に置く」の中学校2年生，3年生は，これらと反対で，各教科等の学習において使う新たな情報活用スキルが見当たらないため，グレーにしてある。中学校1年生までに習得したスキルを使うことが前提であることは言うまでもない。

　その一方で，「根拠に基づいて考えを伝える」の中学校1年生のように途中がグレーになっているものがある。一見不自然に見えるが，このグレーの塗りつぶしは，その学年において新たな情報活用スキルを使うことはないが，そこで終わりというわけではないことを意味している。つまり，その次の学年で，新たな情報活用スキルが必要になってくるのである。

　このように，グレーに塗りつぶした部分をもとに，9年間を通して情報活用スキルを見たときに，次の4つのタイプに分類することができる。

① 小学校1年生から中学校3年生まで，発達段階に沿って習得するスキル（グレーに塗りつぶした部分がないもの）

②　一定の体験をもとにそれらを整理したうえで，新たなスキルとして子どもが認識し，他のスキル同様に発達段階に沿って習得するスキル→計画を立てる（No.5〜6）
③　小学校1年生から発達段階に沿って習得し，ある学年で習得が終わり，それ以降は新たな段階はないスキル→情報を手元に置く（No.25〜28）
④　新たに習得する段階が途中の学年から始まったり飛び飛びにあったりするスキル→根拠に基づいて考えを伝える（No.53〜55）

　このように，グレーで塗りつぶした部分には，筆者の意図がある。つまり，一覧表としたからには，すべてのセルに何かを埋め込みたいという気もちはあったものの，②③④の理由により，該当する情報活用スキルが見当たらなかったことを意味している。もっとも，以上はあくまで筆者の見解であるため，変更の余地を残している。

❸　「虫の目」で見たときの疑問

(2)　No.26　要約と引用って，小学校中学年で出てくるの？
　「要約」という二文字を見たときに，何をすることを思い描くだろうか。50字にまとめる，100字にまとめるというように，一定量の文章を段落ごとの要点を落とさずに短くすることを，子ども時代に学んだ経験のある方は，文字数のわかる原稿用紙に書く様子を思い浮かべるかもしれない。このように，要点を落とさずに文章全体を短くするという要約は，国語の授業でよく行われてきた。
　小学校の中学年の国語科で学習する要約は，文章の中で，自分が興味をもったところや必要だと思ったところを，短く書きぬくことを指している。書きぬくときに，そのまま書きぬく場合を「引用」，自分の言葉で短くまとめる場合を「要約」という用語で区別している。この用語は，小学校中学年の子どもには馴染みが薄いことから，「引用」をそのまま書く，「要約」をまとめて書くと言い表し，何回かそのまま書いたり，まとめて書いたりする学習活動を行ったうえで，「引用」「要約」という用語を示す場合もある。
　そもそも，「要約」「引用」は，誰かに説明するときに使う。大学に入り，レポートや論文を書いたときに，初めて知った方も多いだろう。このようなとき，「自分の考え」と「他の人の考え」を区別する必要がある。「他の人の考え」をあたかも「自分の考え」として発信してはいけないのはもちろんのこと，「自分の考え」がどのような「他の人の考え」を元に構築されたのかを伝えることもできる。つまり，「要約」と「引用」は「他の人の考え」を自分の文章に組み入れるときに使う方法なのである。
　「要約」と「引用」は，どう使い分けるのだろうか。書き手が自分の言葉で短くする

「要約」は，読み手からすると文体が変わらないので読みやすいためよく使われる。「要約」した文に誰がいつ書いたのかを示しておけば，読み手は「他の人の考え」だと理解しながら読む。その一方で，他の人の言い回しや言葉をそのまま書くことに意味を見出した場合は「引用」を使う場合が多い。その場合，自分の文と区別するために，引用した部分は「　　」で示すという約束がある。「要約」でも「引用」でも，「他の人の考え」を明らかにするとともに，巻末に引用・参照文献の一覧を示すなど，読んだ人が誰でも元の文章を探せるための方法が決められている。

　小学校中学年の「要約」「引用」に話を戻そう。国語の教科書を見ると，説明文の単元において，要約するという活動や，目的に応じて要約したり引用したりする活動が紹介されている。「要約」「引用」の方法を教師が簡潔に説明した方が早いのではないかと思うかもしれない。しかし，子どもにとって必然性のないことは生きて働く知識や技能として定着しにくい。「興味をもったところを中心に紹介する」というアウトプットに対し，「要約する」「引用する」という活動を組み入れることを通して，何のために，どのように「要約」「引用」をするのかを子どもは学んでいくのである。

(3) No.48　はじめ，なか，おわりの区別って，小学校中学年で出てくるの？

　文章構成を示す「はじめ」「なか」「おわり」という言い方は，小学校中学年の教科書から多く使われ始め，小学校の高学年または中学校の教科書では「序論」「本論」「結論」という用語に変わる。さらに，文章構成として，「頭括型」「双括型」「尾括型」という3つの方法があることが，早くて小学校の高学年，多くは中学校の教科書に出てくる。

　「はじめ」「なか」「おわり」という言い方や概念を子どもはどのように認識するのだろうか。

　「はじめ」「なか」「おわり」という言い方であるが，順序としてとらえる場合と，全体と部分という関係でとらえる場合があり，発達段階によって異なる。

　小学校低学年の子どもは，順番と順序を日々の生活の中で使い分けていく。時間割の順番に教科書を並べるときは，前と後ろを確認し，並べる位置を把握する。その位置が順番である。順番から区別して順序という言葉を使うとき，段階という概念が必要になる。教師は，段階を1，2，3という番号で示したり，「はじめに」「次に」「そして」などという言葉で示したりする。例えば絵を完成させるとき，1. クレパスで描く，2. 絵の具で塗るという順序の場合，飛ばしてしまったり順序を変えたりすると，ゴールに行き着かないこともある。そこで，教師は，どの子どももわかるように，言葉で話すとともに文字に書いても表すというように複数の方法で順序を示す。もちろん段階は，発達段階とともに，2段階，3段階，5段階というように，徐々に増えていく。小学校2年

生の教科書でも,「はじめ」「なか」「おわり」という用語が国語の教科書に出てくるが,この場合は,それぞれが矢印でつながれ,段階をイメージする場合が多い。

これに対し,2年生の終わりから3年生になると,子どもは全体と部分という見方ができるようになる。例えば,社会科の時間に校区全体を見渡せる場所に立ち,東西南北それぞれの方角から見る。東の方角には〜が多い,南の方角には〜が多いというように,全体を見渡したうえで部分を見ていく。文章全体を見たときに,「はじめ」と「おわり」があり,挟まれている「なか」がある。低学年では,順番・順序が中心であったことから,全体の中の部分という概念の定着には,工夫が要る。3年生の教科書を見ると,2ページ開きに文章全体が収まっており,「はじめ」「なか」「おわり」の各部分と文章全体の両方が見える構成になっている。「はじめ」に「問い」があり,「おわり」に「答え」がある。「なか」を見てみたら,実験したことや観察したことが書いてある。3つの部分から文章全体を眺めたり,文章全体を3つの部分に分けたりする活動を繰り返すことにより,全体と部分という見方が定着する。

情報活用スキル55のNo.48にある「はじめ」「なか」「おわり」は,全体と部分というとらえ方が基本にある。学年が進むと「なか」は,「なか1」「なか2」「なか3」とさらに細分化される。「なか」の3つそれぞれには,「事実」と「筆者の意見」が書かれており,「おわり」へとつながる。このようにして,文章全体を徐々に構造的に見ることができるようになる。さらに,文章を構造化するときに,「頭括型」「双括型」「尾括型」という3つの方法があり,目的に応じて使い分けると,より効果的に伝わることを学ぶ。

小学校の2年生から3年生の子どもが,順番・順序という見方に加え,全体と部分という見方ができるようになるには,各教科等におけるさまざまな学習活動において,繰り返しが必要であることは言うまでもない。小学校中学年での学びは,その後,高学年,中学校での学習で生きて働く知識・技能のベースになっている。

(4) No.30 観点を立てるって,どうすること?

「観点」は,中学校1年生の国語科で学ぶ用語の一つである。また,中学校の各教科等の学習においても,裁判所の仕組み(「裁判所は人権を守るためにどのような仕組みになっているのか」),元寇の影響(「元寇は,幕府にどのような影響を与えたのか」)など,授業の中で観点の用語は,頻繁に使われている。例えば,あたたかい地方と寒い地方を比べるときに気候,くらし(衣),くらし(食),くらし(住),特産物など,観点の用語を示しながら比較する。観点の用語があると,情報を集めることと,情報を整理することの両方が一度にできる。そのときよく用いられるのがマトリックス表である。

	あたたかい地方	寒い地方
気候		
くらし（衣）		
くらし（食）		
くらし（住）		
特産物		

あたたかい地方と寒い地方を比較するときに
役立つマトリックス表

　しかしながら，観点の用語は，授業の中で使われる頻度は高いものの，日常生活の家族や友達との会話の中で使うことは少ない。日常生活で見聞きしていない言葉を，中学生になったからといって自由に使いこなすことができるのだろうか。小学校の教科書を見てみると，1年生の国語において，「どんなはたらき」「どんなつくり」という言葉が出てくる。はたらく自動車である消防自動車は，どんなはたらきをするのか，そのためにどんなつくりになっているのかという内容である。はたらき，つくり，これらは，まさしく観点を示す用語である。もちろん，小学校1年生には，観点という言葉は使わないし，これらは辞書を引いて理解できる言葉でもない。中学校1年生の国語において観点という言葉で括られる言葉を整理し使いこなす前に，小学校1年生から子どもは教室内で見聞きしているのである。

　とはいえ，小学校1年生が，はたらき，つくり，このような言葉の意味や使い方がわかるのかと，疑問に思うかもしれない。小学校1年生の教室では，どのような授業が行われているのだろうか。板書を見てみよう。

　教科書に出てきた乗り物を，どんなはたらき，どんなつくりという「問いの言葉」をつかって，読んできた。子どもは，はたらき，つくりという言葉を，文脈を通して，先生が使うのを聞いたり自分で話したりしている。教師は，目立つように画用紙に書いたり，色チョークを使ったりして板書する。また，いつでも振り返ることができるように，

つくり・はたらきが強調されている板書

教室に掲示する。今までの授業で使ったであろう，はたらき，つくりと書いた画用紙がホワイトボードに貼られている。

その右側に，単元の終わりに何をするのかが示されており，「のりものずかんをつくろう」とある。この授業では，今まで教科書で学んできたはたらき，つくりという言葉を，自分が興味をもったはたらく自動車を調べるときに使い，クラスのみんなが調べたものを集めて「のりものずかん」をつくるという流れである。

このときに目を向けたいのは，子どもが調べている本は，どんなはたらき，どんなつくりという子どもの問いに沿い，これらの言葉を使って書かれているのかという点である。中には，そのように編集されている本もあるだろうが，多くの場合，答えは，「いいえ」だろう。本は，読み手に都合よく書かれてはいない。これが，教科書と本の異なる点である。子どもは，どんなはたらき，どんなつくりという問いの答えを，本を読みながら，その文脈の中で把握し，抜き出すことが必要になってくる。本を使って調べるという学習活動を通して，教科書で学んだことを，教科書以外の文脈の中で読み取ることを小学校1年生から行っている。つまり，言葉の意味，はたらき，使い方をつなげることの積み重ねをしながら，語彙を習得しているのである。

このような観点を示す用語は，はたらき，つくりの他に，大きさ，形，色，地形，気候，役割，仕組み，特徴，原因，対策，影響など，数多くある。自分の考えを論理的に伝えたり，説明的な文章を読んだりするときに，必要な語彙である。小学生は，各教科等の学習においてこのような言葉を見聞きするなど，何度も使うことを通して馴染みのある言葉になっていく。この馴染みがあってこそ，中学校で，抽象化して説明したり，抽象化された文章を読解したりするときに，使うことができるのである。このように，子どもは時間をかけて，語彙を習得していく。中学校1年生でNo.30「観点を立てて情報を整理する」という形で整理したが，そこまでくるための過程があり，さらには，今後中学校2・3年生，それ以降も活用する場面が多く存在することを視野に入れると，このスキルの重要性が見えてくると考える。

❹ 「鳥の目」で見たときの疑問

(5) 自分は小学校の教師だから，中学校の内容は関係がないのではないかな？
（または，中学校の教師だから，小学校の内容は関係がないのではないかな？）

疑問にもあるように，現段階では小学校の教師が中学校で教えることは，まだ少ない。中学校の教師が小学校で教えることも，同様である。出版物を見回すと，対象を小学校の教師のみ，中学校の教師のみと限定しているものも多い。

小・中学生が手にしている教科書についても，教師は自分に関係のある学年や教科の範囲で見ることが多い。小学校の教師は，担当学年の複数の教科・領域を教えることが多いため，同一学年において教科横断的に教科書を見ることは日常行いやすい。しかし，学年間を見通したうえでの今の学年の指導内容というような系統的な視点は，意図しないと生まれにくい。その一方で，中学校の教師は，担当教科の系統は把握しているが，同一学年の他教科の指導内容については専門外という意識がある。

　このように，小学校と中学校では，教師が日常意識している視点が異なる。つまり，容易にできることと，難しいことが小学校と中学校では違うのである。

　小学校では，学級担任がほとんどの教科等を担当することが多いため，習得した学び方は，どの教科でも使うことができる。グループ学習の仕方，ノートの書き方，発表の仕方など，教科ごとに変える必要はない。しかし，中学校では担当する教師が教科ごとに異なるため，学び方を統一しようとすると，教師間の意思疎通がかなり必要になる。

　中学校の教師は，担当教科の3学年分の教科書を当たり前のように見ている。しかし，小学校の教師が他学年の教科書を見るのは容易ではない。手元には，担当する学年の教科書はあるが，他学年の教科書は持ち合わせていない場合がほとんどである。

　昨今，小中一貫，小中連携という言葉を，耳にすることはないだろうか。義務教育9年間を見通して子どもを育てるという取り組みがすでに進められていたり，発表されたりしている自治体もある。この背景には，子どもの数の減少，財政などの問題が指摘されるが，それだけではない。小学校の教師が日常行っている横断的な視点と，中学校の教師が当たり前にもっているの系統的な視点，この両方が，これからの教育に必要であると考える。

　このような意図は新学習指導要領にも認められる。例えば**小学校国語**では，用語の表記が以下のように統一され，小中の教師が比較して読みやすい表記になっている。

第1　目標
第2　各学年の目標及び内容
第3　指導計画の作成と内容の取扱い

から成る。**小学校**6年間を通した**国語「第1　目標」**は以下の通りである。

第1　目標
　言葉による見方・考え方を働かせ，言語活動を通して，国語で正確に理解し適切に表現する資質・能力を次の通り育成することを目指す。
(1)　日常生活に必要な国語について，その特質を理解し適切に使うことができるようにする。
(2)　日常生活における人との関わりの中で伝え合う力を高め，思考力や想像力を養う。

> (3) 言葉がもつよさを認識するとともに，言語感覚を養い，国語の大切さを自覚し，国語を尊重してその能力の向上を図る態度を養う。(下線筆者)

下線部分は，小学校国語だけでなく，各教科等に共通しており，「～見方・考え方を働かせ，～活動を通して，～資質・能力～」という用語が使われている。

さらに，以下の**中学校国語の「第1　目標」**を小学校国語と比較してみよう。

> 第1　目標
> 　言葉による<u>見方・考え方を働かせ</u>，<u>言語活動を通して</u>，国語で正確に理解し適切に表現<u>する資質・能力を次のとおり育成する</u>ことを目指す。
> (1) <u>社会生活に必要な国語について，その特質を理解し適切に使うことができるようにする。</u>
> (2) <u>社会生活における人との関わりの中で伝え合う力を高め，思考力や想像力を養う。</u>
> (3) 言葉がもつ価値を認識するとともに，言語感覚を豊かにし，我が国の言語文化に関わり，国語を尊重してその能力の向上を図る態度を養う。(下線筆者)

中学校国語においても，「～見方・考え方を働かせ，～活動を通して，～資質・能力～」という用語が使われている。つまり，小中，そして，各教科等において，同一の用語を使った構成となっている。このように統一されたことにより，小中の国語の目標を比較すると，共通点と相違点が瞬時にわかる。つまり，学習指導要領を横断的，系統的の両面から読むことができるのである。

情報活用スキル55一覧表作成時に最も苦心したのが，実は，小中の接続である。情報活用スキルの習得は，各教科等の学びの中に埋め込まれている。各教科等の指導内容の系統は，学習指導要領や教科書を読むことにより把握できる。しかし，情報活用スキルは，各教科等の教科書のあちこちに埋め込まれているため，それぞれのつながりを読み手が把握するのは，かなり難しい。しかし，スキルであることから，そこには手順や段階が存在する。これらを具体的に示すことができると，単元を組み立てるときに，例えば次のようなメリットがある。

情報活用スキルは，知っていれば誰でもできるものの，知らなければいつまで経ってもできないものが多い。「目次・索引」を知っていれば小学校2年生でもそれらを活用して必要な情報に辿り着くことができるが，知らなければページをぺらぺらめくって情報を探すだろう。もし，小学校高学年の目の前の子どもが，この学年に至る前に知っているはずであろう「目次・索引」を使っていなかったとしたら，10分ほど時間を使えば組み入れることが可能になる。組み入れるか否かは，教師が「目次・索引」を使うことが，その後どのようにつながっていくのかを知っているかどうかに依る部分が大きい。

このようなことは，各教科等の授業においてよく行われている。理科の実験でよく使

う顕微鏡の使い方，水溶液の臭いの嗅ぎ方など，子どもの実態を見ながら復習をしたり注意を促したりする。しかし，顕微鏡の使い方の復習や水溶液の臭いの嗅ぎ方の注意などに1時間使うことはないだろう。細かいものを拡大して観察するというスキルは，突然顕微鏡からスタートしない。虫眼鏡から始まり，顕微鏡の倍率の合わせ方，さらには，止まっているものから動いているものの扱い方へと，進んでいく。そして，このようなスキルは，小学校，中学校と区別されていない。小中学校の学習内容が連続しているのと同じように，スキルも連続しているのである。

情報活用スキルについては，このような発達段階における順序を経験した教師の方が，まだまだ少ないのが現状である。探究の各過程において，9年間の発達段階ごとに，どのような情報活用スキルが組み込まれているのかを示すことにより，まずは，「見える化」できる。そして，見えていたならば，それは教師の意識に留まり，子どもが既習のスキルを習得できているか否かを見ようとするだろう。そのことが，学習内容の習得・活用に影響していくと考えている。

(6) 探究の過程の項目が，「課題の設定→問う→問いをつくる」というように，どうして3段階で書かれているの？

探究の過程，または，プロセスという考え方は，世界中にいくつも存在する。その代表的なものが，「Big6 Skills Model」である。「Big6 Skills Model」は，アイゼンバーグとベルコヴィッツが1990年に発表したもので，すでに世界中で知られている（Eisenberg and Berkowitz 1990）。問題を情報という視点から解決するプロセスを6段階で示したものである。

1　課題を明確にする（Task Definition）
2　情報探索の手順を考える（Information Seeking Strategies）
3　情報源の所在を確認し収集する（Location and Access）
4　情報を利用する（Use of Information）
5　情報を統合する（Synthesis）
6　評価する（Evaluation）

（http://www.big6.com/pages/about.php 参照2018/9/30）

このような情報活用のプロセスをもつ学習を探究的な学習と言い，わが国でも総合的な学習の時間で行われている。

学習指導要領解説（文部科学省 2008）では，探究の過程を「課題の設定」「情報の収集」「整理・分析」「まとめ・表現」の4段階で示している。

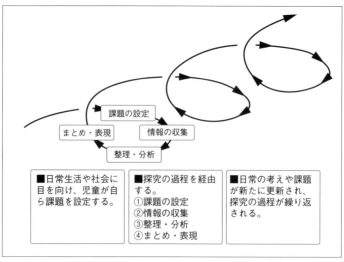

探究的な学習における児童の学習の姿
文部科学省（2008, 16頁）。

　このように探究の過程という考え方は，世界中に普及しているものの，段階をどのようにとらえるのか，また，それをどのように表すのかについては，意見が分かれている。わが国においても，文部科学省は上記の4段階を示しているが，研究者によっては研究成果をもとに異なる順序や表し方をしている場合もある。

　筆者は，学校現場への提案を前提にしているため，「課題の設定」「情報の収集」「整理・分析」「まとめ・表現」に沿って，各教科等に埋め込まれている情報活用スキルを分類した。しかし，教師が授業で子どもにこのような用語を使うことは現実的でないこと

課題の設定	→問う	→問いをつくる
⇩		
情報の収集	→見通す	→計画を立てる
⇩	→集める	→調べる―メディアを選ぶ
		→調べる―情報を見つける
		→地域に出て調査をする
		→観察や実験をする
	→収める	→情報を手元に置く
整理・分析	→整理・分析する	→ものごとを分析し特徴や傾向をつかむ
⇩		→量を分析し特徴や傾向をつかむ
まとめ・表現	→まとめる	→一つにまとめる
	→表現する	→プレゼンテーションをする
		→事実や事柄を正確に伝える
		→根拠に基づいて考えを伝える

から，授業中にそのまま使えるように，4つの過程を分解しながら，子どもを主語としたときの動詞で提案している。

❺ 日々の授業と情報活用スキル55

情報活用スキル55一覧表は，探究の過程を進めていくうえで，最低限必要なスキルを体系的に整理したものである。言わば，教師に必要な基本的な知識でもある。

しかし，単元計画を立てるとき，まず情報活用スキルをイメージすることはほとんどないだろう。まずは，ねらいに対する学習活動を組み込んだ単元の流れを組み立てるところからはじまる。次に，それぞれの活動の時間配分を考える。そして，子どもが単元を通して意欲的に取り組むことができるような導入を工夫する。ここまできて，ようやく活動を具体的にイメージしはじめるだろう。

例えば，活動を行うときに使う資料・道具（図書資料，実験用具，シンキングツール，ワークシート，話し合いに使うボードなど），学習形態（一斉，グループ，ペア，個人など），活動を行うための連絡（外部人材，見学先，学校司書，協力を依頼する教師など）などの用意が必要になる。この段階になって初めて，「図書資料を使いたいが，目次・索引は使えるだろうか？」「本を使って調べたことを情報カードに書けるだろうか？」「アンケートを作るが作り方を知っているだろうか？」というところに目が向くようになる。ここで便利なのが，情報活用スキル55一覧表である。「この活動では，この情報活用スキルが必要である」と教師が判断することは，子どもが学び方を身につけることにつながる。

「考えてごらん」という指示で子どもが考えるようになるためには，「比べて（比較して）考える」「仲間分け（分類して）して考える」「つなげて（関係づけて）考える」など，どうやって考えるのかの体験が要る。「本で調べてごらん」という指示で子どもが本で調べるようになるためには，「目次・索引を使う」「百科事典を使う」「年鑑を使う」など，参考図書を使った体験が要る。もっと広く「調べてごらん」という指示で子どもが調べるようになるためには，「読みたい本の場所を知る」「日本十進分類法を知る」「インターネットを使って情報を集める」「メディアの種類や特徴を知る」など，複数のメディアを使った体験が要る。

このような学び方を子どもが習得するからこそ，教師の簡単な指示で子どもが活動できる。言い換えれば，学び方を子どもが習得するには，教師は基本的な知識をもとに，活動の中にきめ細やかに組み入れていく必要がある。それをイメージできるようにしたのが第2章である。

第2章

単元計画に役立つ「単元シート」と「授業レポート」

| 学年・教科 | 小学校1年生　生活 | 単元名 | いきものとなかよし |

単元のねらい：いきものと繰り返し関わり，自分たちで世話をする活動を通して，生命のぬくもりを実感し，生き物への親しみをもつとともに大切にすることができる。

探究の過程

課題の設定
- 問う
  - ・問いをつくる

情報の収集
- 見通す
  - ・計画を立てる
- 集める
  - ・調べる―メディアを選ぶ
  - ○調べる―情報を見つける
    - 10　目次・索引を使う
  - ・地域に出て調査をする
  - ○観察や実験をする
    - 20　身の回りの生き物を五感を通して観察する
- 収める
  - ○情報を手元に置く
    - 25　問いが求めている答えを書く

整理・分析
- 整理・分析する
  - ・ものごとを分析し特徴や傾向をつかむ
  - ・量を分析し特徴や傾向をつかむ

まとめ・表現
- まとめる
  - ・一つにまとめる
- 表現する
  - ・プレゼンテーションをする
  - ・事実や事柄を正確に伝える
  - ・根拠に基づいて考えを伝える

単元の流れ（10時間　日常のお世話）

○体験や知識を出し合い，知っていることを整理する。(1)
○公園に行き，生き物を見つける。(2〜4)
○捕まえた生き物の名前や飼い方を，目次・索引を使って調べる。(＊5)

| 使い方を知る | ポケット図鑑 |

○工夫してすみかを作り観察する。(6〜7)

| すみかを作る | 入れ物　石　砂 |

○学校のウサギを観察したり，触ったりして，調べたいことを見つける。(8)

| 触れ合う | 4年と連絡 |

○ウサギのえさや関わり方を調べ，情報カードに書く。(＊9)

| 問いをつくる | 情報カード |

○振り返る。(10)

【評価】
・生き物の様子に関心をもち，意欲と親しみをもって大切に世話をすることができる。
・生き物のことを考えながら，工夫して世話をするとともに，生き物の特徴や，世話をして気づいたことや思ったことを表現している。
・生き物には生命があることや，生き物のことを考えながら世話ができるようになったことに気づいている。

授業レポート　図鑑の目次・索引を使って調べ情報カードに書く

教師の願い

　虫取りや生き物の世話の体験が少ない子どもたちが多い。だからこそ、秋見つけやウサギの世話を通して身近な生き物に親しみをもち、生命を大切にする姿勢を身につけてほしいと願う。そのためには、体験から生まれた疑問を自分で調べることを積み重ねる必要がある。活動を通して、秋の虫や木の実の名前を知りたくなったり、生き物のことをもっと詳しく知りたくなったりするからだ。

　しかし、学校のウサギを帰り際に覗き見るだけでは探求心は生まれにくい。ウサギの温かさに触れ、生きていることを実感することを通して、「どんな食べ物が好きなのかな」「世話をするときに気をつけることはないかな」という問いをもち始める。このような問いを自分の力で解決する場を授業の中に組み入れたいと考えた。

授業の様子

＊第5時　ポケット図鑑を使って調べよう

　公園でバッタやトンボを捕まえた。捕まえた虫の名前を知っている子もいるが、自分の捕まえたバッタの名前を聞いてくる子もいる。そこで、学校へ帰ってから、ポケット図鑑『わくわくずかん　こんちゅうはかせ』（正進社）を紹介し、「目次・索引」の簡単な指導をした。

　本校では、『こんちゅうはかせ』と『しょくぶつはかせ』を40冊ずつそろえているため、一人1冊ずつ手に取ることができる。初めて手にする一年生はうれしくてたまらない様子で、ポケット図鑑をペラペラとめくり始めた。教科書で目次やページを見ているはずだが、教科書の目次は、子どもたちにとって「調べる」ためのものではないようだ。学習する順番が書いてあるくらいにしかとらえていない。

　今回、調べたいことを早く見つける方法として、図鑑のはじめには「目次」があることを知った。また、名前を知っていて、もっと詳しく知りたいときは、図鑑の終わりに「索引」というものがあり、「あいうえお順」で載っていることを紹介した。カブトムシやクワガタムシを見つけて、さっそく調べている子もおり、「へえー、すっごく便利！」という声があがった。「目次」や「索引」を使って調べることのよさを感じたようである。

虫かごを覗き込む子どもたち

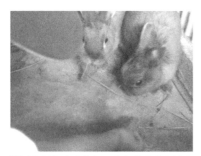

調べたことをもとに,家からえさを持ち寄り,世話をする子ども

＊第9時　調べてわかったことを残そう

　本校で飼育しているウサギの世話をさせてもらうことになった。飼育当番は4年生なので,1年生は,休み時間にえさをやることと,家からウサギが食べるものを持ってくること,この2つの方法でお世話に加わることになった。しかし,ウサギは何を食べるのかが,子どもにはわからない。そこで,図書館で調べることになった。

　「ウサギ　モルモット」の飼い方図鑑を見つけてきた。「目次・索引」の学習を覚えていて,すぐに,「目次で探す！」と言ってきた。これは冊数がないので,ウサギのえさのページを読み聞かせした。そして,わかったことを書き留めるために,「情報カード」の使い方の指導をした。

　(1)　初めて知ったことを書く。
　「うさぎは,かぼちゃ,ブロッコリー,きゅうり,バナナ,りんご,オレンジもたべる」
　(2)　初めて知ったことが答えになる質問文を作る。
　「ウサギは,なにをたべるのでしょうか」

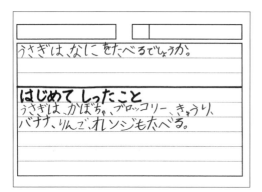
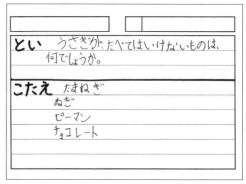

初めて知ったことやわかったことを問いと答えで表した情報カード

　はじめは,全員で「初めて知ったこと」を出し合い,ワークシートに書いた。それから質問文を作ったのだが,すでに,「問い」をもって調べているので,質問作りは簡単だったようである。ところで,えさ調べで子どもが一番驚いたのは,ウサギに与えてはいけないものがあることだった。これも「情報カード」に書くことができた。

■授業を振り返って

　知りたがり屋の1年生。これまで，わからないことは家の人や教師に聞いて解決してきました。図鑑の写真や科学絵本を見ることも大好きですが，「調べる」ためではなく，興味・関心から見ているだけだったようです。

　「目次・索引」の指導は，体験の中から湧いてきた「知りたい」気持ちをとらえ，「調べる」目的で指導しました。「はてな？」と思ったことは自分で調べられること，目次や索引を使うと早く答えのページに辿り着けることを知り，調べることの楽しさを味わうことができたようです。1年生でもその利便性がわかると，次から使ってみようとします。「1年生にはまだ無理」ではなく，機会をとらえて少しずつスキルを身につけさせたいと思いました。

　また，初めて知ったこと（答え）を見つける活動を通し，それに合った問いをつくることができるようになりました。国語での「問い」と「答え」を読み取る学習ともつながりました。

　今後も，子どもの興味・関心や体験に合わせて，知りたい気もちを調べることへとつなげていきたいと思います。　　　　（静岡県静岡市立清水飯田小学校　教諭　岡田千代）

From SHIOYA ●●●

　単元計画を立てるとき，ねらいに到達するために時間ごとのねらいと学習活動を設定します。岡田先生の単元の流れを見ると，学習活動の場は教室から，

　　→　公園　→　オープンスペース（捕まえた生き物）　→　校庭（学校のウサギ）
　　→　図書館

へと，広がっています。それぞれの場では，活用するための方法を知る必要があります。

　公園ならば，学校と公園を往復するときの交通ルール，公園の使い方や過ごし方，生き物を探すときに必要な知識など…。これらを，組み入れながら，生活科のねらいへと導く授業の流れを作っていきます。

　同様に，学校図書館を活用するときにも，そのための方法を知る必要があります。数ある方法の中から，岡田先生は，「目次・索引」と「情報カード」の使い方を単元計画の中に組み入れています。しかし，これらはあくまでも使い方です。使い方を身につけることが生活科のねらいではありません。使い方を習得しつつ，しっかりと1時間の生活科のねらいへと導いていく授業づくりが，ポイントです。

学年・教科	小学校1年生　国語　生活	単元名	ようすをよく見てかこう いきものとなかよし（自然観察時間を共有）

単元のねらい：色や形など様子をよく見てメモを取り，それをもとに文章を書くことができる。

探究の過程

課題の設定
- 問う
  - ・問いをつくる

情報の収集
- 見通す
  - ・計画を立てる
- 集める
  - ・調べる―メディアを選ぶ
  - ・調べる―情報を見つける
  - ・地域に出て調査をする
  - ◎観察や実験をする
    - 20　身の回りの生き物を五感を通して観察する
- 収める
  - ・情報を手元に置く

整理・分析
- 整理・分析する
  - ◎ものごとを分析し特徴や傾向をつかむ
    - 29　集めた情報を比較・分類する
  - ・量を分析し特徴や傾向をつかむ

まとめ・表現
- まとめる
  - ・一つにまとめる
- 表現する
  - ・プレゼンテーションをする
  - ◎事実や事柄を正確に伝える
    - 47　観察したことや体験したことを順序よく書く
  - ・根拠に基づいて考えを伝える

単元の流れ（7時間）

○教科書を見ながら，単元のめあてと学習の進め方を知る。（1）

○校庭で，秋見つけをする。（生活科）

○校庭での秋見つけ（生活科）の後，見つけたものと場所を表に整理する。（＊2）

- 表に書き抜く
- 見つけたものと場所を整理するためのワークシート（表）

○教科書を参考にして，選んだ知らせたいことを「観察メモ」に書く。（＊3～4）。

- 観察メモに書き抜く
- 観察メモ

○教科書の例に倣い，自分の「観察メモ」をもとに文章を書く。（＊5～6）

- メモを文にする
- 色分け短冊

○文章を読み返して，表現や表記を直し清書をする。（7）

- 文章を書く
- 原稿用紙

【評価】
観察したことの視点を決めて，「観察メモ」をもとに文章を書くことができる。

第2章　単元計画に役立つ「単元シート」と「授業レポート」

授業レポート　観察メモをもとに文章を書く

教師の願い

　生活科での「観察メモ」をもとに国語科で文章を書くという流れは，よく使われるものの，メモしたものを文章に書き直すことは，1年生にとって意外と難しい。そこで，以下の2点に留意して単元計画を立てた。

　まず，知らせたいことを子ども自身が選ぶことである。単元のはじめでは，校庭を歩き，自分の知らせたいものを探す。落ち葉や木の実，学級園の野菜など，4，5か所から知らせたいものを見つけ，持って帰り，教室でワークシートに書き込む。その中から1つを選んで，「観察メモ」を作る。このような手順を踏むことで，意図をもって子どもが知らせたいことを選ぶことができると考える。次に，気をつけたいことは，メモを文章にするための活動を繰り返すことである。教科書の作文を参考にするものの，メモと文章が異なるものとして見える子どもも多い。そこで，文からメモを想像したり，メモと文を比べて違いを見つけたりするなど，メモと文を対応させた活動を積み重ね，見てきたことを文章にする楽しさを実感できる単元としたい。

授業の様子

＊第2時　校庭での秋見つけ（生活科）の後，見つけたものと場所を表に整理する

　校庭に出かけ「秋見つけ」をした。紅葉で色づいた葉っぱや木の実，学級園の野菜等を見つけ，教室に持ってくる。それぞれにストーリーがあり，どれも子どもにとっては宝物である。教室では，見つけたものと見つけた場所を書いた表を作成した。なお，この表は，生活科でも使用する。国語科では，表に書いた中から一番知らせたいものを選び第3時へと続く。

＊第3～4時　教科書を参考にして，選んだ知らせたいことを「観察メモ」に書く

　子どもは「葉っぱはきれい」ということは言えても何がきれいか，どんな風にきれいかは話さない。そこで，生活科で学習した五感を使った学びを思い起こすために，

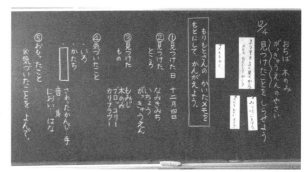

第3時　板書

「目を使ってごらん，形はどうかな，色はどうかな」と問いかけた。あさがおの観察記録を書くときに，「色」「形」という用語を使っていることから，「観察メモ」にも以前の学習を活かすことができるのではないかと考えた。すると，子どもは「観察メモ」に書かれた「気づいたこと」の項目に自分の言葉で書き込むことができた。書き慣れると「観察メモ」のよさを実感し，「全部書かなくてもいいから楽」という声も聞かれた。その一方で，「観察メモ」にメモではなく文を書いてしまう子どももいた。「観察メモ」の場合は必要なことだけを短く書けば済むと理解するためには，繰り返しが必要である。

また，文章の終わりの「思ったこと」を書く場面では，「観察メモ」を作りながら思ったことが自然に浮かんでくる子どもとそうでない子どもがいる。思ったことを書くことが難しい子どもについては，教師との会話の中で子どもが発した言葉を，教師が観察メモに赤ペンで記入しておいたり，子どもが自分で書いたりするなど，残しておくことを心がけたい。後から見返すことができれば，文章を書くときの難易度は低くなる。

*第5～6時　教科書の例に倣い，自分の「観察メモ」をもとに文章を書く

　子どもは「観察メモ」から文章を書くことはわかっていても，どうしたらメモが文章になるのかがイメージできない。そこでまず，教科書の例文と比べてみた。教科書の例文は，1文を読んだだけでどの「観察メモ」と対応するのかが理解できるように意図的に書かれている。「観察メモ」には「～が」に当たる言葉は書かれているが，文末には「～です。」と書かれていない。比べる活動を通して，合う文末を自分で探す必要性を全員が理解できた。次に，自分のメモを文章に直すために，すぐに書かないで，数回話す活動を取り入れた。話すことを繰り返すことで，どういう言葉がいいのかを選ぶことができるようになった。

第4時に書いた観察メモ（見つけたことメモ）

第6時に書いた短冊

さらに，メモを文章にするとき，文字だけでは対応をイメージしにくい子どももいることから，短冊用紙の色をメモごとに変えた。文と文の違いを色で判断できるため，文が変わったという意識をもって，短冊用紙に書くことができると考えた。こうした手立てにより，意欲をもって「観察メモ」と文をつなげることができた。

■授業を振り返って

　１年生の発想は，とても豊かです。私が想像していないことを口にし，とても魅力的です。メモを取ることにより，その発想が枠にはめられ輝きを失うのではないか，と思うことがよくありました。事実，メモをもとに文章を書いてみると，子どもの言葉は平凡なものになっていました。しかし，高学年の学習まで眺めてみると，メモを取ることで視点が決まり，そのメモをつなげて考えることによりまとめができることがわかります。枠にはめていると思うメモが，高学年になると構成の要素へとつながり，より広く深い考えを見出すことへも発展していくことが見えてきました。

　子どもの頭の中には，見たり，聞いたり，触ったりして気づいたさまざまな事柄が詰まっています。いっぱい詰まった事柄を，ひとまとまりの文章として書いて表現することに戸惑いを感じている子どもが私の目の前にいます。このような子どもに，「観察したことや体験したことを伝えるときメモをもとにして文章を書くという便利な方法があることを実感できるような単元計画を立てたい」という私の願いは，高学年までを見直した単元づくりにより達成できたのではないかと思っています。

（静岡県榛原郡川根本町立中川根第一小学校　教諭　本田喜子）

From SHIOYA ● ● ●

　本田先生は，１年生の指導経験が豊富です。子どもが見せる成長の一コマ一コマに何度も出あっています。熱く語るときの子どもの見方に，私は何度も驚きました。その反面，１年生の学びが，中学年や高学年，ひいては中学生へとどうつながっていくのかは，経験が少ないためイメージしにくいようでした。

　今回の単元では，子どもの豊かさをそのまま文章にできたらという願いと，メモから文章を書くという一見無味乾燥に感じる書き方が，本田先生の中で噛み合わないことの苦悩からスタートしました。確かに１年生だけを見ていると，この２つは矛盾しています。しかし，上の学年の内容を見ていくと，メモから文章を書くことは，観察したことや経験したことを相手にしっかりと伝えることにつながる大切なスタートラインであることに，本田先生が気づいていくのです。

　授業レポートからは，単元を通して，何を悩み，何を学び，どう授業を進めたかの一端を知ることができます。１年生の指導が豊富だからこそ，その中だけを見ていてはわからないことがある。「だから学ぶ！」この姿勢が授業レポートの端々からみなさんに伝わるのではないでしょうか。

| 学年・教科 | 小学校1年生　国語 | 単元名 | しらせたいな見せたいな |

単元のねらい：学校にある身近なものから家族に伝えたいもの（書く題材）を見つけ，それを観察し，詳しく文章に表すことができる。

探究の過程

課題の設定
- 問う
  - ・問いをつくる

情報の収集
- 見通す
  - ・計画を立てる
- 集める
  - ・調べる―メディアを選ぶ
  - ・調べる―情報を見つける
  - ・地域に出て調査をする
  - ・観察や実験をする
- 収める
  - ○情報を手元に置く
  - 25　問いが求めている答えを書く

整理・分析
- 整理・分析する
  - ・ものごとを分析し特徴や傾向をつかむ
  - ・量を分析し特徴や傾向をつかむ

まとめ・表現
- まとめる
  - ・一つにまとめる
- 表現する
  - ・プレゼンテーションをする
  - ○事実や事柄を正確に伝える
  - 47　観察したことや体験したことを順序よく書く
  - ・根拠に基づいて考えを伝える

単元の流れ（7時間）

○教材文を読み，「学校にいる生き物や，学校で見つけたものをよく見て，家の人にしらせる文章を書こう」という学習課題を確認する。家の人に知らせたいという意欲をもつ。(1)

○「教材文」と「しらせたいなカード」とを比べることを通して詳しく文章を書く方法を見つける。(＊2)

[文とカードをつなげる]　[黒板へ拡大提示]

○知らせたいものを決め，「しらせたいなカード」を書く。その際には，まず絵を描く。その後，絵の周りに見つけたこと（色や形，触った感じなど）を書く。(＊3)

[絵と文をつなげる]　[知らせたいなカード]

○見つけたことを一つ一つの短冊に分けて，文章に書く。(＊4)

[カードと文をつなげる]　[短冊]

○順番を考えて，書いた短冊を並べる。その後，文のはじめとおわりを書く。(＊5)
○文章を読み返して必要に応じて直し，清書をする。(6)
○友達と読み合い，よかったところを伝え合う。(清書を持ち帰り，家の人に読んでもらい感想を書いてもらう)(7)

【評価】観察したことを，詳しく文章に表すことができる。

第2章　単元計画に役立つ「単元シート」と「授業レポート」

授業レポート　目のカメラで撮った写真を文章で表す

■教師の願い

　入学当初から朝の会のときに，好きな食べ物や遊びなど話題を決めてスピーチを行った。6月からはスピーチの後，質問タイムを設けた。質問を受けて様子を説明するという場面が見られるようになった。しかし，簡単な受け答えでは問いと答えが合っているが，テストやプリントを見ると，問われたことに正しく答えられる子ばかりではない。7月になると絵日記が書けるようになり，どの子も嬉しそうだった。しかし，9月の時点では，「きょう，ぼくは〇〇をしました。たのしかったです。」という文章がほとんどであり，「だれと遊んだの」「どこに行ったの」などとコメントするが，なかなか内容は変わらなかった。これらの原因は，何をどのように表せばよいのか，どんな順番で表せばよいのかが子どもたちに見えていないことにあり，言いかえれば，この指導が日々の授業において，抜けていたのではないかと思うようになった。伝えたいことを詳しく表す方法を指導し，書くことへの抵抗感をなくしたいと考え，「問いが求めている答えを書く」「観察したことや体験したことを順序よく書く」の2つのスキルを組み入れた単元計画を作成した。

■授業の様子

＊第2時　教材文と「しらせたいなカード」をつなげる

　教材文を初めて読んだとき，「こんなに書けない」と口々に言っていた。確かに本文は7文構成で，1年生にとっては長文である。そこで教材文と「しらせたいなカード」の例を黒板に提示し，一文ずつ読みながら，「しらせたいなカード」のどの部分に当てはまるかをつなげる活動を設定した。2文目まで確認すると，「しらせたいなカード」に書かれていたことが文になっていることに気づき始めた。そこで，3文目以降は，文の内容が「しらせたいなカード」のどの部分に書かれているのかを探した。

　この活動を通して，「しらせたいなカード」を作れば文章を書くことができそうだという見通しをもった。

＊第3時　「しらせたいなカード」を書く

　自分がしらせたいものの絵を描いた後，いよいよ見つ

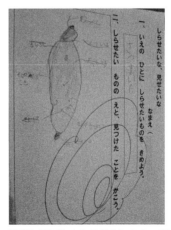

黒板に提示したしらせたいなカード

けたことを言葉で書く段階になった。すぐ書く子と，そうでない子がいる。一人の子の描いた絵を実物投影機で提示し，「何を知らせたいの？」と聞いてみた。すると，「いろ」と答えたので，「何色？」と続けて聞いた。「むらさき」という答えが返ってきたので，絵の中に書き方がわかるように線を引き，「むらさき」と書き込んだ。他の子にも順番に「何を知らせたいの？」と聞き，答えに合わせて，「どこが？」「何色？」「どんな形？」「どんな手ざわり？」「どれくらいの大きさ？」などと，さらに尋ねた。その答えを，子どもは「しらせたいなカード」に書き入れた。このような問いが求めている答えを書く活動を通して，書き方を理解し，多くの子が知らせたいことを書くことができた。

＊第４時　カードと文をつなげる（短冊を使って）
　「しらせたいなカード」を作った後，いよいよ文章を書き始めた。しかし，そのまま書くと，カードを見ないで書いたり言葉をだらだらとつなげて書いたりしてしまい，せっかく書いたカードが効果的に使えない。そこで，１枚の短冊には色や大きさなど１項目しか書かないこと，短冊は何枚使ってもよいが，色と形の短冊は必ず使うこととした。なお，色と形は色画用紙の短冊を用意した。１つの短冊に１項目という条件を出したことで，書くことへの抵抗感はかなり少なくなった。

＊第５時　順番を考えて，書いた短冊を並べる（短冊を並び替えて）
　学習の最初に「（短冊が）何枚書けたの」と聞くと，「３枚書いたよ」や「５枚書けた」などの声があがった。短冊を読み，書いた内容を確認した。その後，短冊を並び替えるときに「自分の伝えたい順に並べよう」「同じ部分の説明があったら近くに並べよう」と，つながりを意識して並べられるような声かけをした。また，つながりを考えて書いたけれど使わないという短冊があってもよいことにした。すると，「これとこれは，色のことだから近くに置こう」などと，声を出しながら並べている子もいた。また，早くに並べ終わった子には，「どうしてこの順番にしたの？」と尋ねた。「形がおもしろかったから，１番にした」とか，「（みかんの）ヘタのことだから，これとこれを近くにしたよ」などの言葉が返ってきた。
　決めた順番に短冊をノートに貼った後，教科書の例文と比べた。そして「みんなは何を書いたかわかっているけれど，家の人はこの文でわかるかな」と，投げかけた。すると，「何を見つけたのか，最初に言わないとわからないよ」という声があがった。そこで，短冊を配付し，「はじめ」を書いた。同じように「おわり」を書き，文章を完成させた。

授業を振り返って

　1年生が文章を書く際には，観察メモ（しらせたいなカード）をつくることと，短冊を使って書き並び替えることが有効でした。

　観察メモをつくるときには，「色」「形」「大きさ」「長さ」「様子」「動き」を付け加えると詳しくなり，わかりやすくなることを子どもは学びました。このような言葉は，子どもからは出てきません。そこで，教師がこのような言葉を使って問うことから始めました。その後の朝のスピーチでは，引き続き，このような言葉を意識させたことで，少しずつ詳しく話せる子が増えてきました。

　単元計画の際，短冊を使って文を書き，その順番を変えるということを一度に行わず，「①文を書く」「②順序立てる」という2つの活動に分けてみました。文章を書いている間は，一文一文を書くことで手一杯のため，順序まで考える余裕がないからです。今回の順序立ては，子どもなりのこだわりや理由付けが中心でしたが，これからは，時間，手順，事柄など，より一般的なものに移っていきます。文を集めて文章にするときには，順序立てる必要性があることを体験を通して学ぶ時間となりました。

（静岡県静岡市立南藁科小学校　教諭　狩野絹子）

From SHIOYA ● ● ●

　この単元の中で，狩野先生は，3つの書くことを組み入れました。一つ目は第3時の「しらせたいなカード」にメモを書くこと，二つ目は第4時の短冊に書くこと，そして三つ目は第6時の清書です。

　この3つの書くことの中で注目したいのは，第3時のメモを書くときに，先生が「何を知らせたいの？」と，疑問詞を使って尋ねている点です。見過ごしてしまいそうな一瞬の出来事ですが，授業レポートから，「何を知らせたいの？」という問いに対して子どもが「色」と答え，「何色？」という問いに対し「むらさき」と答えている様子が窺えます。このやりとりこそ，問いと答えをつなげることになり，知りたいことを調べるときの基礎となるのです。

　その後，狩野先生は，「色」「形」という用語を子どもが使いやすいように，1枚の短冊に一つの事柄を書くという約束をしたり，短冊を色画用紙にしたりするなど，目に見える手立てを重ねています。「色」「形」という用語は，つくり，はたらき，やくわりなどの抽象用語と同じ仲間です。教室でこのような用語を見たり聞いたりすることを通して，子どもはどういう文脈で使うのかを理解していきます。先生が繰り返し使うことは，子どもがこのような用語に触れる機会を増やすことにもつながるのです。

| 学年・教科 | 小学校2年生　国語　生活 | 単元名 | 身近な人をお仕事カードで紹介しよう　えがおのひみつたんけんたい |

単元のねらい：時間的な順序や事柄の順序を表す表現に着目すると，事柄とそれを詳しくする説明を区別して読むことができることを国語科で学習した子どもが，生活科で自分の身近な人にインタビューしたことを友達に紹介する活動を通して，時間的な順序や事柄の順序に気をつけて話す内容を組み立てることができるようになる。

探究の過程

課題の設定
問う
・問いをつくる

情報の収集
見通す
・計画を立てる
集める
・調べる―メディアを選ぶ
・調べる―情報を見つける
・地域に出て調査をする
　　　15　身近な人々の生活や地域の出来事などに気づく
・観察や実験をする
収める
・情報を手元に置く
　　　25　問いが求めている答えを書く

整理・分析
整理・分析する
・ものごとを分析し特徴や傾向をつかむ
・量を分析し特徴や傾向をつかむ

まとめ・表現
まとめる
・一つにまとめる
　　　41　伝えたいことと，理由や事例を，順序立てたり筋道立てたりして組み立てる
表現する
・プレゼンテーションをする
　　　44　形式に沿って，スピーチやプレゼンテーション（紙芝居）を行う
・事実や事柄を正確に伝える
・根拠に基づいて考えを伝える

単元の流れ（国語11時間，生活25時間）

○お世話になっている人を「お仕事カード」で紹介するという学習の見通しをもつ。（1～2）国語
○日常的にお世話になっている人がいることに気づく。（1～2）生活
○お世話になっている人を見に行く。（3～11）生活
○お世話になっている人をみんなに紹介するための見通しをもつ。（12～15）生活
○国語教材文を読み，「動物園の獣医」の「お仕事カード」を作成する。（*3～9）国語

| 動物園の獣医のお仕事カードを作成する | マトリクス表　お仕事カード |

○紹介したい人を本で調べ，「情報カード」にまとめる。（16～19）生活
○インタビュー練習の後，インタビューを行い「情報カード」に書く。（20～22）生活
○生活科でのインタビューを生かし，「お仕事カード」を作成し，時間の順序に気をつけて組み立てる。（*10～11）国語

| 自分が紹介したい人のお仕事カードを作成する | インタビューしたことを書いた「情報カード」お仕事カード |

○お仕事カードを使って，お世話になっている人を紹介する。（23～25）生活
【評価】
（国語）付箋紙を使って表にまとめることを通して，事柄と説明の文を区別して読むことができる。
（生活）インタビューしたことを「お仕事カード」に書き，友達に紹介することができる。

【国語と生活をつなげた学習の流れ】

国語：身近な人をお仕事カードで紹介しよう（全11時間）	生活：えがおのひみつたんけんたい（全25時間）
学習の見通しをもつ 第1～2時 ・教師が作成した「お仕事カード」を提示する ・子どもは，自分が紹介したい人について，カードを活用しながら紹介することがわかる。	**どんな人にお世話になっているかな？** 第1～2時 ・学校の先生　・支援員の先生　・お店の人 ・ローズアリーナの人　・図書館の人 ・習い事の先生　…など
	お世話になっている人に会いに行こう 第3～11時 ・町たんけん　・のりものたんけん ・お世話になっている人ウォッチング
	紹介するための見通しをもつ 第12～15時 ・お世話になっている人をみんなに紹介したい。 ・インタビューに行こう。　・本で調べよう。 ・インタビューの練習をしてから行こう。
動物園の獣医のお仕事カード作成 第3～9時 ・付箋を使って「動物園の獣医」を読む 　時を表す言葉（赤の付箋） 　その時にしたこと（緑の付箋） 　詳しい説明（「その人の工夫」「その人が思ったこと」「その仕事をする理由」）（黄の付箋） ・マトリックス表を作成して時間の順序を一覧できるようにする ・マトリックス表をもとに動物園の獣医のお仕事カードを作る	**紹介したい人について，本で調べる** 第16～19時 ・仕事についての情報収集（図書の活用） ・情報カードの作成 ・紹介したい人の似顔絵を書く 情報カードA 　名前 　仕事
	インタビュー活動 第20～22時 ・インタビューの練習をする ・インタビュー活動を行う ・インタビューしたことをメモする（情報カードの使用） 情報カードB 　インタビュー内容 　写真や絵
インタビューを生かしたお仕事カードの作成 第10～11時 ①ぼくは○○をしている○○さんを紹介します。 ②朝には，　　をします。　　だからです。 ③お昼まえには，　　をします。 ④お昼すぎには，　　をします。 ⑤○○さんは，とても優しくしてくれます。	**お仕事カードを使った紹介活動** 第23～25時 | ⑤	④	③	②	①
---	---	---	---	---
似顔絵	情報カードB	情報カードB	情報カードB	情報カードA
終末文	なか3	なか2	なか1	リード文	

> **授業レポート**　国語科とリンクした生活科の単元計画

教師の願い

　生活科では，調べたこと（今回は身近な人にインタビューしたこと）を紹介する活動がある。調べたことはそのまま紹介できない。紹介する形に直して初めて，相手に伝えることが可能になる。そのときに，重視したいのが，2年生の国語で学ぶ，時間的な順序に目を向けながら読んだり話したりすることである。そこで，「C　読むこと」の言語活動例「ウ　事物の仕組みなどについて説明した本や文章を読むこと」を具現化した言語活動として「身近な人をお仕事カードで紹介しよう」を位置付けた。生活科とリンクし，紹介する人を自分で決める活動であることから，子どもにとって学ぶ必要感のある学習活動となると考えて単元を構成した。

授業の様子

＊第3～9時（国語）　動物園の獣医の「お仕事カード」を作成する

　お世話になった人にインタビューしたことをみんなに紹介するために，次のような3つのスモールステップを用意した。

(1)　付箋紙を利用して国語の教材文を読む

　付箋紙を貼りながら教材文を読む学習活動である。仕事内容を叙述した段落は，1文目に「いつ」「何を」したか，2文目以降に詳しい説明が書かれている。

　そこで，まず，「時を表す言葉」は赤，「その時にしたこと」は緑，「詳しい説明」は黄，と色分けして教科書に貼った。一つの文の中に入っている情報を取り出し，識別するためである。次に，貼った付箋紙に，「順序（時を表す言葉）」「その時にしたこと」「詳しい説明」を書き込む活動を組んだ。長い文章を読むことや文を書くことに苦手意識の強い子も，「赤には『朝』，緑には『動物園の中を見回ることから始まる』って書いてあるから，『動物園の中を見回る』でいいんだよね」と戸惑うことなく取り組むことができた。注目する言葉を視覚的にとらえやすく，情報を取り出す切り口を見つけやすかったのではないかと思われる。

色分けして付箋紙を貼った教材文

(2) マトリックス表を作成して時間の順序を一覧できるようにする

「順序（時を表す言葉）」「その時にしたこと」「詳しい説明」を書き込んだ付箋紙を使って，獣医さんのその日の仕事をマトリックス表に時系列でまとめる活動である。「いつ（時間の順序）」は赤，「その時にした事柄」は緑，「詳しい説明」は黄と色分けしてあるので分類しやすいし，貼り換えが簡単である。また，自分で短く

色分けした付箋を教科書に貼っている様子

してあるので，一枚の表となったときに，「獣医さんは，朝から晩までたくさんのお仕事をしているね」と仕事の全体をとらえた感想も出てきた。

(3) マトリックス表をもとに動物園の獣医の「お仕事カード」を作る。

「お仕事カード」として獣医さんの仕事を紹介するとなると，前時に作成したマトリックス表に何を加えたらいいのかを話し合った。その時に使ったのが，教師が作成し，第1時に使用した「お仕事カード」である。マトリックス表にある順序（時を表す言葉）は，そのまま「なか」となることから，「はじめ」と「おわり」を加えたらいいことは，すぐに理解できた。

〈動物園の獣医さんのお仕事カードの例〉
　はじめ：わたしは動物園の獣医さんのお仕事を紹介します。
　なか　：前時に作成したマトリックス表。
　おわり：獣医さんは朝から晩までたくさんの仕事をしているんだなと思いました。

＊第10〜11時（国語）　インタビューしたことを「お仕事カード」に書く

紹介したい人にインタビューに行き「情報カード」にまとめる生活科の学習がすんだら，いよいよ「お仕事カード」を作る活動が国語で始まる。

インタビューでは「いつ，どんな仕事をするのか」を，時系列に沿って尋ねてくることを主とした。そのために，インタビューの際には，情報カードを持参し，時を表す言葉を示したうえで，「どんな仕事をするのか」「何のためにするのか」「そのときどんな工夫をしているのか」などをメモした。

生活科で作成した情報カードA 1枚，情報カードB 3枚，似顔絵をもとに，「お仕事カード」①〜⑤を作成する。

これらを，以下のように，はじめ，なか，おわりのまとまりに分けた。

①はじめ：ぼくは○○をしている○○さんを紹介します。　　　（情報カードAとリード文）
②なか1：朝には□□をします。■■だからです。　　　（情報カードB1とお仕事カード1）
③なか2：お昼まえには，◇◇をします。　　　　　　　　（情報カードB2とお仕事カード2）
④なか3：お昼すぎには，▽▽をします。　　　　　　　　（情報カードB3とお仕事カード3）
⑤おわり：○○さんは，とても優しくしてくれます。　　　　　　　（似顔絵と終末文）

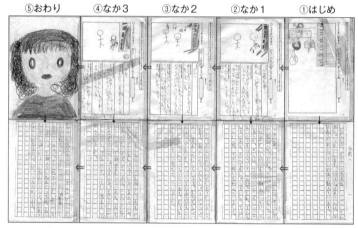

子どもが書いたお仕事カードの例

　生活科でインタビューしたことを「情報カードB」に記入するときには苦労した子も，カードに書かれたメモをもとに紹介の文を「お仕事カード」に書くことができた。「情報カードB」のメモを見ながら，しかも，自分の言葉を反芻しながら記入していくので，比較的スムーズに書き進めることができた。また，カード1枚につき説明用原稿用紙（お仕事カード）1枚なので，段落意識をもちやすく，書き始めは，1字下げるということを意識している子も多かった。

　情報カードを，「はじめ」「なか」「おわり」のまとまりになるように並べ，さらに，時間の順序を考えてなか1，なか2，なか3とカードを並べ換えることで，文章力の差はともかく，自分の伝えたいことを時間の順序に気をつけて組み立てるというねらいは到達できた。

授業を振り返って

　国語と生活をつなげるには，つながりを実感できる仕掛けが必要です。

　まず，単元のはじめに，国語と生活の両教科を通して，お仕事カードを作ることを子どもがイメージしていることから，毎時間の振り返りでは，「お仕事カード」に生かし

たいことはどんなことかを意識できるような「ふり返りカード」の形式にしてみました。「ふり返りカード」は、タイトル：『身近な人を、お仕事カードを使ってしょうかいしよう ◎カードの書き方を学ぼう』、項目：「今日考えること」「自分の考え」「自分のお仕事カードに生かしたいこと」とし、毎時間、授業の始めには今日の学習がお仕事カードのどの部分につながるのかを掲示物と照らし合わせて確かめ、ここが書けるようになることがめあてであると意識させました。授業の終わりの振り返りは、「お仕事カードに書く時は（　　　　　　　　　）を書けばよいと分かった」という穴埋めの形式にし、その時間で学んだこと（その仕事をする訳や工夫）を書き込みやすくしてみました。また、国語と生活とのつながりが見えるように掲示物を用意し、機会を見つけては掲示物に戻り、今日の授業が単元の中のどこに位置しているのかも確かめました。

　お世話になっているスポーツ少年団のコーチや近所のおじさん、父親、母親などに何度かインタビューをし、お仕事カードにまとめ紹介する今回の活動は、子どもにとっても満足感の残るものでした。「わたしが寝た後も、お母さんがこんなにたくさんお仕事をしていることが分かってびっくりしました」「ピアノの先生は、お年寄りには音楽セラピーをしたり、子どもには、ピアノが楽しいって思えるように教えたりしていることが分かったよ」「となりの山田さんが、作る野菜がおいしいわけがわかったよ」などの感想がありました。身近な人の仕事を調べ、友達に伝える活動を通して、何よりも自分にとって大事な存在であることに気づくことができました。

（静岡県島田市立大津小学校　教諭　山口すみえ）

From SHIOYA ● ● ●

　「国語と生活をつなげる」、言うは易く行うは難し。山口先生の「授業を振り返って」には、「めあて」「活動」「振り返り」の３つの言葉があります。

　国語と生活のそれぞれの教科のめあてを常に意識すること、そして、めあてに合った活動の設定、さらには、単元が長くなるので、子どもの意欲を持続するためにも、導入段階での動機付けや毎時間の振り返りの工夫が必要になるからです。山口先生が意識した３つのスモールステップは、めあてに到達するために、先生が選んだ活動の具体そのものです。子どもが主体的に活動に取り組むために、単元の流れのどの時間にどんな準備（手立て）をしたのかが、授業レポートから見えます。

　このような準備があるからこそ、子どもは、活動を積み重ねることにより、しっかりとめあてへと到達していくのです。

学年・教科	小学校3／4年生（複式学級）総合的な学習の時間	単元名	茶茶茶探検隊

単元のねらい：地域の身近な素材である「お茶」について課題を決めることができる（課題発見力）
○本単元では，特に課題発見力を重視。○評価の観点については次頁。

探究の過程

課題の設定
- 問う
  - ○問いをつくる
    - 2　知りたいことを整理してから問いをつくる

情報の収集
- 見通す
  - ・計画を立てる
- 集める
  - ○調べる―メディアを選ぶ
    - 7　読みたい本の場所や日本十進分類法（NDC）を知る
  - ○調べる―情報を見つける
    - 11　百科事典を引く
  - ○地域に出て調査をする
    - 16　形式に沿って，インタビューをしたりアンケートをつくったりする
  - ・観察や実験をする
- 収める
  - ○情報を手元に置く
    - 26　要約と引用を区別する

整理・分析
- 整理・分析する
  - ○ものごとを分析し特徴や傾向をつかむ
    - 29　集めた情報を比較・分類する
  - ・量を分析し特徴や傾向をつかむ

まとめ・表現
- まとめる
  - ・一つにまとめる
- 表現する
  - ・プレゼンテーションをする
  - ○事実や事柄を正確に伝える
    - 48　はじめ，なか，おわりを区別して報告する文章を書く
  - ・根拠に基づいて考えを伝える

単元の流れ（30時間）

○お茶についてこれから自分が知りたいことを見つけ，「問い」をつくる。（＊1）

「問い」をつくる①　　KWLシート

○本で調べる方法を知る（日本十進分類法）。（＊2）
○本や百科事典等を使って調べてみる。（3〜4）
○製茶工場の見学に行く準備をする。下調べをして「質問」を考える。（5〜6）
○製茶工場の見学に行く。工場の人にインタビューをする。（7〜8）

工場見学に行く　　責任者に連絡

○製茶工場に行きわかったことをまとめる。（9〜10）
○学校の茶畑にてお茶摘み体験をする。（11〜12）
○ホットプレートを使って摘んだお茶を乾燥させ，手で揉む。（13〜14）

手もみ体験をする　　家庭科室使用　用務員さんに連絡

○自分たちで手揉みしたお茶を全校にふるまう。（15）
○さまざまな体験を通して再びうまれた「問い」をはっきりさせる。（16）

「問い」をつくる②　　KWLシート

○アンケートをつくり，地域に出て調査をする。（17〜19）
○要約と引用を区別して，本で調べたことを情報カードに書く。（20〜22）
○集めた情報を整理する。（23〜24）
○報告する文章を書く。（25〜27）
○報告会を開き，自分の調べたことや考えたことを発表する。（28〜29）
○学習の成果を振り返り，感動したことを表現する。（30）

第2章 単元計画に役立つ「単元シート」と「授業レポート」

> 授業レポート　整理して見えてきた「問い」──知りたいことを見つけよう

教師の願い

　中山間地完全複式学級での3・4年総合的な学習の時間の今年度の共通テーマは，『茶茶茶探検隊』である。地域の農産物について調べることを通して，地域のよさを再発見し，ふるさとに愛着と誇りをもってほしいと願っている。

　担任は，市街地の初任校から，中山間地の本校に転任してきた5年目の若手教員である。初めての複式学級，すべてを自分で決めて学級経営をしていかなくてはならない。転任してきたばかりで地域のことがよくわからない中で，総合的な学習の時間の授業を始めなければならないことに不安を抱いていた。このような授業の進め方についての相談を，担任から受けたことをきっかけに，本単元に関わりをもつことになった。

　本校の子どもたちは，お茶畑に囲まれた地域に住んでいる。お茶について，子どもたちがもっている知識や体験を生かした単元計画を立案していたことから，第1時の「お茶について調べていきたいことを見つけ，問いをつくる」の授業において，「KWLシート」を使う方法を提案した。「KWLシート」は，すでに「知っていること」をもとに，「知りたいこと」を見つけ出していくシンキングツールである。豊かな知識や体験を見える化する活動を通して，テーマである『茶茶茶探検隊』についての意欲を抱いたり見通しをもったりすることができるのではないかと考えた。

【評価】
- ふるさと賤北の農産物であるお茶について，自分から課題を見つけ，体験や情報収集を進んで行い，面白さを感じながら取り組んでいる。
- 地域の身近な素材であるお茶について課題を決めることができる。
- お茶摘み体験や製茶工場の見学等を通して，自ら設定した課題に対して探究し，解決することができる。
- 学び方やものの考え方を身につけ，主体的に考える態度を育て，感動したことを表現したり活動の振り返りを表現したりすることができる。

授業の様子

＊第1時　自分が知りたいことを見つけ，「問い」をつくる

　今年度のテーマは，地域の代表的な農産物である「お茶」について探究していく。名付けて『茶茶茶探検隊』である。専業農家こそないが，ほとんどの子どもの家にお茶畑があるため，お茶については，日常生活の中で見聞きしていることがある。そこで，「知りたいことを整理してから問いをつくる」ために，「KWLシート」を活用した。

知りたいことを見つけるために使ったKWLシート

Kは「know」で「自分が知っていること」を，Wは「want」で「これから知りたいこと」を，Lは「learned」で「授業を通して学んだこと」を，書いていくこととした。

まず，「自分が知っていること」では，「お茶は葉っぱで，それを機械で細かくする」「悪い葉っぱを取って良い葉っぱだけにする」「お茶は揉んでかわかす」「お茶は急須に入れてお湯を入れたら，何秒か待つ」「お茶の葉を機械でつぶしたり，かわかしたりする」などと書いている子どもが多かった。お茶畑に囲まれている地域であるため，お茶が「葉」であることは全員が認識していた。しかし，その「葉」がどうやって飲むための「お茶」になっていくのか疑問に思っていることが見えてきた。お茶っ葉のように細かくするためには，切ったりすりつぶしたりしていると予想している子もいて驚いた。

次に「問い」としての「これから知りたいこと」を書くときには，5W1Hを使うことを指導した。「どうやって細かくするのか」「どんな機械を使っているのか」「どんな順番でお茶になるのか」「お茶を揉む時は，どうやって揉むのか」などの「問い」をつくり，知りたいことを整理することができた。

＊第2時以降の授業の様子

この「問い」から，担任は，単元計画を立てていくことができた。実際に地域の製茶工場に見学に行かせてもらう必要性を感じ，担任はすぐに製茶工場の責任者に連絡を取ることができた。地域の製茶工場は新茶の時期だけ稼働しているため，時期が限られている。そのため，5月上旬の早い時期に貴重な見学に行くことができた。

手揉み体験の様子

また，担任は，機械での製茶だけでなく，子どもたちがこだわる「手揉み」を体験させたいという思いをもち，用務員に頼んで，猫の額ほどであるが学校の茶畑を整備してもらい，お茶摘み体験を行うことができた。「KWLシート」という思考ツールを使って，知っていることと，知りたいことを整理したことにより，課題がはっきりし，「問い」をつくることができた。

■授業を振り返って

　カリキュラム・マネジメントの中心に「総合的な学習の時間」をもってきている例をよく見かけるようになりました。そうすることで，横断的な学習ができ，子どもに主体的・対話的で深い学びをさせることができると考えます。しかし，教科書のない「総合的な学習の時間」は，どうやって授業をしたらよいのか，どうやって子どもたちの「探究心」を呼び起こせばよいのか，若い先生方には難しいのです。今までは，同じ学年の先生方と相談しながらやってきたと思いますが，単学級でしかも複式という小規模校においては，自分一人で考え，授業を組み立てていかなければなりません。

　子どもたちは，「問い」さえつかめば，主体的に探究を始めていきます。最初が肝心なのです。5年目の若手教員は，嬉しいことに校長である私に相談してくれました。そこで，1時間目の授業をやらせてもらいました。授業ができる喜びを感じながら，子どもたちの「問い」を引き出していき，またお茶についてこれから自分が知りたいことを見つけ，「問い」をつくったことによって，担任はそれをもとに，単元計画を立て，自信をもって総合的な学習の時間の授業を進めています。ただ単に，「お茶について調べよう！」と呼びかけるだけでは子どもは途方にくれてしまいます。子どもの思考を助ける「思考ツール」を使うことで，子どもは自分の問いを自覚し，生き生きと動き始めました。

（静岡県静岡市立賤機北小学校　校長　池谷聡美）

From SHIOYA ● ● ●

　池谷先生の授業レポートからは，子どもたちだけでなく，担任の先生の表情まで見えてくるようです。知識や体験が豊かということは，当然知りたいこともたくさんあるはずです。でも，その知りたいことをみんなに伝わる文にしていくのは，容易ではありません。そこで，池谷先生は2つのスモールステップを用意しました。

　まず，「知っていることを見える化」しました。次に，知りたいこと（問い）を5W1Hで文にしました。問いをつくる方法は，いくつかありますが，知識や体験をすでに多くもっているテーマの場合，「知っていることを見える化」してから，「問い」を文にする方法は有効です。日々の学習や生活を通して，知識や体験は子どもたちの中に点在しています。それらを一旦見える化し整理することで，つながりをもち始めるのです。知識や体験がつながると，今まで見えていなかったことに気づき始めます。お茶畑のお茶の葉を見ている（体験）。飲むお茶の葉も知っている（知識）。でも，お茶畑のお茶の葉がどのようにして飲むお茶の葉になるのかは知らない。ここまできて，ようやく，知らないことを問いの文にすることが可能になるのです。

学年・教科	小学校3年生 総合的な学習の時間	単元名	静浦探険隊——静浦漁港から静浦の自慢をさぐろう

単元のねらい：地元産業である漁業やひらき工場について，問いを見つけ，情報収集の活動を通して，問いを解決しまとめて発表することができる。○評価の観点については次頁。

探究の過程

課題の設定
- 問う
- ⊙問いをつくる
- 2　知りたいことを整理してから問いをつくる

情報の収集
- 見通す
  - ・計画を立てる
- 集める
  - ・調べる―メディアを選ぶ
  - ・調べる―情報を見つける
  - ⊙地域に出て調査をする
  - 16　形式に沿って，インタビューをしたりアンケートをつくったりする
  - ・観察や実験をする
- 収める
  - ・情報を手元に置く

整理・分析
- 整理・分析する
  - ・ものごとを分析し特徴や傾向をつかむ
  - ⊙量を分析し特徴や傾向をつかむ
  - 34　棒グラフ・折れ線グラフの特徴や用い方を理解した上で，表したり読んだりする
  （差・変化）

まとめ・表現
- まとめる
  - ⊙一つにまとめる
  - 41　伝えたいことと，理由や事例を，順序立てたり筋道立てたりして組み立てる
- 表現する
  - ⊙プレゼンテーションをする
  - 44　形式に沿って，スピーチやプレゼンテーション（紙芝居）を行う
  - ⊙事実や事柄を正確に伝える
  - 48　はじめ，なか，おわりを区別して報告する文章を書く
  - ・根拠に基づいて考えを伝える

単元の流れ（27時間）

第1次【課題の設定】
- ○知っていることを整理する。(1)
- ○漁港へ見学に行く。(2〜3)
- ○集めた情報をもとに，知っていることと知りたいことを整理する。(*4)

　　問いをつくる　　　　KWLシート

- ○知りたいことの中から聞いて解決できそうな問いを選ぶ。(*5)
- ○漁師さんにインタビューする。(6)

第2次【情報の収集】【整理・分析】
- ○(6)時で解決した以外の問いを解決する場所が学区内にあるのかを地図で確認する。(7)
- ○問いに関するアンケートをつくり集計する。(*8〜10)
- ○集計した表から棒グラフをつくり，わかったことをまとめる。(*11)

　　棒グラフに表す　　　算数との連携

- ○アンケートで「ひらきが好き」が少なかったので，味を確かめるために，ひらきを焼いて食べる。(12〜13)
- ○工場見学での質問を考える。(14)
- ○工場見学に行く。(2箇所)(15〜18)
- ○工場見学で得た情報をまとめる。(19)
- ○ひらきをつくる。(20〜22)

第3次【まとめ・表現】
- ○集めた情報から伝えたいことと複数の理由を組み立てる。(*23〜24)
- ○報告文を書き，プレゼンテーションにまとめて発表する。(*25〜27)

授業レポート　探究の各過程に情報活用スキルを組み込む

教師の願い

　本校は海に面し，海に関した産業が多いため，子ども自身が「調べてみたい」と思う身近な題材が豊富である。しかし，地域の良さと子どもが抱く興味関心には，隔たりがある。さらに，探究の過程を通して問いを解決したという経験は少ない。そこで，地域の学習材を生かし，自分たちの問いを解決する学習は楽しいという実感がもてるように，子どもの思考の流れに沿った単元計画を立てたいと考えた。子どもの「知りたい！」「調べたい！」という気持ちを大切にして見学や体験を計画に織り込み，探究の各過程で必要な情報活用スキルを使って，思考の整理をしながらゴールに向かうように単元計画を立てた。

> 【評価】
> - 自分たちの住む静浦の自慢は何だろうかという問いを解決するために，「静浦漁港」や「静浦のひらき工場」を見学したりインタビューしたりして，主体的に自分の課題を解決しようとして取り組んでいる。
> - 漁港で集めた情報から，自分の問いをつくり，ひらき工場へ見学に行ったり，アンケートを取ったりして情報を集め，集めた情報から自分の考えをつくり，まとめて発表することができる。
> - 漁港で働く人やひらき工場で働く人を見て，身近な地域の人が関わっていることや工夫して働いている様子から，自分の将来について考えることができる。

授業の様子

＊第4時　情報を集めてから知りたいことを文にする

　漁師さんがしらすを取ってきてせりをしたり，直売所で売ったりしていることを，子どもたちは漁港へ行って初めて知った。第1時でKWLシートのKの欄に「静浦の自慢についてすでに知っていること」を書いてあるので，「見学して学んだこと」をLの欄に書いた。Kの欄には「海がある」「漁船に乗った」など，漠然とした情報が多いが，Lの欄には「さばが1日に20〜30トン取れる」や「真鯛（まだい）を入れるかごには工夫がある」「しらす漁は朝早く出かける」などという，見学して話を聞いたからこそ知り得る詳しい情報を書き込むことができた。

　これらの情報をもとに，知りたいこと（問い）を言語化する前に，次のようなやりとりを子どもたちと行った。

　　T：「国語の説明文にある問いの文はどうやって書いてあるかな？」

問いを文にするときに使ったKWLシートの記入例

C：「〜だろうか？という書き方になっている」
T：「では，文のおわりはどうやって書けばいいの？」
C：「シラスはどうして最近取れなくなってきているのだろうか？」

このようなやりとりから，疑問詞を使ったり，文末を「〜か」で表したりすることを板書した。その後，KWLシートのWの欄に知りたいこと（問い）を書いた。

＊第5時　インタビュー内容を絞る

前時には，知りたいことをKWLシートのWの欄にいくつも書いた。漁師さんにインタビューをするとなると，各自の問いを全部尋ねることは無理である。そこで，本時では，漁師さんへの質問を絞るために，各自の知りたいことの中から漁師さんにインタビューして解決できる問いを画用紙に書き出した。

問いを貼っていくと，「分類しよう」と投げかける前から「自分の問いは○○君と似ているよ」「これは，しらすのことに関する問いだね」というつぶやきが始まった。最終的に，「養殖マダイはどのように育てるのだろうか？」「しらす以外の取れた魚のセリも同じようにやっているのだろうか？」「どうして，魚が取れたり取れなかったりするのだろうか？」の3つの質問を漁師さんにすることにした。

次の時間，漁師さんにインタビューを行った。

＊第8〜10時　アンケートをつくり集計する

KWLシートのWの欄に，「ひらき工場では，何のひらきをつくっているのだろうか」など，「ひらき工場」に関する質問がたくさんあった。これらを解決するために，学区にある「ひらき工場」に見学に行きたいという発言が子どもから出てきた。この声は，単元計画時に想定していたので，すでに準備済みである。しかし，たとえ海の近くで生活している子どもたちであっても，「ひらき」が身近かどうかはわからない。「ひらき工

場」見学の計画を立てる前に「ひらきは好き？」と尋ねると，好きと嫌いが同数ほどで，「ひらき」を食べたことがない子どももいることがわかった。

 T：「学区にはひらき工場がたくさんあるから，みんなはひらきが好きかと思いました」

 C：（困った顔……）

 T：「3年生だけ嫌いな子が多いのかな？」

 C：「他の学年は，どうなんだろう」「調べないとわからないよ」

 T：「どうやって調べるの？」

 C：「聞く！」

 T：「全員に聞くの？　授業中に，全クラスに聞くのは難しいかな？」

 C：「アンケートにすれば，全員に聞くことができると思う」

教師と子どもとのこのようなやりとりの後，全校を対象にアンケートをつくることになった。子どもたちは，学校アンケートや自治会アンケートなどで，回答者の立場は体験している。しかし，実際にアンケートをつくるのは初めてである。

まず，アンケートには，はじめの文，質問，終わりの文があることを示した。はじめの文には，総合的な学習の時間で何を学んでいるのか，どういう目的でアンケートを取るのかを書くこと，終わりの文には，お礼を書くことを確認した。

次に，質問を整理したところ，以下の4点があがった。

(1)　あじのひものがすきかどうか

(2)　どういう魚のひものを食べたことがあるか

(3)　魚を1週間にどれくらい食べているか

(4)　魚をどこで買うか

このような問いに対して，どのような回答があるのかを想像し選択肢を作成した。

アンケートが出来上がったら，全校のクラスへ調査のお願いに行き，集計結果を回収し，表に整理した。

*第11時　棒グラフからわかることをまとめる

前時で，アンケート結果の集計ができている。結果を学年ごとに棒グラフに表し，そこからわかることをまとめた。

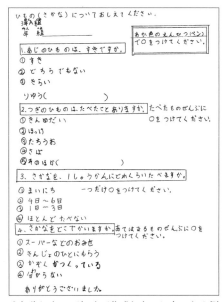

3年生になって初めて作成したアンケートの例

(1)の質問について
- どの学年でも、ひものが嫌いという人は好きと答えた人と同じくらいいた。
- 好きでも嫌いでもないと答えた人もいた。

(2)の質問について（略）

(3)の質問について
- 全校の半分近い人が1週間に1日〜3日魚を食べている。一番多い。
- どの学年でも、魚をほとんど食べないと答えた人がいた。

(4)の質問について（略）

質問(1)であじのひものが「嫌い」と回答した人数の多さに、子どもたちの目が集中した。棒グラフにすると、「好き」「嫌い」「どちらでもない」それぞれの回答の差が見えやすい。

また、質問(3)の「魚を1週間にどれくらい食べているか」の質問では、魚をほとんど食べないと答えた人の人数に子どもの目が向いていた。もっとも多い学年では、クラスの人数の4分の1が「ほとんど食べない」と答えていたことに、驚いている子どももいた。

質問(1)と(3)をつなげながら、「食べたことがないから、嫌いと答えているのではないか」「食べていないから、ひもののおいしさを知らないのかもしれない」という発言が出てきた。

＊第23〜24時　「なぜなにシート」を使って伝えたいことと理由を組み立てる

ここまでで、漁港やひらき工場の見学、ひらきを焼いて食べたりさばいたりする体験、全校へのアンケートなどを通して、たくさんの情報が集まっている。そこから、自分の一番言いたいこと（伝えたいこと）を決めるために、「なぜなにシート」を使った。

まず、上に「今まで学習してきたことを通して、自分が一番言いたいこと」を書き、その下に「その理由」を書いた。

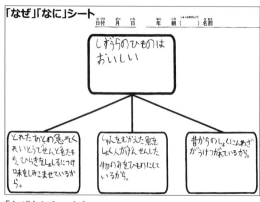

「なぜなにシート」

次に、全員が「なぜなにシート」を書きあげたところで、修正を加える必要がある「なぜなにシート」を、次の3つの観点で選んだ。

(1)　言いたいことが2つ書いてあるもの
(2)　何が言いたいか不明なもの
(3)　言いたいところ（上の段）に、言いたいことではなく事実を書いているもの

子どもに見せるときには、子どもの

「なぜなにシート」を教師が書き直した。誰のものかわからないようにするためである。そして，例示した3つの「なぜなにシート」の何が問題なのかを話し合った。

(1) 「言いたいことが2つ書いてあるもの」
〈教師が取り上げた例〉
- 静浦のひものは，おいしいし，つくるときに工夫をしている。
- 静浦のひものは，有名だし，伝統の技がある。

〈例を見せたときの子どもの反応〉
- 理由の3つと言いたいことが線でつながっている。言いたいことが2つあると，どの理由とどの言いたいことがつながっているのかがわからない。
- 言いたいことが1つだと，そういう理由なんだとわかる。

(2) 「何が言いたいか不明なもの」
〈教師が取り上げた例〉
- 静浦のひものはすごい。

〈例を見せたときの子どもの反応〉
- 何がすごいのかが，わからない。

(3) 「考えではなく事実を書いているもの」
〈教師が取り上げた例〉
- 沼津のひものの生産量は日本一。

〈例を見せたときの子どもの反応〉
- これは，パンフレットに書いてあるから，自分が考えたことではないよ。

話し合いの後，自分の「なぜなにシート」を見直し，修正して完成させた。子どもの修正例には，次のようなものがあった。

〈修正後の言いたいことの例〉
- 静浦のひものの技が，昔から続いている。　・静浦のひものは，有名である。
- 静浦のひものは，つくるときに工夫している。
- 静浦のひものは，安全に気をつけている。

また，理由に書いたことについて，どこから得たのかを，以下のように整理した。理由に書いてあることは，どこにあるのかも確かめ合った。

〈理由は，どこから見つけたのか〉
- ひもの工場の見学でのメモ。　・ひもの工場の見学の写真。
- ひもの工場のおじさんの話。　・ひもの工場でもらったパンフレット。
- 質問に対するひもの工場のおじさんの答え。

＊第25～27時　まとめができたら，表現（プレゼンテーション・報告文）は簡単

　「なぜなにシート」が完成した所で，それをもとにペアで伝え合った。その後，報告文を書き，プレゼンテーションを行った。

　国語で報告文の書き方は学んでいる。おさらいをしながら，「なぜなにシート」と報告文の構成とがどのようにつながるのかを話し合った。報告文は，はじめ，なか，おわりで構成されている。「伝えたいこと」は「おわり」に書き，「なぜなにシート」の上の段に当たる。「理由」は「なか」に書き，「なぜなにシート」の下の段にあたる。「なぜなにシート」には，「はじめ」はない。

　そこで，「はじめ」には，何を書いたらいいのかを考えるために，「なか」の理由から始まる文章を見せた。すると，子どもたちは，「わからない」「突然，理由から読んでも，何の話なのかわからない」と言い始めた。「何を調べたのかをはじめに書けば，何の報告をするのかがわかる」ということで，子どもたちの考えは一致した。

　報告文を書いた後，スライドを作成し，簡単なプレゼンテーションを行った。報告文を参考に，「はじめ」「なか(1)」「なか(2)」「なか(3)」「おわり」で，5枚のスライドをつくった。3つの「なか」のスライドは，絵と短い言葉で作成し，「はじめ」と「おわり」は，文章で書いた。

子どもが書いた報告文の例

■授業を振り返って

　学級担任とTTで授業を行いました。単元計画を立てるときに,「子どもの思考の流れを大切に」を意識し,どう授業を展開するかを話し合いながら進めました。こうして実践にまとめると,6つもの情報活用スキルがあったことに驚きますが,この学習が,今後行われる探究的な学習の基本となるのだと確信しました。

　とくに印象に残ったのは,第23〜24時の「なぜなにシート」を書いた場面です。上の段に「自分の伝えたいこと」を書いたのですが,「伝えたいこと」と言っても,書き方はバラバラでした。伝えたいことを2つ書く子ども,伝えたいことを「すごい」の一言で終えてしまう子ども,伝えたいことに調べた「事実」を書いてしまう子ども,そして,なかなか書こうとしない子どもなど,子どもたちの表れがあまりに多様でした。これらを拾い上げ,教師が例として一つ一つ「なぜなにシート」を提示しながら,何が問題なのか,どうしたらいいのかを話し合いました。全員が納得した後,担任が「みんな,すごいよ。先生は大学生のとき,自分の考えを書いたつもりでも,『それは考えじゃなくて,事実です』って大学の先生に言われたんだよ。でもみんなは小学校3年生でちゃんとわかったんだから」と,子どもたちに熱く語っていました。

　探究の各過程において,子どもたちがどういうところにつまずくのかをイメージしながら,適切な情報活用スキルを取り入れる必要性を実感しました。

　　　　　　　　　　　　　　(静岡県沼津市立静浦小中一貫学校　教諭　小谷田照代)

From SHIOYA ● ● ●

　小学校中学年では,探究の各過程に必要な知識や技能を,活動を通して習得していきます(例えば,情報の収集の過程において目次・索引の使い方を学ぶ)。中学年の子どもは,探究の全過程を見通すことは容易なことではありません。しかし,小谷田先生の単元計画のように,問いを見出し,解決するための一連の流れを体験することは,「見通しをもった学び」につながります。見通しをもつためには先ず,探究には過程があることを体験する必要があるからです。

　「静浦探険隊──静浦漁港から静浦の自慢をさぐろう」の単元計画と授業レポートを見てみましょう。探究の過程を体験することと,各過程で必要な情報活用スキルを習得することの2点がしっかりと含まれています。さらに,問いをつくる,アンケートをつくるなどの情報活用スキルを学ぶ場面も,子どもの意識に沿い,必然性のある流れの中で設定されています。3年生の子どもの気持ちを連れていくという視点で,全27時間の単元計画を,もう一度ご覧ください。

| 学年・教科 | 小学校3年生　理科 | 単元名 | たねをまこう |

単元のねらい：植物を育てて学校を花や実でいっぱいにしたいという願いをもとに，植物のたねを各自の栽培用ポットなどにまき，大切に世話をして，変化の様子を記録していくことができるようにする。また，植物の芽生えに感動しながら観察を行うとともに，これからの成長の様子に関心をもつことができるようにする。

探究の過程

課題の設定
- 問う
  - 問いをつくる

情報の収集
- 見通す
  - 計画を立てる
- 集める
  - 調べる―メディアを選ぶ
  - 調べる―情報を見つける
  - 地域に出て調査をする
  - 観察や実験をする
- 収める
  - 情報を手元に置く

整理・分析
- 整理・分析する
  - ○ものごとを分析し特徴や傾向をつかむ
    29　集めた情報を比較・分類する
  - 量を分析し特徴や傾向をつかむ

まとめ・表現
- まとめる
  - 一つにまとめる
- 表現する
  - プレゼンテーションをする
  - 事実や事柄を正確に伝える
  - 根拠に基づいて考えを伝える

単元の流れ（4時間）

○1年生の時に収穫したアサガオのたねとホウセンカのたねを比べ，共通点と相違点を見つける。（*1）

比べて考える①

- 形・色・大きさの用語の提示
- ホウセンカのたね
- 1年生の時のアサガオのたね
- ベン図

○その他のたねも比べ，植物のたねは花や葉などと同様に，それぞれ固有の形態があることに気がつく。（*2）

比べて考える②

- 形・色・大きさの用語の提示
- ひまわりのたね
- 百日草のたね
- ゴーヤのたね
- サルビアのたね
- マリーゴールドのたね
- ベン図

○たねをまく。（3）

○発芽した芽を観察する。（4）

【評価】
・植物のたねや成長に興味をもち，進んで観察したり，世話をしたりしようとする。
・比べる視点を明確にしてたねを比べ，植物には固有の形態があることを理解する。
・植物の芽生えを観察して，色，形，大きさなどの様子を具体的に絵や文で記録している。
・植物の育ち方には，たねから芽が出るという一定の順序があることを理解している。

第2章 単元計画に役立つ「単元シート」と「授業レポート」

> 授業レポート　比べることを通して植物には固有の形態があることを実感する

■教師の願い

　比較することは，小学校１年生から，各教科・領域で段階的に行われる活動である。具体物同士を比べることから始まり，徐々に抽象的なものも比べていく。活動の中で，子どもたちが，何を比べているのかを意識しないと情報を集めることが難しくなり，「色々わかった」という感想が出てくることも珍しくない。そこで，比較した内容をベン図にまとめることで共通点と相違点を整理し，子どもたちが学習活動からわかったことをより具体的にまとめることができると考えた。

　１・２年生時の「生活科」のアサガオや野菜を育てる経験で，自分の行為と植物の関わりや植物の変化・成長から植物の様子に関心をもった子どもたちが，３年生の「理科」で身近な植物を探し，比べることで，生物や植物には固有の形態があることを実感する。その過程で，何に注目して比べることが「理科」でつけるべき力なのか価値付け，視点を意識することで，理科での「比較の方法」を身につけてほしい。そうした経験を積み重ねることで，「何がちがうのかな？」「なぜちがうのかな？」など，今後の６年間の理科教育につながる思いが子どもたちの中に湧いてくると考えた。

■授業の様子

＊第１時　たねは植物によってちがうのかな？

　前単元の「春のしぜんにとび出そう」では，校庭に自生しているさまざまな植物を採集し，比べることで，「色」「形」「大きさ」という観察の視点を子どもたちがつくった。

　本時の導入では，そのことを振り返り，植物の花・茎・葉・根がそれぞれ異なることを確認した。また，１・２年生時の生活科の授業で植物には，実やたねもあったことも振り返った。自分たちが一生懸命に世話したアサガオのことを思い出す中で，たねをたくさん収穫した喜びが蘇ってきたところで，「たねは植物によって……」とつぶやくと，すかさず「ピーマンのたねとアサガオのたねは全然違ったから，同じじゃないと思う」や「前に見たたねは同じ大きさじゃなかったよ」「たねも植物によって違うんじゃないのかな」など，自らの経験や日常生活の事象を根拠に

子どもの問いを言語化する導入

発言する子が多くいた。子どもたちとの会話をもとに，課題を「たねは植物によってちがうのかな？」とし，何を比べたらいいかなと投げかけた。子どもたちは，「色」「形」「大きさ」と前単元においてみんなでつくった比較の視点を思い出し，学習活動の内容を学級全体で共有することができた。

そこで，子どもたちが1年時に収穫し保存しておいた自分たちのアサガオのたねとホウセンカのたねを提示し，比較する活動に取り組んだ（ホウセンカを選んだ理由は，夏生1年生の双子葉植物で育てやすく，アサガオのたねと比べたときに特徴に差があり，比較しやすいためである）。自分たちのたねに再会した子どもたちは，早く活動したくてうずうずしていた。「自分たちのたね」というのがポイントで，比べる前から，「虫眼鏡を使って，形を大きく見たい」や「定規を使って大きさを比べてもいい？」と発言する子どもたちもいた。

「色」「形」「大きさ」の観点で比べる中で，相違点を多く書き出すことができた。また，ベン図を使うことで，「共通点も探そう」という意識がはたらき，アサガオとホウセンカのたねの両方にある「固い」や「へそのようなくぼみがある」などの共通点もまとめることができた。比較という活動の大切な部分は相違点だけではなく，共通点も同時にまとめていくことである。また，へそという表現は，1年生の時に初めてアサガオのたねに出会ったときに子どもたちが使っていたものであり，1年国語の「まめ」で，たねを人の赤ん坊と見立てて考える子が多かったことから出てきたと考えられる。また，感想の欄には，次の授業で，「たねをまいて，育ててみたい」や「他のたねも比べてみたい」など次時の課題を書く子どもたちが多くいた。しかし，「たねについて色々なことがわかった」と書く子どもたちもいた。

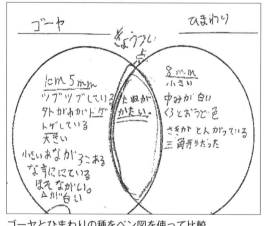
ゴーヤとひまわりの種をベン図を使って比較

＊第2時　ほかのたねも比べてみよう

前時から，「他のたねも見たい」という知的好奇心が高まっている子どもたちに余計な指示は必要ない。

本時では，ひまわりのたねと百日草・ゴーヤ・サルビア・マリーゴールドの中から1つ選んだものを比べた。「形」「色」「大きさ」の視点でベン図にまとめることができた。「わかったこと」を書く場面では，子どもたちに「色々わかったという書き方はいいかな？」と投げかけて

みた。「そうだと，何がわかったかわからないよ」「色とか形のことを書かないとだめだよ」という意見をもとに，「色々」という言葉を具体化する時間をもった。

■授業を振り返って

　子どもたちが何かを比べるためには，対象をじっくりと観察する必要があります。今回の授業のように「比べる」という活動を設定すれば，授業者が「観察しなさい」と言う必要はありません。観察とは，注意して対象を見て，情報を集めることです。それらをベン図にまとめることで，集めた情報を整理できることはもちろん，観察の視点がはっきりと子どもたちの中にあるので，情報を集めやすくなるよさもあります。観察をすると，3年生の子どもたちは，漠然と「大きいな」と言います。「どの位大きいのか」「何と比べて大きいのか」「そもそも大きいとは，どの位の大きさなのか」など，曖昧です。子どもたちは，「大きさ」を比べるときに，定規を使い，計測することで大きさの根拠を明らかにしていました。見えるものの比較を通して，観察のやり方を3・4年生のうちに習得しておくことが，今後の理科教育をより豊かなものにする鍵になると思います。予想を立てたり，思考したりするために，根拠を集める方法を子どもたちが身につけることを願っています。
　　　　　　　　　　　　　　　　　（静岡県沼津市立静浦小中一貫学校　教諭　加藤匡崇）

From SHIOYA ●●●

　加藤先生の授業では，「形」「色」「大きさ」という比べるときに使う言葉が，何度も出てきました。子どもや先生が話すときだけでなく，黒板やノートにも登場していました。先生が黒板に書くときには，目立つ黄色を意図的に使っていました。課題を作るときも，先生が一方的に書いてしまうのではなく，子どもとやりとりをしながら出てきた言葉を板書していました。

　さらに，加藤先生は一つの単元の中に，たねを比べる活動を2回組み入れています。1回目は，1年生のときに育てたアサガオとホウセンカ，2回目は，ひまわりと，百日草・ゴーヤ・サルビア・マリーゴールドから1つ選んだもの。このように，比べるたねは変わりますが，比べる方法は同じです。2回，比べる活動を通して，観察をするときには「形」「色」「大きさ」という視点があることに気づいていきます。3年生での観察の視点は「形」「色」「大きさ」の3つですが，このような用語は，今後さらに増えていきます。用語を使うということは，増やしていくための土台にもなっています。

　このように，子どもの気もちを活動へと連れていくための工夫があるからこそ，子どもは集中して活動に取り組むのです。

学年・教科	小学校3年生　国語	単元名	説明の工夫について話し合おう「すがたをかえる大豆」 例をあげて説明しよう「食べ物のひみつを教えます」

単元のねらい：それぞれの段落で，何を，どのように説明しているのかを知り，自分が選んだ材料について，調べたことを内容ごとに段落に分けて，説明する文章を書くことができる。

探究の過程

課題の設定
- 問う
  - ・問いをつくる

情報の収集
- 見通す
  - ・計画を立てる
- 集める
  - ・調べる―メディアを選ぶ
  - ・調べる―情報を見つける
  - ・地域に出て調査をする
  - ・観察や実験をする
- 収める
  - ・情報を手元に置く

整理・分析
- 整理・分析する
  - ・ものごとを分析し特徴や傾向をつかむ
  - ・量を分析し特徴や傾向をつかむ

まとめ・表現
- まとめる
  - ・一つにまとめる
  - 41　伝えたいことと，理由や事例を，順序立てたり筋道立てたりして組み立てる
- 表現する
  - ・プレゼンテーションをする
  - ・事実や事柄を正確に伝える
  - 48　はじめ，なか，おわりを区別して報告する文章を書く
  - ・根拠に基づいて考えを伝える

単元の流れ（14時間）

○1年生の教材文を用いて，「はじめ」「なか」「おわり」と「なか」の段落分けを行い，問いと文章全体の組み立てをとらえる。（＊1）

○ほかの1年生の教材文を用いて，段落分けと文章の組み立てをとらえるとともに，説明文の工夫を見つける。（＊2）

○教材文を読み，一字下げと写真をもとに，「はじめ」「なか」「おわり」と「なか」の段落分けを行い，文章全体の組み立てをとらえる。（3）

○「はじめ」「おわり」を詳しく読み，「問い」が書かれていないことに気づくとともに，自分なりに書かれていない「問い」の文をつくる。（4）

○「なか」の段落を詳しく読み，おいしく食べる工夫と食品名を読み取るとともに，段落のはじめにおいしく食べる工夫か書かれていることと，段落ごとに一つの工夫が書かれているという説明の工夫に気づく。（5）

○「なか」の段落がわかりやすい工夫の順に書かれているという説明の工夫に気づく。（6）

○姿をかえて食品になる説明文を自分で書くための学習の流れを知り，調べる材料を決める。（7）

○おいしく食べる工夫と食品の例を本で調べ，表にまとめる。（＊8～9）

　本から書き抜く　　ワークシート（カード）
　　　　　　　　　　調べる本（協力貸出）

○前時までに書いた表をもとに，文章の組み立てを考える。（＊10）

○前時に考えた組み立てに沿って下書きを書く。（11～12）

○絵も加えて，清書をする。（13）

○友達の文章を読み合い，よかったところを相手に伝える。（14）

【評価】
食品の事例ごとに段落を分け，絵と組み合わせながら説明する文章を書くことができる。

第2章 単元計画に役立つ「単元シート」と「授業レポート」

授業レポート 例文の型をまねて，自分の文章を書く

■教師の願い

　文章を書くことは苦手と感じる子どもは多い。しかし，書くこと（書きたいこと）がわかり，書き方がわかれば，抵抗なく書くことができる。そこで，子どもが自分自身で越えることができるステップを組み入れた単元計画を立てた。

■授業の様子

＊第1時　文章の組み立てを確認する

　子どもたちには，説明文は，サンドイッチと同じと教えてある。はじめとおわりがパンで，中は具となる。具にはいろいろ入るので，一つの段落のときもあればたくさんのときもある。そこで，東京書籍「あたらしいこくご」1年下に掲載されている説明文「いろいろなふね」の文章だけを用いて，パンと具に分けてみた。

　説明文の文の構成は「はじめ」「なか」「おわり」であることは2年時から学習し，今年度になって学習した「言葉で遊ぼう」や「こまを楽しむ」でも文の構成については学習している。そのため，個人学習であっても，すぐに分けられると思っていた。しかし，文字だけでは正しく分けることのできない子どももいた。

＊第2時　説明の工夫を見つける

　段落があり，挿絵もある三省堂1年「ぼうしのはたらき」で第1時と同様に「はじめ」「なか」「おわり」に分けた。今回は，ほとんどの子どもがスムーズに段落分けをすることができた。帽子ごとに段落が分けてあり，帽子の絵も描かれているからわかりやすいということに気づいた。

　そこで，読み手にわかりやすくするためには，段落分けをして書き，一つの段落には一つの内容を書くこと，絵も入れることをおさえた。

＊第8～9時　本で調べて，ワークシートにまとめる

　前時に教科書にあげられた材料の中から，自分の調べる材料を決め，そして，本で食品とつくり方を調べ，ワークシートにまとめた。

　3年生向けに，どのようにして，どんな食品になる

調べたことをメモするワークシート

53

かが端的に書かれている本を選んだ子どもは，すぐにカードを作成することができ，「もっと，書いていい？」と言いながら，4枚，5枚と楽しんで記入していた。

しかし，つくり方が詳しく載っている本を選んだ子どもは，文章を読んで自分で表現する必要があった。ここでそれぞれの読み取る力の差が出た。長い文であっても，自分で必要な所を選んでワークシートに書き込むことのできる子もいたが，「何を書けばいい？」と聞いてくる子や，長い文章をそのまま写している子もいた。また，つくり方の最初に書かれている文だけを写している子もいた。そこで，一番大切だと思うところを選ぶために，教科書に立ち返ったり，個別の支援をしたりした。

＊第10時　文章の組み立てを考える

教科書に例示されている文章を読み，「はじめ」「なか」「おわり」で書くことを確認した。また，文章を書くことへの抵抗をへらすため，「はじめ」と「おわり」の段落は教科書と同じでもよいとした。したがって，組み立ては「なか」の部分だけを考えればよいことになる。

まず，前時までに記入したワークシートの中から，友達に伝えたい食品3つを選び，次に，どの順に書くのがわかりやすいかを考えた。その際，教材文「すがたをかえる大豆」の読み取りで学んだ書き方の工夫，すなわち材料がひと目でわかるものやつくり方が簡単なものから書いた方が，読み手に伝わりやすいということを子どもたちは意識するようになる。子どもたちは，自分が書いたワークシートを読み返しながら，カードを選び，書く順番を考えていた。はじめは調べた順にカードを並べていたが，わかりやすさを考え，カードを並び替える姿が多く見られた。本で調べたとき，食品ごとに一枚のカードに書かせたことが有効だったと考える。

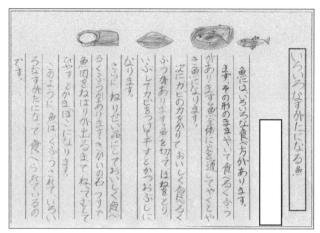

調べたことを内容ごとに段落に分けて書いた文章例

■授業を振り返って

　自分で説明的な文章を書くという学習のゴールを示すことにより，教材文の読みを意欲的にし，説明の仕方の工夫を学ぶことに焦点化した学習にすることができたと思います。全体学習では，発言する子どもの意見で，授業が進められることが多いため，みんながわかったような気になってしまいます。しかし，一人で答えを求めることは，下学年で学習したことであっても，容易にできる子どもは少ないと思いました。繰り返し学習することの大切さを感じました。

　文章を書くことには苦手意識をもっている子どもが多いのですが，教科書の例文を活用したり型を示したりすることで，どの子も説明する文章を書くことができました。また，表紙をつけたことで，自分で一つの作品をつくり上げたという満足感をもつことができ，自信になったと思います。完成した作品を見て，どの子もニコニコしていました。

　ただ，調べ学習においては，本によって，書かれていることを読み取り，自分に必要なことをまとめるのが難しい場合があります。そのために，子どもには読む力，要約する力をつける必要があり，授業者はわかりやすい本を準備しておくことが大切だと思いました。

（静岡県静岡市立賎機南小学校　教諭　青木依子）

From SHIOYA

　3年生と言えば，文章を読んだり書いたりすることに，苦手意識をもち始める年齢です。だからこそ，「気がついたら書けていた」「自分は結構文章が書けるんだ」という実感をもたせるような単元計画は，今後，文章を書くことへの意欲付けにもつながります。

　さて，でも，簡単に子どもは，そうは感じてくれません。青木先生の14時間には，たくさんの仕掛けがあります。その中で，取り上げたいのは，「読む量の多さ」です。

　普通ならば，一つの説明文を読むだけですが，青木学級の子どもは，いくつもの説明文を読んでいます。前の学年の文章を用いて復習する利点は，内容理解は容易にできることから，読み方に重点を置くことができることです。

　自分が調べる題材を決めるときも，多くの本を用意し選ぶことができるようにしてあります。調べる段階で，子どもは何冊もの本を読んでいます。さらに，食品とつくり方を調べ表にまとめることを通して，最終的にはその中から最も興味のある材料を選ぶことができるのです。

　14時間の中で，子どもがこれだけ読むためには，それぞれの文章を読むときのねらいを意識し，それに合わせた「教科書の教材文」や「調べるための本」の準備が必要です。この準備ができるからこそ，子どもに読む力がつくのです。

| 学年・教科 | 小学校4年生 理科 | 単元名 | 空気や水の性質 |

単元のねらい：空気及び水の性質について興味・関心をもって追究する活動を通して，空気及び水の体積の変化や圧し返す力とそれらの性質とを関係付ける能力を育てるとともに，それらについての以下のような理解を図り，空気及び水の性質についての見方や考え方をもつことができるようにする。
　○閉じ込めた空気を圧すと，体積は小さくなるが，圧し返す力は大きくなること。
　○閉じ込めた空気は圧し縮められるが，水は圧し縮められないこと。
　○評価の観点については次頁。

探究の過程

課題の設定
- 問う
  - 問いをつくる

情報の収集
- 見通す
  - 計画を立てる
- 集める
  - 調べる―メディアを選ぶ
  - 調べる―情報を見つける
  - 地域に出て調査をする
  - ◎観察や実験をする
  - 21　予想を立てて，観察や実験をする
- 収める
  - 情報を手元に置く

整理・分析
- 整理・分析する
  - ものごとを分析し特徴や傾向をつかむ
  - 量を分析し特徴や傾向をつかむ

まとめ・表現
- まとめる
  - 一つにまとめる
- 表現する
  - プレゼンテーションをする
  - 事実や事柄を正確に伝える
  - 根拠に基づいて考えを伝える

単元の流れ（7時間）

○いろいろな袋に空気や水を入れて口を閉じ，手で押してみよう。(1)

触る
- 空気を入れたビニール袋
- 水を入れたビニール袋
- 空気を入れたペットボトル
- 水を入れたペットボトル
- 空気を入れたゴム風船
- 水を入れたゴム風船

○閉じ込めた空気や水はやわらかいのかなあ。実験方法を考えてみよう。(*2)

○閉じ込めた空気を圧したときの手応えはどうなるだろう。(*3)

実験する
記録する

市販の教材用具を配布

○閉じ込めた水を圧したときの手応えは空気と同じかな。(4)

○水と空気を半分ずつ閉じ込めたときの手応えはどうなるだろう。(5)

○スポンジが縮むのはどうしてかなあ。(*6)

○閉じ込めた空気と水を圧したときの手応えの違いはどうしておこるの？(7)

授業レポート　理由のある予想をもって実験をし，根拠のある説明をする

教師の願い

　本単元は小学校の新学習指導要領解説理科編の「小学校・中学校理科の『エネルギー』，『粒子』を柱とした内容の構成」（文部科学省 2018e，22〜23頁）によれば，粒子の領域に属し，粒子の存在をとらえる最初の単元である。小学校4年生の子どもたちにとって，空気や水は身近な存在であることは間違いない。しかし，その実態や性質については「なんとなく知っている」という程度だろう。

　そこで，本単元では空気や水の性質について実験を通して論理的に理解していく学習を仕掛けていく。「閉じ込めた」という条件下の水や空気を「圧す」ことで，体積やそれぞれの圧し返す力に着目させる。そして，それらと圧す力とを関係付けてそれぞれの性質を論理的に理解できるようにしたい。また，その原因についても「粒子」というキーワードで迫るように単元は構成する。見えない空気や水の粒子を使って，それぞれの物質の性質を，現象と関連付けて説明できるようにしていく。

　また，「思考力，判断力，表現力等及び学びに向かう力，人間性等に関する学習指導要領の主な記載」（文部科学省 2018e，26頁）には4年生で育成すべき問題解決の力として「自然の事物・現象について追究する中で，既習の内容や生活経験を基に，根拠のある予想や仮説を発想し，表現すること」と書かれている。このことからも，全領域でこうした活動になるように意識したい。とりわけ，4年生は理科学習の経験が浅いことから，予想で使える根拠は「生活経験」の比重が高い。本時の実験や学習に対して予想を考えるときに，「勘」ではなく「自分の考えに根拠があること」の大切さを伝えながら単元を展開したい。

【評価】
- 閉じ込めた空気や水に力を加えたときの現象に興味・関心をもち，進んで空気や水のかさや圧し返す力の変化を調べようとする。
- 空気や水のかさや圧し返す力の変化によって起こる現象とそれぞれの性質を関係付けて考えることができる。

授業の様子

＊第2時　閉じ込めた空気や水はやわらかいのかなあ，実験方法を考えてみよう《理由のある予想をする》

　第1時では，ビニール袋，ペットボトル，ゴム風船に，空気と水を詰めて閉じ込めた

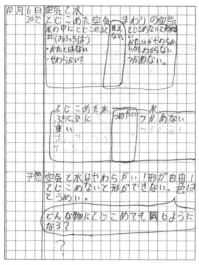

第2時子どものノート

物を用意した。これらを子どもたちは好きに触って、手応えや様子を感じたり、見たりした。第2時で子どもが予想を立てやすくなるように、導入場面では十分な体験を行った。

「袋の中の空気はふわふわしている」「ペットボトルの水はおせないけど、空気は少しおせる」「空気はぎゅうーって集めると、袋が固くなった」など、その感触の表現はさまざまなものが出てきた。

第2時では、子どもが体験活動を通して得た感触を自由に発表した。たくさんの感触についての発言が出てきたから整理しようと伝え、まずは空気と水で整理した。子どもたちの発言を、閉じ込めた状態での感触と、閉じ込めていない状態での感触とに分けて比べていった。この感触について整理していくと、空気も水もやわらかいものだろうという考えと、ぎゅっと集めると固くなるという意見に分かれてきた。そして、子どもたちは水や空気を閉じ込めている入れ物が違うことにも気づき、閉じ込める入れ物を一緒にしないと、結果を比べてみることはできないという答えになった。

「何か入れ物がないかなあ」という話題になったところで、市販の教材道具の空気鉄砲を提供し、みんなで同じ道具を使うことで実験結果が共有できることを改めて教師が

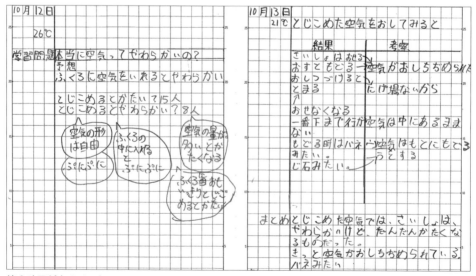

第3時子どものノート

押さえた。

＊第3時　閉じ込めた空気を圧したときの手応えはどうなるだろう《実験・記録をする》
　市販の教材道具を使って、閉じ込めた空気の手応えについて調べる前に、子どもたちの予想を確認していった。「袋に空気を入れても自由に形が変わるから、やわらかいと思う」「空気が入った袋を絞っていくと固くなるから、固いと思う」「空気の量や濃さによって違うのでないかな。だから、絞ると固くなるのかも」というように、子どもには「必ず理由をもって自分の予想を伝えよう」ということは徹底した。特に4年生という段階では「理由のある予想」を言うことを徹底することを意識した。
　話し合いの後、改めて自分の予想を考え直す時間をとってから、実験を行った。「やっぱりそうだ!!」「え！おもしろい！」「なんでこうなるの!?」。実験をしていく中でも、「手応え」という視点をしっかりともつように子どもたちには声掛けをした。実験の後、子どもたちの手応えをノートに結果として記録するようにした。その後、その結果から言えるであろう考察を、学級で共有していった。本校の子どもの実態から考察を考える時間は学級で行った。どんな結果からどんな考察が言えるのだろうと一緒に考えることで、根拠をもって考えを出すという活動の定着を図っている。
　実際に子どもたちは「閉じ込めた空気はばねみたいな動きをした。磁石みたいな手応えだった」という結果から、「閉じ込めた空気は圧すともとに戻ろうとする力があるのだろう」という考察にまとめることができた。

＊第6時　スポンジが縮むのはどうしてかなあ
《根拠のある予想や仮説を発想し、表現する》
　単元の最後に筒の中にスポンジと空気を入れて閉じ込めて圧すと、中のスポンジが小さくなる現象について考えた。当然ながら子どもたちからは「どうして？」という声が上がり、この謎解きが授業のねらいとなる。
　ここまでに目には見えない空気を閉じ込めたり圧したりする経験を経て、子どもたちは「空気」を物体として捉えられるようになってきていた。
　子どもたちは何度も実験をして現象を興味深そうに見ていたので、「何かにたとえて説明で

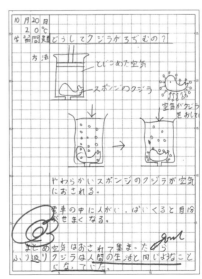

第6時子どものノート

きないかなあ」と投げかけると、いろいろな意見を子どもたちは語り出した。「空気がぎゅーってなっているだろうなあ」「空気に圧されているからスポンジは小さくなるんだよ」「圧すのを止めると大きさが戻るってことは、（小さくなるのは）空気を圧しているせいだよね」。そんなつぶやきをクラスで共有していると「満員バスの中と同じだ！」という発言が出てきた。本校の子どもたちは校区の関係で公共バスを使って通学する子どもがいる。そこでの経験がこの現象の謎を解き明かすきっかけとなった。子どもたちは「見えない空気が圧されることで、スポンジも一緒に圧し縮められたのだろう」という意見でまとまった。

その後、クラスで生まれた考えを整理しながら「空気の粒」の存在を教師が教えて、「粒子」の概念の基礎となるイメージを共有した。単元の最後の時間ではこの「粒子」を水にも応用して考え、まとめていった。この概念をもつことで、子どもたちは「粒子」という根拠をもとに圧された空気がスポンジを縮めていることを説明することができるようになった。

■授業を振り返って

理科の「主体的な学び」を実現するためには、本実践のように子どもたちが学習活動の中から問題を見出し、見通しをもって課題や仮説の設定や実験・観察の計画を立案したりすることが重要だと再確認する単元でした。特に理科の導入学年でもある小学校3・4年生では授業者が意識してこうした学習の流れを組んで単元構成をすることが必須なのでしょう。子どもたちから「わかった！」「そういうことか！」という発見の言葉を引き出すには、考える仕掛けのある単元構成が、一番効果的だと感じました。

（静岡県沼津市立静浦小中一貫学校　教諭　河村嘉之）

第2章 単元計画に役立つ「単元シート」と「授業レポート」

From SHIOYA

　探究的な学習には，社会的な問いと科学的な問いがあり，それぞれ解決方法やレポートの書き方も異なります（情報活用スキルNo.50参照）。このような概念整理は，中学生になってから学びますが，小学校段階では，各教科等の学びの中で問いを解決する学習活動を繰り返しています。例えば，社会科では社会的な問いを解決したり，理科では科学的な問いを解決したりします。また国語では説明的な文章においても，実験・観察を通して得たデータが自分の考えの根拠になることや，実験・観察のデータをもとに自分の考えを書いたり話したりすることを学びます。

　河村先生は，中学校理科教科担任と小学校学級担任の両方の経験をもっています。中学校3年生までを見通したとき，理科の導入学年である3・4年生の単元づくりにおいて念頭においていたのは「理由のある予想をもって実験をし，根拠のある説明をする」というフレーズでした。3・4年生は，結果がどうなるのかを予想をするときに，どこから理由をもってくるのでしょうか。教師は1年生から2年生までの生活科の授業で得た知識，活動を通した体験，つまり授業を通した学びを，まずは考えるだろうと思います。しかし，子どもには，授業以外においても学びの場があります。学校では，休み時間などの遊びの中での体験，学校の図書館で読んだ本からの知識など。家庭では，興味のあることへの取り組みにおける体験，友達との遊びを通した体験，テレビ・ネット・本・会話などからの知識など。このようなさまざまな場面で，子どもは体験して知識を得る，知識を得て体験してみる，を繰り返しています。つまり，子どもが予想の理由を引っ張り出す場は，限りなく広がっているのです。

　学校の授業外の場においての学びは，意図せず単発的に起きる場合が多いのですが，子どもの知識や体験として存在しています。理由のある予想を立てるのは，予想をもとに実験・観察を行うことはもとより，子どもがもっている知識や体験を，本単元において引き出しながらねらいへとつなげ，知識を再構成するためでもあります。

　河村先生は，子どもがもっている知識や体験を広い範囲から引き出すために，つぶやきを大切にしていました。一斉授業でつぶやきを拾うだけでなく，ノートに吹き出しを使って書く時間を設定していました。吹き出しならばつぶやくように，話したことをノートに書くことができるからです。また，理科の用語を意図的に使い，目立つように丁寧に板書しています。子どもの知識や体験を理科の用語に置き換えたり，理科の用語を子どもの知識や体験に置き換えたりする活動を繰り返し行っているのです。

　授業レポートは，念頭に置いた「理由のある予想をもって実験をし，根拠ある説明をする」というフレーズを具現化する道のりを描いたものです。合わせて，中学校3年生の授業レポート（162～169頁参照）も読んでみてください。単元構成の中の細かな手立てが見えてくるはずです。

| 学年・教科 | 小学校4年生　国語 | 単元名 | だれもが関わり合えるように |

単元のねらい：「人と人との関わり合い方」について調べた情報を、シンキングツールを用いて分類・整理することを通して、発表の中心となる自分の考えを明確にすることができる。

探究の過程

課題の設定

問う
- ⊙問いをつくる
  - 2　知りたいことを整理してから問いをつくる

情報の収集

見通す
- ・計画を立てる

集める
- ・調べる―メディアを選ぶ
- ⊙調べる―情報を見つける
  - 11　百科事典を引く
- ・地域に出て調査をする
- ・観察や実験をする

収める
- ・情報を手元に置く

整理・分析

整理・分析する
- ⊙ものごとを分析し特徴や傾向をつかむ
  - 29　集めた情報を比較・分類する
- ・量を分析し特徴や傾向をつかむ

まとめ・表現

まとめる
- ・一つにまとめる

表現する
- ⊙プレゼンテーションをする
  - 44　形式に沿って、スピーチやプレゼンテーション(紙芝居)を行う
- ・事実や事柄を正確に伝える
- ・根拠に基づいて考えを伝える

単元の流れ（14時間）

○資料や総合的な学習の時間での福祉体験を関連付けて、関わり合いについての意見交換をするとともに「人と人との関わり合い方」を考える見通しをもつ。(1)

○自分が関心をもった話題から、知っていることや体験したことを言葉でつなぐ。(2)

　　書き出す　　　　　イメージマップ

○自分が知りたいことを、5W1Hの疑問詞を使って文にする。(＊3)

　　問いを文にする　　前時に書いたイメージマップ

○課題に沿った情報を2つ以上の方法で集める。(百科事典→書籍→インターネット)(4～6)

○集めた情報を、シンキングツールを用いて分類・整理し、自分の考えを見出す。(＊7)

　　比較して考える　　ベン図
　　分類して考える　　Yチャート

○自分の考えをより深めたり、足りない情報を集めたりする。(8)
○発表原稿をつくる。(9)
○発表資料をつくる。(課題，シンキングツール，自分の考えの3枚)(10)
○グループでお互いのプレゼンテーションを見合い、話し方や資料の見せ方を改善する。(11)
○プレゼンテーションをする。(12～13)
○発表の内容や仕方を振り返り、今後の自分に生かせることを考える。(14)

【評価】
自分の集めた情報にあったシンキングツールを選び、比較・分類して、自分の考えを見出している。

授業レポート　集めた情報を整理・分類してから自分の考えをつくる

教師の願い

各学年の「話す・聞く」の学習では，系統的に自分の考えを主張する力の育成をねらいとしている。中でも，情報を集めて伝えたり，集めた情報から自分の考えを見出したりする3・4年生での学習は，自己主張をするためにとても大事な段階である。

「自分の考え」とは，心のままに思いつく"感想"とは違い，「主体的に考えて導き出さなくてはならない自分なりの答え」であることを子ども自身が理解し，いつでも導き出せるようにさせたいと考える。

残念ながら，本学級では，感想と自分の考えの区別がついていない子どもは半数以上だった。情報が多くなればなるほどそれに翻弄されてしまい，考えることを避け，曖昧な知識を伝えて終わろうとする。本単元において，おそらく初めて自分なりの答えを導き出す活動をすることになる。頭の中だけで考えるよりも，シンキングツールで情報や考えを可視化して自分なりの答えが見出せる経験をすれば，主体的に考えることを，負担感も少なく楽しめるのではないかと考えた。

授業の様子

＊第3時　自分が知りたいことを，5W1Hの疑問詞を使って文にする

「人と人との関わり合い方」という共通テーマのもと，総合的な学習の時間で行っている福祉体験とも関連させて，自分が一番関心をもっていることを中心におき，イメージマップを作成した。知識を広げた先に浮かんだ疑問，知りたいことを5W1Hの疑問詞を使って文にした。知りたいことを文にすることが初めてのため，「いつ」「どこで」「誰が」「○○とは何か」という問いが多かった。このような課題では，余計な情報に惑わされることは少ないが，情報の分類・整理の必要がないうえに，自分の考えを導き出すことは難しい。

子ども自身が「この課題では物足りない」と感じていたのか，「もう答えがわかっちゃったので，今度はもう一つの課題も調べたい」「調べてみたら，"何か"よりも，"なぜ"の課題のほうが本当に知り

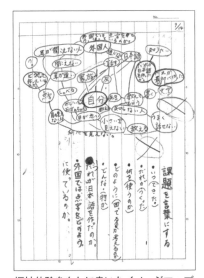

福祉体験をもとに書いたイメージマップ

たかったことに近い気がする」とさらに深い課題へと発展していく様子が見られた。

＊第7時　集めた情報を，シンキングツールを用いて分類・整理し，自分の考えを見出す

　総合的な学習の時間を使って，事前に比較して考えるときに使うベン図，分類するときに使うYチャート，組み立てるときに使うピラミッドチャートの使い方を学んだ。

　本単元で，「目の不自由な人のための道具はどんな役割があるのか」という問いをもったY子はベン図を使って集めた情報を整理した。別々に調べた白杖と盲導犬の情報から共通点を導き出し，どちらも同じ役目を果たしていることに気づいた。「多くの視覚障害者は盲導犬を利用しない」と，福祉体験のときに話を聞いたため，白杖の使いやすさや盲導犬を育てる手間についても調べることができた。Y子は，ベン図に調べたことをそのまま書き込んでしまったため，文字が多く，見にくくなってしまった。集めた情報をラベリングしたり，箇条書きにしたりする技能の習得が必要であると感じた。

　「友達はどのように悪口を直せばいいか」という問いのK男は，さまざまな悪口を集め，Yチャートで分類した。「それぞれに題名をつけてみるといいよ」と助言をすると，K男は，「暴力的な気持ちを表す悪口」「相手の性格の悪口」「相手の行動の悪口」とラベリングをした。そして，どれもが「相手を傷つける言葉」であり，「相手を傷つける言葉」には種類があることに気づいた。

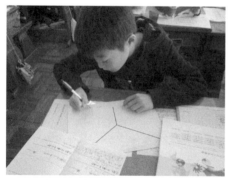

　この授業の後，K男はプレゼンテーション用の原稿を書く前に，ピラミッドチャートを利用して，話す流れを組み立てた。ピラミッドチャートは，自分の考えに対する根拠の筋道を立てるときに役立つ。K男はYチャートで分類してラベリングした悪口を，「相手を傷つける言葉」として一つにまとめた。そして，「どのように悪口を直せばいいのか」という問いに対しては，「相手を傷つける言葉は使わない」と，結論づけた。K男が「使わない」と言い切ってしまうことに飛躍を感じたが，この指導は次の段階で行おうと考えた。

分類した後ラベリングする様子

授業を振り返って

　情報を分類するということは，子どもにとってとても難しいことだと感じました。調べるとき，元の情報はすでに分類されて書かれています。しかし，それは情報の発信者が，発信者の都合で分類したものです。子どもは，集めた情報から自分の考えを伝えるために，自らが発信者となるので，自分で比較・分類する必要があります。

　発信者の立場で，集めた情報を比較・分類することを，子どもが自分で行うことを通して，情報を分析する多角的多面的な視点や柔軟な思考が培われるのではないかと感じました。情報を鵜呑みにしたり翻弄されたりすることがないようにするためには，理屈だけでなく，実際に情報を扱ってみることの重要性を実感しました。

　シンキングツールのそれぞれのシートを使ってみて，自分なりの答えの導き出し方には，さまざまな方法があることを学びました。答えは一つにまとめることもあり，複数の答えになることもあり，ときとして正解とは限らない答えもあります。今回の実践で，学級のほぼ全員が，シンキングツールによって考えて自分なりの答えを見出すことができました。不十分なこともありましたが，自分で考えたことは，決して受動的なものではなく，能動的・主体的なものばかりでした。国語でも算数でも，体験学習でも，感じて終わるだけではもったいないので，さらに考えて自分のものにしていく実感を味わえる楽しい授業を目指していきたいと思います。

（静岡県磐田市立磐田中部小学校　教諭　鈴木　芳）

From SHIOYA ● ● ●

　「整理・分析」の過程を子どもが行うためには，先生の準備が必要です。鈴木先生の授業レポートのあちこちから，準備の様子が伝わってきます。

　まず，それぞれのシンキングツールの使い方を事前に総合的な学習の時間で扱っています。事前に扱っているので，本単元では，比較するのか，分類するのかを子どもが選ぶことができるのです。次に，整理・分析するための情報収集ができるように，問いを文にすることを丹念に行っています。問いがはっきりしているから，問いの答えを資料の中から探し出すことができるのです。さらに，比較・分類して自分の考えを見出した後の「まとめ・表現」の過程では，すぐに発表せずに，考えと調べたことを組み立てるために，ピラミッドチャートを使ってまとめをしています。このときも，子どもがどこにつまずくかをよく見ています。

　整理・分析を子どもの手に委ねるには，幾重もの準備がいるのです。これが，教師の支援です。子どもは突然一人でできるようにはなりません。そのためにも，スモールステップをどうつくっていくのかが，授業を組み立てるときの鍵となるのです。

学年・教科	小学校4年生 国語	単元名	『ことわざ』をしょうかいしよう

単元のねらい：「ことわざ辞典」などを使って調べたことわざについて，自分の経験や考えに基づいて説明する文章を書くことができる。はじめ，なか，おわりの構成を考え，接続語を適切に使って，筋道の立った文章を書くことができる。また，書いた文章を読み直して，推敲することができる。

探究の過程

課題の設定
- 問う
  - 問いをつくる

情報の収集
- 見通す
  - 計画を立てる
- 集める
  - 調べる―メディアを選ぶ
  - 調べる―情報を見つける
  - 地域に出て調査をする
  - 観察や実験をする
- 収める
  - 情報を手元に置く

整理・分析
- 整理・分析する
  - ものごとを分析し特徴や傾向をつかむ
  - 量を分析し特徴や傾向をつかむ

まとめ・表現
- まとめる
  - ⊙一つにまとめる
    - 41 伝えたいことと，理由や事例を，順序立てたり筋道立てたりして組み立てる
- 表現する
  - プレゼンテーションをする
  - ⊙事実や事柄を正確に伝える
    - 48 はじめ，なか，おわりを区別して報告する文章を書く
  - 根拠に基づいて考えを伝える

単元の流れ（7時間）

○ことわざを説明する文章って，どんなふうに書くのかな。（例文を読み，学習の見通しをもつ）(1)

○ことわざの意味や使い方を調べよう。（ことわざの由来や使い方を知る）(2)

- ことわざを調べる
- ことわざカード

○どんな具体例を入れればいいのかな。（ことわざの意味や使い方を説明するための具体例を決める）(*3)

- 意味と具体例をつなげる
- 選ぶ

- 書きためたことわざカード
- ワークシート（意味と具体例をつなげて説明するため）

○ことわざを紹介する文章を書こう。（例文を参考にして，三段落構成の文章を書く）(4)

○筋道が立った文章になっているかな。（文章の間違いを正したり，よりよい表現に書き直したりする）(5〜6)

○みんなは，どんな文章を書いたのかな。（ことわざの由来や使い方を知るとともに，友達の作品のよい点を見つける）(7)

【評価】
- 筋道を立てた文章の書き方に関心をもち，組み立てを考えながら書こうとする。
- はじめ，なか，おわりの組み立てで，筋道の立った文章を書くことができる。
- 書いた文章を読み返して，間違いを正したり，よりよい表現に書き直したりすることができる。
- ことわざの意味を調べたり，文意をつなぐ接続語の使い方をとらえたりしている。

第2章 単元計画に役立つ「単元シート」と「授業レポート」

授業レポート 友達に説明しながら，つながりがあるかどうかを考え合う

▌教師の願い

　本単元は，はじめ，なか，おわりの構成を考え，接続語を適切に使って，筋道の立った文章を書くことがねらいである。本学級の子どもたちには，書くことに苦手意識をもつ子が多くいる。子どもたちが書いた文章には，だらだらと長く，主述がねじれてしまうものが多く見られた。書いた文章を読み直す習慣が身についていない子も多い。

　そこで，ゴールの姿がイメージできるように参考作品を用意し，分析する時間を設ける。その過程で，子どもたちと次の点を確認する。
　(1)「はじめ」にことわざの意味を説明する文を書く。その際，引用部分は「　」に入れる。
　(2)「なか」には，ことわざの意味につながる経験などの具体例を書く。
　(3)「おわり」には，自分の思ったことを書いてまとめる。

　このように，実際にあったこと（事実）や具体例を入れてわかりやすく伝わるように文章を組み立てることが，「筋道を立てる」ことであると押さえたい。また，読者に語りかける表現や，指示語・接続語を適切に使うことも，参考作品から指摘したい。今回の課題は，「自分の体験や具体例を入れて，筋道の立った文章を書く」というものである。ことわざの意味と具体例との間につながりがなければ，筋道が立っているとはいえない。組み立てを考える場面では，選んだことわざと具体例について友達に説明しながら，つながりがあるかどうかを考え合う。この作業が口頭作文となり，実際に叙述していくときの助けになると考える。

▌授業の様子

＊第3時　ことわざの意味や使い方を説明するための具体例を決める

　第3時の目標を「ことわざを紹介するための文章に，どんな具体例を入れればいいのか考えをめぐらせている子どもたちが，ことわざの意味や使い方に合った場面について考えることを通して，紹介することわざとその説明のための具体例を決めることができる」とした。

　子どもたちは，第1時に読んだ例文のように，ことわざの意味や使い方をわかりやすく説明するために，具体的な体験談を入れた文章を書こうと意欲的にことわざ調べをしてきた。本時は，書きためた「ことわざカード」の中から，紹介するものを選ぶのだが，選ぶ視点がはっきりとしていなかった。そこで，「どういうカードを選んだらいいのかな」と問いかけてみた。すると，「ことわざの意味に合う出来事が書いてあるカード」

書きためた「ことわざカード」

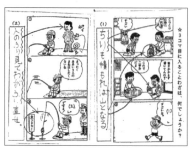

絵とことわざを線でつなぐ

「ことわざの意味と具体例がしっくりするもの」という意見が返ってきた。この意見にみんなはわかったような，わからないような表情であった。

そこで，「ことわざの意味と説明するための出来事が合っているとはどういうことかな」という学習問題がうまれた。この学習問題を追究するために，ことわざの意味と事例とをつなげて説明できるようなワークシートを用意した（左下図）。

まず，3コマ目に入ることわざを説明するため，友達と相談しながら考える時間をとった。絵から状況を理解しやすかったようで，絵と言葉を線でつなぎながら説明することができた。次に，例文のもとになったカードの分析をした。ことわざの意味と具体例のどこがつながっているのか考え，説明する活動を通して，「ことわざの意味と具体例がしっくりするもの」とはこういうことなんだ，という共通理解が得られた。すると，子どもたちは，自分が書いたカードの意味と具体例も，こんなふうにつながっているのだろうかと，不安になってきた。

そこで，カードを見直し，紹介することわざを決めるために，友達と交流する時間をとった。自分が選んだカードを見せながら，意味と具体例とを説明して，つながっているかを吟味し合った。友達に説明しながら，「あれ，意味がわからないよね。かえた方がいいかな」と気づく子もいた。そこで，適切な事例が思いつかない子に，想定される具体的な場面を提案したり，明らかにそぐわない事例を選んでいる子には指摘をしたり，友達への説明がわかりやすい子を賞賛したりした。

ここでの説明が，「なか」の部分を書くときのもとになるため，全体の場で参考になる数人に発表してもらった。本時の振り返りを見ると，「ことわざの意味と具体例がつながらないと，説明する文じたいがつながらないことがわかった」「友だちに，いいと言ってもらえてよかった。れい文みたいに書けそう」と書いた子もいるが，「つながる」を誤解したままの子もいた。授業後，ノートを集め，適切なカードを選べていない子や「意味と具体例のつながり」が理解できていない子には，個別に指導した。

■授業を振り返って

　子どもたちは，はじめ，なか，おわりの構成については，繰り返し学習してきています。例文を分析したときも，三段落に分け，「なか」に自分の経験を具体的に書くことで，ことわざの意味をわかりやすく説明していることを理解できました。しかし，このような文章を自分が書くとなると，急にハードルが上がるようです。「はじめ」と「おわり」は例文に習って簡単に書けそうだけど，「なか」が難しいという声は，予想通りでした。「なか」の記述をするためには，ことわざの意味や使い方と具体例とが一致することが必須条件です。日々の会話に「ことわざ」が登場するような生活環境にいる子は少ないと思われます。そこで，事前にことわざに関する本を読むように薦め，子どもたちも興味をもって読みましたが，自分の体験と結びつけて考えることが難しい子もいました。紹介することわざを選ぶ場面や，文章を推敲する場面では，友達と交流する時間をとりました。「はじめ」に書いたことわざの意味と「なか」に書いた事例，そして「おわり」のまとめがしっくりとつながっているかを見直すことが目的です。しかし，ペアによっては，交流の時間が有効に活用されていたとは言えませんでした。効果的な相互批正のやり方について，もっと工夫をすべきだったと反省しています。

（静岡県沼津市立静浦小中一貫学校　教諭　鈴木久美子）

─ From SHIOYA ●●●

　「はじめ」「なか」「おわり」の「なか」をどう書くのか，これが，本単元の鍵となっています。文章構成の理解は，まず，「はじめ」と「おわり」を見極め，次に，残った「なか」について接続詞を目印にしながらいくつのことが書いてあるのかを読んでいきます。しかしながら，書くときには，一体どこから始めればいいのでしょうか。

　鈴木先生は，「なか」に焦点を当てました。そして，「なか」にはことわざの意味や使い方と具体例とが一致することが必須条件と考えました。具体例（事例）というのは，この単元では子どもの体験です。つまり，「ことわざの意味や使い方」と「体験」をつなげる学習活動が必要になります。しかし，そう簡単につながりません。そこで，「ことわざの意味や使い方」の本を事前に読むだけでなく，友達と交流する時間を設定したのです。

　4年生になると，「ことわざの意味や使い方」と「体験」というように，別々のことをつなげる学習活動が急激に増えてきます。つなげるためには何らかの視点が必要になります。しかしながら，視点の語彙がまだまだ少なく，イメージはできるけど言葉にできない子どもも多くいます。だからこそ，イメージと言葉をつなげる活動として友達との交流は有効と言えるのです。交流で使われた言葉は，板書するなどして見えるようにしていくと，語彙の習得の助けとなります。

学年・教科	小学校5／6年生（複式学級）総合的な学習の時間	単元名	高齢者福祉：地域の一員！ 賤北助け合い隊

単元のねらい：さまざまな調べ方があることを理解し，調べる計画を立てて学習を進めることを通して，地域の一員として自分にできることは何かを考えて実践することができる。

探究の過程

課題の設定
問う
- ○問いをつくる
  - 3 イメージを広げてから問いをつくる

情報の収集
見通す
- ○計画を立てる
  - 5 調べる方法を整理し，調査計画を立てる

集める
- ・調べる―メディアを選ぶ
- ・調べる―情報を見つける
- ・地域に出て調査をする
- ・観察や実験をする

収める
- ・情報を手元に置く

整理・分析
整理・分析する
- ・ものごとを分析し特徴や傾向をつかむ
- ・量を分析し特徴や傾向をつかむ

まとめ・表現
まとめる
- ・一つにまとめる

表現する
- ○プレゼンテーションをする
  - 45 主張が伝わるプレゼンテーションを行う
- ・事実や事柄を正確に伝える
- ・根拠に基づいて考えを伝える

単元の流れ（10時間　日常のお世話）

- ○賤機北小はどんな人たちに支えられているか考える。(1)
- ○お年寄りのためにできることを考える。(2)
- ○Ｓ型デイサービス「こだまサロン」に参加する（1回目）。(3～4)
- ○「こだまサロン」への参加を振り返り「賤北助け合い隊」をレベルアップさせる方法を見つける。(5～6)
- ○1回目の反省を踏まえて，次の参加への計画を立てる。(7～10)
- ○Ｓ型デイサービス「こだまサロン」に参加する（2回目）。(11～12)
- ○「こだまサロン」への参加を振り返り「賤北助け合い隊」をレベルアップさせる方法を見つける。(13～14)
- ○「こだまサロン」で「お楽しみ会」を開く計画を立てる。(15～16)
- ○「こだまサロン」に参加し「お楽しみ会」を開く（3回目）。(17～18)
- ○3回の体験をもとに，集まった情報を整理して自分の課題を設定する。(＊19)

　[問いをつくる]　　[KWLシート]

- ○調べる方法を整理し，調べる計画を立てる。(＊20)

　[見通す]　　[計画立案シート]

- ○自分の計画に沿って，調べまとめる。(21～26)
- ○報告会を開き，自分の調べたことや考えたことを発表する。(27～28)
- ○学習の成果を振り返り，自己の生き方について考える。(29～30)

【評価】
- ・自ら設定した課題について，見通しをもって計画的に解決していくことができる。
- ・地域の課題である少子高齢化について考えることで，地域の一員として自分は何をすべきか，何ができるのかを自ら問い，自己の生き方について考えることができる。

第2章 単元計画に役立つ「単元シート」と「授業レポート」

授業レポート　インターネットだけではダメ──3つの調べ方を組み合わせよう

■教師の願い

　中山間地完全複式学級での総合的な学習の時間の授業は，2学年一緒であるため，隔年で共通テーマを変えている。5・6年の今年度の共通テーマは，『高齢者福祉：地域の一員！　賤北助け合い隊』である。地域の課題である「少子高齢化」に対して，地域の一員として自分にできることは何かを考えて実践していく学習である。

　まず，前期には，地区社会福祉協議会が開催する「S型デイサービス」に参加して，お年寄りとふれあうという体験活動を3回行った。子どもたちにとっては大変よい経験となったが，その体験から個人の課題を設定し，調べながら課題を解決していくための方法や見通しに不安があると担任から相談を受けた。子どもたちはインターネットでの調べ学習が大好きで，やっと自分の課題をつかんでも，調べる方法がインターネットに偏ってしまうという傾向にあった。そこで，調べる方法を整理し，それぞれの調べ方の長所と短所にまでふれることによって，3つの調べ方を組み合わせて学習することが大切であることを理解させたいと考え，自ら授業を行い指導した。

■授業の様子

＊第19時　知りたいことを整理する

　3回の体験活動が終わった後に，集まった情報を整理して，自分の課題を設定する（つかむ）ために，「KWLシート」を活用した。

　Kは「know」で「自分が知っていること」を，Lは「learned」で「体験活動を通して学んだこと」を，Wは「want」で「これから知りたいこと」を，書いて整理していった。「これから知りたいこと」を書くときには，5W1Hを使い，「**どうすれば**お年寄りが1日を楽しくすごせる**か**」「お年寄りは**どんな**ことをしてほしいの**か**」「お年寄りに優しい道具には**どんな**物があるか」などの課題をつかむことができた。

「かかわりタイム」で互いのシートを見せ合っている様子

　この授業を行うことで，今までの体験活動での漠然とした気づきや学びが整理され，はっきりした。特に5年生児童は，

71

お年寄りとふれあうことだけで精一杯といった様子であり，まさに「活動あって学びなし」の状況であったが，「KWLシート」という思考ツールを使って考えることにより，自分の学びを自覚することができた。個人作業で，シートを書いた後は，「かかわりタイム」を設けてお互いのシートを見せ合った。5・6年生が互いに交わってシートを見せ合うことにより，友達がどんな課題をもっているのかを知ることができた。「なるほど」と思ったり，「自分も知りたい，調べたい」と思ったりしたことは，自分のシートに付け加えてよいことにしたところ，交流した相手の名前を書いて加筆する姿がみられるなど，課題意識を広げることができた。

＊第20時　調べる方法を整理し，調べる計画を立てる

　「これから知りたいこと」がはっきりし，いよいよ調べ学習を始めていくのだが，総合的な学習の時間の調べ学習がついインターネットに偏ってしまうという担任の悩みを解決するために，調べる方法を整理し，調べる計画を立てる授業を行った。

　まず，今までの国語や社会，理科などの授業で調べた経験を聞くと，「3年生の時に国語でインタビューの仕方について勉強しました」「社会でスーパーマーケットに見学に行ったときに，店員さんにインタビューしました」など，さすがに5・6年生だけあってさまざまな調べ学習の方法を思い出し発表することができた。それを「読んで調べる」「人に聞いて調べる」「自分の目で確かめる」の3つに分類した。

　子どもは，インターネットを使って調べることが大好きであり，ともするとそれだけで終わってしまうことが危惧される。しかし，調べる方法を整理し，それぞれの調べ方の長所と短所にまでふれることによって，3つの調べ方を組み合わせて学習することが大切であることを理解することができた。「インターネットの情報には，信頼できないものもあるんだな」「本に書いてあることは，確かだけど情報としては古いかもしれないな」

第20時　調べる計画を立てる授業の板書

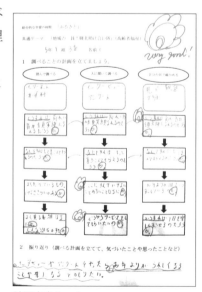
計画立案シート

「雑誌は，情報としても新しいし，インターネットよりは信頼できるのかな？」「やはり，直接聞いたり，見たりして確かめるのが一番いいかも」などの感想を述べていた。

■ 授業を振り返って

　「総合的な学習の時間」が始まってそろそろ20年が経とうとしています。「学び方を学ぶ」「学びの共振」「学びの行き来」「探究」などの言葉を感じながら，それなりに子どもたちに調べ学習の方法を身につけてきたつもりになっていました。しかし，実際にはまだまだ，それが当たり前の基礎基本にまでなっていないという現実があります。

　ただ，「調べよう！」だけでは子どもは途方にくれてしまいます。調べ方を整理し，調べる計画を立てるワークシート（思考ツール）を示してあげるだけで，子どもの目は輝き，学びに向かい，意欲を示すのです。

　「今まで何となくやってきたことが，整理されました。このように系統立ててやっていけばいいのですね」という若い担任の言葉。若い先生方には是非，子どもの思考を助ける道具として，さまざまな思考ツールを使ってほしいものです。

（静岡県静岡市立賤機北小学校　校長　池谷聡美）

From SHIOYA

　総合的な学習の時間では，テーマが決まっていることは多いものの，教科のように教科書や指導書があるわけでもありません。基礎基本が系統的に示されているわけでもありません。「課題の設定」「情報の収集」「整理・分析」「まとめ・表現」の4つのプロセスを通して，「問いをもち問いを解決する」授業において，「調べたいことを決めてみよう」「調べてごらん！」「考えてごらん！」という教師の投げかけだけでは，子どもは動きません。どうやって調べたいことを決めるのか，どうやって調べたり考えたりしたらいいのかがわからないからです。そのため，総合的な学習の時間では，学び方（本書では情報活用スキルという基礎基本の形にして提案）を学ぶことを単元計画の中に適切に組み入れる必要があります。しかし，どうやって組み入れたらいいのかを，教師はなかなか学ぶ機会がありません。この授業レポートは，池谷校長先生自らが，その組み入れ方が見えるように授業公開したときのものです（貴重!!）。

　授業レポートからは，高学年の子どもが見通しをもって「問いをもち問いを解決する」ために必要な情報活用スキルの組み入れ方を見ることができます。「やったつもり」「わかったつもり」ではなく，「当たり前の基礎基本」にするための細かな手立てを余すことなく紹介してくださっていますので，単元計画だけでなく，1時間の授業の組み立ての参考にもなります。

| 学年・教科 | 小学校5年生　総合的な学習の時間 | 単元名 | はとりの環境プロジェクト |

単元のねらい：放置竹林の実態調査や竹粉堆肥づくり，竹を使ったものづくりなどの活動を通して，地域の自然や文化に携わる人々の努力や工夫を知り，地域の一員として自分にできることを考え，はとり地域に自ら関わろうとする態度を育てる。

探究の過程

課題の設定
問う
- 問いをつくる
  3　イメージを広げてから問いをつくる

情報の収集
見通す
- 計画を立てる

集める
- 調べる―メディアを選ぶ
  8　インターネットを使って情報を集める
- 調べる―情報を見つける
- 地域に出て調査をする
  17　話の流れに沿ってインタビューをする
- 観察や実験をする

収める
- 情報を手元に置く

整理・分析
整理・分析する
- ものごとを分析し特徴や傾向をつかむ
  31　集めた情報を関係付けたり，多面的に見たりする
- 量を分析し特徴や傾向をつかむ

まとめ・表現
まとめる
- 一つにまとめる

表現する
- プレゼンテーションをする
- 事実や事柄を正確に伝える
  49　事実と自分の考えを区別して報告する文章を書く
- 根拠に基づいて考えを伝える

単元の流れ（50時間）

第1次
○放置竹林問題について講師から話を聞いたり，テレビ番組を視聴したりする。地域の竹林の調査をする。放置竹林問題は地域にもあることを知る。生じた疑問を問い1とし，解決するために，調べ学習を行う。（＊1～8）

問いをつくる①　　講師の話／テレビ番組／地域の竹林の見学

第2次
○調べたことを紙スライドにして発表し合い，竹に関する情報を共有する。流しそうめんやお箸づくりなど竹の有効活用を体験する。調べたことや体験したことなどをイメージマップに表し，問いを再設定する（問い2）。（＊9～18）

問いをつくる②　　イメージマップ

第3次
○問い2に合わせて，調べる計画を立てる。インターネットやインタビュー，調査などを行い，情報を収集する。(19～36)

第4次
○情報を整理し，提案書，ポスターにまとめる。(37～50)

【評価】
調査や体験活動を通して，地域の自然や文化に関わる人々の努力や工夫を知り，地域の一員として自分にできることを考え，地域に自ら関わろうとすることができる。

授業レポート　2段階の問いづくりを組み入れた単元づくり

教師の願い

　ごみ問題や生態系の破壊，地球温暖化等の環境問題は深刻であり，国・世界レベルで解決していかなければならない状況にある。その一方で，個人レベルでは，環境問題の影響を直接受けている人以外は他人事としてとらえやすく，解決への取り組みには温度差が生じている。しかし，この環境問題の解決を「持続可能性」という視点からとらえていくと，誰もが関係していることといえよう。それは大人だけでなく，子どもにとっても同じことである。むしろ未来を創る立場にある子どもだからこそ，「持続可能な社会づくり」という考え方から環境問題をとらえることはとても重要なことである。

　そこで本学習では，「持続可能な社会づくり」に関わる課題の一つとして，環境問題を扱うことにした。大きく多岐にわたるこの問題を子どもたちの生活からかけ離れたものではなく，身近に存在するものとするために，「地域」という視点を取り入れてみた。「地域に広がる放置竹林問題を解決するために自分たちにできることは何か」を共通テーマとして設定し，「持続可能な地域づくり」に関わる課題の解決を子どもに示した。

　この放置竹林は大きな問題だが，竹林に隣接した住民以外の認識は低く，子どもも放置竹林のことは知らない。むしろ，地域の山々には緑がたくさんあり，自然豊かな場所であると感じている。地域の環境問題に向き合うことは，地域に対するこれまでの見方を変えていくことにもなる。未来を創り，切り拓く子どもたちに対し，見方やとらえ方を変え，地域の問題を他人事ではなく，自分事としてとらえ，解決に向けて自分にできることを考えられるようになってほしいと願う。

授業の様子

＊第1次　問い1づくり〈子どもの見方を変える・共通テーマについての知識を得る段階〉
- 地域のイメージマップをつくる。自分たちが暮らす地域は，緑いっぱいの山や清流があり，自然豊かな地域であることを確認し合った。
- 講師の話を聞いたり，テレビ番組を視聴したりして，「放置竹林問題」という環境問題があることを知る。
- 地域の山へ行き，竹林を見学する。
- これまでに生じた疑問を，問い1として設定し，調べ学習を行う。

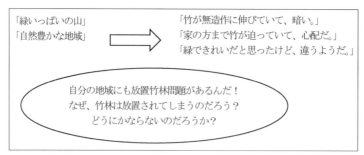

第1次を通して生じた疑問例（問い1）

*第2次　問い2づくり〈体験や交流を通して，見方を広げる段階〉
- 個人で調べたことを紙スライドに表し，発表し合った。紙スライドは6枚構成とした。①は問い1，②は問いを選んだ理由，③④は調べてわかったこと，⑤は感想，⑥はこれからもっと知りたいこと。
- 地域人材，市の事業などを活用して，以下のような体験や交流を設定した。
　　流しそうめん体験，竹灯篭・貯金箱・遊び道具づくり（地域人材の活用）
　　給食の残飯と竹粉を混ぜての堆肥づくり（全校に協力を依頼）
　　マイ箸づくり（市環境学習会）
　　里山再生に携わる方の話を聞く（NPO法人）

*第2次　問い2づくり〈追究していく問い2を決定する段階〉

イメージマップを活用し，真ん中に「放置竹林」，周りにこれまで学習して獲得した知識，そして疑問や新たに生じた興味などを書き，竹の有効活用として提案できそうなことに赤丸をつけた。自分が追究したいこととして問い2を決め，青枠をつけた。

児童Bの疑問や問いについての記述を見ていくと，第1次の問い1が「竹が生えてくる条件」，第2次の紙スライド⑥が「放置された竹林はなぜ整備されていないのか」，問い2が「竹を身近に感じよう」→「竹と共に生きる～竹文化を大切にし，これからも守っていくには何をしたらいいのか～」と変わっていった。体験や交流を通して知識が増え，放置竹林問題の視点が少しずつ変化したことがわかる。

児童Bの問い2を決定するときのイメージマップ

授業を振り返って

　共通テーマを教師が示す学習においては，子どもが問題に対して「本当かな」「おかしいぞ」「何とかしなくては」という思いをもてないまま，問いを決めさせてしまうことがありました。このような場合，情報を集めるときに自分は何のために調べているのかわからなくなってしまったり，まとめの発表にさえたどり着ければよいと思ってしまったりと，主体的な学びとはかけはなれた子どもの様子に何度も出会ってきました。

　そこで，この学習では，問いを決めることを急がず，意図的に体験や交流を取り入れ，イメージを広げてから問いをつくるという過程を大切にしてみました。大人にとっても放置竹林問題の解決はとても難しく，答えは一つではありません。ましてや子どもにとっては未知の世界のことです。だからこそ，まずは共通テーマに対する知識をもつこと，広げることが大切だと考えました。このはじめの段階で見方を変えること，広げることが，解決したいという思いにつながる，まさに主体的な学びになると思います。ただし，体験や交流をたくさん取り入れればよいというわけではありません。子どもに考える材料をたくさん与えようと教師が思っていても，子ども自身が整理することができなければ混乱させることになってしまいます。それぞれの活動の目的を明確にしたうえで学習に取り組ませることが必要だということを感じました。

　本学習の最後には，提案書とポスターづくりを行いました。それまでの自分の学びをどうまとめようか，悩みながらも生き生きとした表情で取り組む子どもの姿が印象に残っています。課題に対して，疑問や関心をもち，自分事として考えることのできる子どもを支援できるよう，プロセスを大切にした指導を心掛けたいです。

（静岡県静岡市立田町小学校（元静岡市立服織小学校）教諭　岡　博美）

From SHIOYA

　「課題の設定が難しい」，これは，探究型学習に取り組む先生方からよく耳にします。岡先生の授業レポートにもあるように，長期の単元計画が立案されることが多いため，教師が課題の設定でつまずくと，その影響が単元全体に響いてしまうことも，原因の一つです。岡先生は，その解決のために，2段階で問いをつくるという工夫をしました。通常のプロセスに，スモールステップを組み入れたことになります（逆に，子どもの実態によっては特定のステップを飛ばすときもあります）。

　このように，子どもの実態をもとにしたステップの設定は，子どもの追究意欲を継続するために，教師が常に意識したいことです。

学年・教科	小学校5年生 総合的な学習の時間	単元名	静浦福祉交流

単元のねらい：自分の課題解決のために集めた情報を関連付けたり，選んだりしながら整理し，自分の考えをもったうえで，高齢者施設にいる方や，施設で働く方を通して，地域や家庭の中でどう生きていけばよいか考えることができる。○評価の観点については次頁。

探究の過程

課題の設定
[問う]
○問いをつくる
　3　イメージを広げてから問いをつくる

情報の収集
[見通す]
・計画を立てる
[集める]
・調べる―メディアを選ぶ
・調べる―情報を見つける
○地域に出て調査をする
　17　話の流れに沿ってインタビューをする
・観察や実験をする
[収める]
・情報を手元に置く

整理・分析
[整理・分析する]
・ものごとを分析し特徴や傾向をつかむ
・量を分析し特徴や傾向をつかむ

まとめ・表現
[まとめる]
○一つにまとめる
　42　主張と根拠，根拠のもとになる事実を筋道立てる
[表現する]
・プレゼンテーションをする
○事実や事柄を正確に伝える
　49　事実と自分の考えを区別して報告する文章を書く
・根拠に基づいて考えを伝える

単元の流れ（13時間）

第1次
○静浦の地域とどのような交流をしてきたのかを整理し，学習の見通しをもつ。(1)
○交流計画を立てる。(2)
○介護福祉施設ふれあい静浦と交流する。(3〜4)
○交流を振り返る（PMIシート使用）。(5)
○静浦のお年寄りの人口や，ふれあい静浦の交流から自分の問いをつくる。(＊6)

[問いをつくる]　[イメージマップ]

第2次
○ふれあい静浦の交流を生かしてサン静浦で交流する（PMIシートを参考に改善）。(7)
○サン静浦で交流する。(8)
○自分の課題をインタビューして解決する。(9)
○福祉の仕事セミナーで福祉の話を聞き，まだ解決していない問いをインタビューで解決する。(10)

第3次
○主張と根拠，根拠のもとになる事実を筋道立てる。(＊11)

[筋道立てる]　[ピラミッドチャート]

○ピラミッドチャートから，報告文を書く。(＊12)
○友達と交流する。(13)

第2章 単元計画に役立つ「単元シート」と「授業レポート」

授業レポート　ピラミッドチャートで筋道立てれば報告書は簡単！

教師の願い

　5年生から始まった委員会の一つに「福祉委員会」がある。本校では，募金や福祉体験企画を行っており，活動に参加した経験のある子どももいる。しかし，本単元に入る前の多くの子どもの福祉に対するイメージは，「困っている人を助ける」「お年寄りに優しくする」など，概念的なものがほとんどだった。

　そこで，本単元では，地域の老人施設訪問や福祉セミナーの講話を切り口として，福祉に対する理解を促したり，福祉の現場で働いている人に興味・関心をもってほしいと考えた。

　さらに，子どもは，施設の見学，交流，インタビュー，福祉セミナーの方の講話などで，たくさんの情報を得るだろう。しかし，それをそのまま「報告文に書く」ことはできない。集めた情報を整理したり，伝えるために筋道を立てたりする過程が要る。5年生だからこそ習得していきたい情報活用スキルも，探究の過程に沿って組み込もうと考えた。

> 【評価】
> - 静浦地区のお年寄りの方との交流を通して，自分の知りたい課題を見つけ，施設の方へのインタビューや講話を聞いて，自分の身の回りにいるお年寄りや自分自身の50年後をイメージしながら，取り組んでいる。
> - 地域の福祉施設との交流や職員の方へのインタビュー，福祉講話を通して，自分の課題に対する情報を集め，整理し，解決して報告文を書くことができる。
> - 福祉施設で働く人を間近で見て，多くの方が関わっていることや，相手の気持ちを考えながら働いている様子から，自分の将来について考えることができる。

授業の様子

＊第6時　調べたことや交流したことから自分の問いをつくる

　本時までに子どもは，市内と静浦地区のお年寄りの割合を比較したり，近くの介護福祉施設へ行って交流をしたりしている。「自分の家で暮らせないお年寄りはどうしているのだろうか」という疑問をもって交流してきたので，「想像より元気だった」「子ども時代の話をしてくれた」「学校と同じように習字の作品があった」などお年寄りの様子を語るだけでなく，お年寄りの世話をする職員の態度に興味をもった子どももいた。そこで，テーマに関する知識を広げ，その中から追究したいことを選ぶために，イメージ

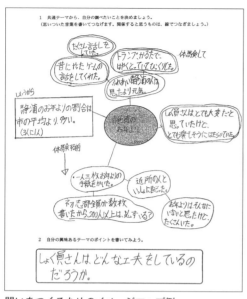

問いをつくるためのイメージマップ例

マップを書いた。イメージマップの書き方は、5年の国語の授業で既習。

課題をつくる方法として、4年生までは、KWLシートを使っていたので、イメージマップの作成でもその手順を活用した。まず、本単元を学習する前にすでに知っていたことを「K＝知っていること」とし、導入時の各自メモをもとにイメージマップに書き入れた。次に介護福祉施設交流や、市内と静浦地区のお年寄りの割合の比較を通して新たに知ったことを「L＝学んだこと」として記入した。事前に知っていたことと区別するために、事前に知っていたことは一重丸で囲み、体験して知ったことは二重丸で囲み、資料から得た知識は四角で囲った。調べてみたい対象は、職員の方についてと、入所しているお年寄りについてに分かれた。

KWLシートを使ったときにも感じたが、自分の問いをつくるときには、体験や知識がないと「調べてみたい」「解決してみたい」ということは思い浮かばない。そのため、導入時に見学に行ったり交流したりする体験を設定することは、とても有効である。

このように、全体を可視化できるようにしたうえで、問いをつくった。

＊第11時　主張と根拠、根拠のもとになる事実を筋道立てる

1回目の交流後、問いをつくっているので、別の施設に行って交流したり、施設の方にインタビューしたり、福祉セミナーの方から話を伺ってくるなど、子どもの手元にはたくさんの情報が集まっている。これをもとに報告文を書き、本単元のまとめとしたいと考えた。

まず、4年生のときに書いた報告文を書く手順を思い出した。4年生では、「はじめ・なか・おわりを区別して報告する文」を書いている。このときは、2段に分かれている「ピラミッドチャート」を使って組み立てた。それぞれの段には、何を書いたのかを思い出し、上の段には「調べる活動を通して考えたこと（主張）」、下の段にその「理由」を書いたことを確認した。

次に、「報告文を書くために、2段のピラミッドチャートを使って主張と理由を組み立てよう」と、めあてを決めた。調べたり交流したりしているので、このような活動を

通して見聞きしていることをもとに、ほとんどの子どもは主張をすぐに書くことができた。主張が書き終えたら、その理由（根拠）を書いた。

2段のピラミッドチャートが出来上がったところで、4年生の報告文では、このピラミッドチャートをもとに書いたので、「これで報告文は書けますか」と子どもに尋ねた。子どもは、一瞬戸惑いながらも、「書けない。主張と理由だけだと文章が少なすぎる。たくさん聞いてきた内容も書くといい報告書になると思う」との声が上がってきた。

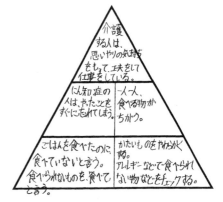
3段目を追加したピラミッドチャート

そこで、2段のピラミッドチャートの下にもう一段加えた、3段のピラミッドチャートを見せた。3段目は、見てきたことやインタビューの結果、調べたことなどを書く欄として使うことができることがわかると、子どもは手元にある情報メモから、根拠のもとになる事実を抜き出して書き始めた。情報メモには、「交流した感想」「自分の問いに対する回答」「物忘れの方の介護」「施設の方の仕事」などの詳細が書かれているものの、根拠と関係のある事実を抜き出すのもすぐにできた。

書き終わったら、ピラミッドチャートを使って友達に説明する時間を設定した。

＊第12時　ピラミッドチャートをもとに報告文を書く

本時のめあては、「ピラミッドチャートをもとに報告文を書こう」となり、単元の終わりに近づいてきたことを子どもも感じている。

まず、ピラミッドチャートと報告文をセットにした見本を提示した（82頁参照）。ピラミッドチャートに書いた内容が報告文のどこに書かれているのかについて、対応させた。こうすることで、ピラミッドチャートと報告文のつながりが見え、文章の構成がはっきりする。

次に、自分のピラミッドチャートにも段落の数字を書いて、報告文を書いていった。先の例示によって、どの順序で書けばよいかわかっているため、子どもに負担感はほとんどなかった。

報告文を書いてみて、子どもは、たくさん情報を集めたけれども使わない情報メモがいかにたくさんあるのかを実感したようだ。その一方で、たくさん情報を集めたからこそ、根拠のもとになる事実を選ぶことができたことも感じていた。適切な事実がなかったとしたら調べ直さねばならないからだ。

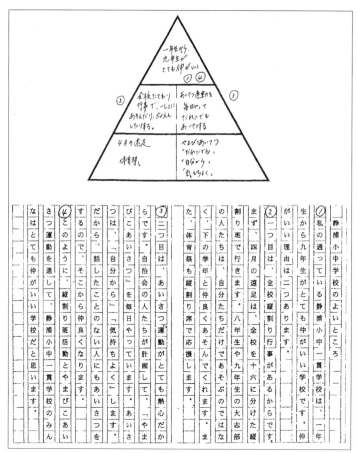

ピラミッドチャートと報告文の例示

　私の通っている静浦小中学校のよいところ

① 私の通っている静浦小中一貫学校は、一年生から九年生がとても仲がいい学校です。仲がいい理由は二つあります。

② 一つ目は、全校縦割り行事があるからです。まず、四月の遠足は、全校を十六に分けた縦割り班で行きます。八年生や九年生の大志部の人たちは、自分たちだけであそぶのではなく、下の学年と仲良くあそんでくれます。また、体育祭も縦割り席で応援します。

③ 二つ目は、あいさつ運動がとても熱心だからです。自治会の人たちが計画して、「やまびこあいさつ」を毎日やっています。あいさつは、「自分から」「気持ちよく」します。話したことのない人にもあいさつをするので、そこから仲良くなります。

④ このように、縦割り班活動とやまびこあいさつ運動を通して、静浦小中一貫学校のみんなはとても仲がいい学校だと思います。

　福祉学習報告

① 福祉学習では、ふれあい静浦と、サン静浦に行った。そこで、私は、介ごをする人は、とても工夫をして、思いやりの心を持たないといけないと思った。理由は2つある。

② 1つ目は、食べ物を工夫しないといけないということだ。例えば、かたいものを食べられない人もいるので、やわらかくしなくてはいけない。しかも、食べられないものをチェックしないといけないから、大変だ。

③ 2つ目は、にん知症の人もいるので、ごはんを食べていたのに、「食べていない」と言うかもしかし、そこで、「食べたでしょ！」と言うのではなく、もう一回作ってあげるそうだ。こういう時に思いやらないといけないと思う。

④ このように工夫していて思いやりを持っていて介ごしせつで介護をする人は、とても工夫していて思いやりを持ってできないということが分かった。私もしょう来こういう仕事についてみたいな。

ピラミッドチャートをもとにして書いた報告文

授業を振り返って

　全13時間扱い，総合的な学習の時間の授業としては短い単元です。実践をまとめてみると，13時間の中に，情報活用スキルがいくつもありました。本単元で特に意識したのは，「主張と根拠，根拠のもとになる事実を筋道立てる」スキルです。インタビューや講話を聞いて自分の問いについての答えや，その他の情報をたくさん集めて報告文を書くのですが，そのままでは単に事実の羅列になってしまいます。

　そこで，3段のピラミッドチャートを初めて使いました。まず2段をつくり，その後3段目を加える形にしたので，3段目に何を書くのかがイメージしやすかったようでした。そして，報告文を書きます。ピラミッドチャートができていれば，書く順序を確認するだけで書けるので，負担感がないようでした。書く前に，ピラミッドチャートと報告文がセットになった見本を提示して，ピラミッドのどの部分が報告文のどの段落になっているのかを確認したので，報告文はピラミッドチャートができていれば書けるということを実感したようです。

　13時間程度の単元でも探究の過程で情報活用スキルがいくつも入っていました。それらの多くは，前の学年や5年生の他の教科で学んだことの繰り返しや，少し新たな要素が加わる程度のためか，子どもは次を見通しながら自分で前に進もうとしていました。各学年で系統立てて指導していくと力がつくなと改めて思いました。

　　　　　　　　　　　　（静岡県沼津市立静浦小中一貫学校　教諭　小谷田照代）

From SHIOYA ● ● ●

　総合的な学習の時間では，「課題の設定」「情報の収集」「整理・分析」「まとめ・表現」の4つの過程を通った単元の組み立てを行います。小谷田先生のようにそれぞれの過程で情報活用スキルが求められることに目が向くと，各過程でどのようなスキルを使うのが適切なのか，つまり学び方を意識した単元計画の立案が可能になります。

　そして授業レポートからは，学び方の系統を意識した授業づくりの様子を垣間見ることができます。情報活用スキルは，知識・技能です。一度説明を受けただけでは，知識・技能はなかなか使えるようにはなりません。思考・判断・表現するときに繰り返し活用することを通して身についていきます。繰り返し活用するときに，他の教科で習得したことを活用することはもちろん，発達段階に応じて少しずつ高めたい，発展させたいと思うこともあります。このような場合の事例として，問いをつくるときにKWLシートからイメージマップへ発展させる方法や，組み立てるときに2段のピラミッドチャートから3段にする授業の流れなどが，授業レポートから伝わってきます。

| 学年・教科 | 小学校5年生 理科 | 単元名 | 台風と天気の変化 |

単元のねらい：台風による強風や大雨と、それがもたらす災害に興味をもち、台風の進路と天気の変化について、テレビや新聞、インターネットなどから得られる情報や教科書の資料などを活用して調べ、台風は西から東への天気の変化の仕方とは異なる特有の動きをすることをとらえることができるようにする。また、台風による災害やそれに対する防災・減災のための取り組みについて、教科書や地域にある資料などを調べ、災害に対する備えや情報活用の重要性に気づき、自ら行動する態度を養うことができるようにする。○評価の観点については次頁。

探究の過程

課題の設定
- 問う
  - ・問いをつくる

情報の収集
- 見通す
  - ・計画を立てる
- 集める
  - ・調べる―メディアを選ぶ
    - 8 インターネットを使って情報を集める
  - ・調べる―情報を見つける
  - ・地域に出て調査をする
  - ・観察や実験をする
- 収める
  - ・情報を手元に置く

整理・分析
- 整理・分析する
  - ・ものごとを分析し特徴や傾向をつかむ
  - ・量を分析し特徴や傾向をつかむ

まとめ・表現
- まとめる
  - ・一つにまとめる
- 表現する
  - ・プレゼンテーションをする
  - ○事実や事柄を正確に伝える
    - 49 事実と自分の考えを区別して報告する文章を書く
  - ・根拠に基づいて考えを伝える

単元の流れ（5時間）

○台風について知っていることをあげ、「台風の動き」「天気の変化」「被害」の3観点に分類する。また、テレビや新聞、インターネットを活用して、台風18号の進路や天気の変化に関する記録を開始する。(1)

| 記録をとる | 記録用紙 |

○台風18号の記録をもとに、進路の規則性について見通しをもつ。(2)

○インターネットを活用して、過去の台風の進路について調べ、その多くは日本の南で発生し、少し西に動いてから東や北の方に向かっていくことに気づく。(*3)

| ネット検索 | ・使用サイトを選んでおく
・ウェザーニュースの使い方説明書 |

○地域に被害を及ぼした台風について調べ、自分たちにできる防災・減災対策を新聞にまとめる。台風18号の記録をもとに、進路の規則性について見通しをもつ。(*4～5)

> 授業レポート　莫大な情報の中から使用するサイトを子どもたちで選択する

教師の願い

　教科書では，台風の進路について「日本の南で発生し，少し西に動いてから東や北の方に向かっていく」としている。このことは，本単元で押さえるべき学習内容であることは間違いない。実際に発生した台風（平成29年10月に発生した台風18号）を調べていくことで，子どもたちは実感をともなった学習をすることができるであろう。

　しかし，すべての台風が同じような動きをするわけではない。ある一つの台風を調べて終わりではなく，「他の台風はどうだったんだろう。調べてみたい」など，気象現象に対する興味・関心をより高めると同時に，そのようなものの見方や考え方ができる力を育みたいと考えた。一連の学習の中で，過去の台風情報を得るためには，テレビや新聞よりも，インターネットを活用した方が便利であることや，そこから得た複数のデータを比較し，統計的に物事を考える力を身につけてもらいたいと考え，本実践を行うこととした。

　子どもたちがインターネットを活用する学習は，教科の枠を超えたさまざまな場面で行われる。しかし，子どもたちにインターネットを使う必要感がなかったり，ネット上に広がる莫大な情報を無計画に与えたりしてしまうと，学習の視点が曖昧になってしまうことがある。結果的に，「ネット上の情報を写しただけ」となってしまうことも少なくない。

　子どもたちがインターネットを使う必要感をもち，得た情報から考察することができる姿を目指し，単元を通して次の2点に留意しながら学習を進めた。

- 子どもたちの「知りたい」という気持ちを喚起すること
- 莫大な情報の中から，使用するサイトを子どもたちで選択すること

【評価】
- 台風による天気の変化や災害に対する備えについて興味をもち，進んで情報を集めようとしている。
- テレビや新聞，インターネットを活用して，台風の進路を調べたり記録したりしている。
- 記録をもとに台風の進路について考察したり，防災・減災に対する自分の考えを表現したりしている。
- 日本付近の台風の進路や，台風が強い風や大量の雨をもたらすことがあることを理解している。

授業の様子

＊第3時　18号以外の台風はどのように動いたのだろう

(1) 「調べたい」という意欲を高め目的を明確にする

第1～2時で、台風18号の動きから、台風は日本の南の方で発生し、東北の方へ抜けていくことがわかった状態の子どもたちと、次のような話をした。

> T：ところで、みんなは台風18号の「18」って、何の数か知っていますか？
> C1：18個目の台風ということだったと思います。
> T：正解です。正確には、「今年に入って18個目の台風」という意味なんです。
> C：へ～、知らなかったなあ。（子どもは、さまざまな反応を見せる。）
> C2：じゃあ、17号もあったってことですか？
> T：そういうことです。
> C3：17号も同じように動いたのかな……。
> T：どうなんだろうね？　先生も、17号の動きは記憶にないなあ……。
> C：え!?　そうなの!?　調べてみたい！

台風18号について調べた子どもたちに、17号の存在を意識付けることで、「17号はどんな進み方をしたんだろう」という、興味・関心を高めることができた。さらに、「自分が生まれた月の台風の進み方も調べたい」というつぶやきから、それぞれが調べたい年

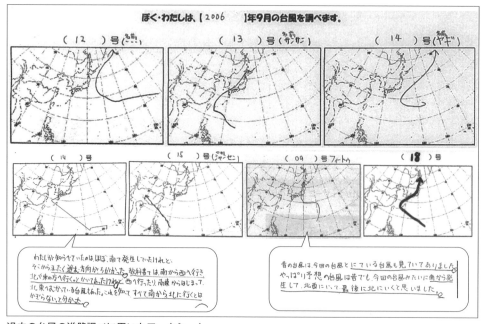

過去の台風の進路調べに用いたワークシート

月の台風を選択できるようにしたことで，どの子にも「過去の台風の進路を調べたい」という意欲が生まれた。

(2) 情報源は子どもの実態に合わせて提示する

過去の台風の進路を調べることになった子どもたちと，どのようにして調べたらよいのかについて話し合った。台風18号の進路を調べた際に活用したインターネットをはじめ，新聞やニュースなどがあがったが，過去の情報を調べるときに，新聞やニュースは効率的ではないことがわかった。では，インターネットをどう使うのか。この点について，以下のような指導を行った。

> ① 「台風の進路」について検索すると，莫大な数のサイトがヒットすることを知ること。
> ② いくつかのサイトを比較して，自分たちで使いやすいまたはわかりやすいサイトを選択すること。

子どもたちと話し合った結果，「ウェザーニュース」というサイトを使用することになった。「ウェザーニュース」は，過去の台風進路情報について，ドットを用いた動画形式で確認することができ，視覚的にもわかりやすい。また，データ量も豊富で，操作性もよいという特徴がある。他のサイトは，操作が難しかったり，データが少なかったりした。情報収集能力を育むためには，このような経験を積み重ねていくことが大切であると感じた。

過去の台風の進路を調べ始めた子どもは，台風のさまざまな動きに一喜一憂しながら，多くのデータを集めていた。その後，互いのデータをもち寄った話し合いの場では，台風は「予想外の動きをすることもある」と認めつつ，傾向として，「南の方で発生し，東北の方へ抜ける台風が多い」ことを，実感をともなって理解することができた。

(3) 子どもたちがスムーズにパソコンを操作するための手立て

5年生という発達段階の子どもたちがインターネットを使用する際，パソコンの操作がどの子も同じようにできるわけではない。すると，あちらこちらから「先生，やり方がわかりません」という声があがりはじめ，個々のパソコン

過去の台風の進路をインターネットを使って調べている子どもたち

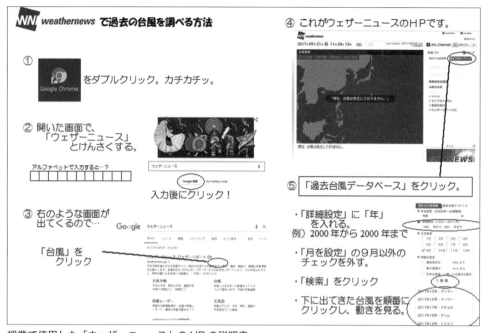

授業で使用した「ウェザーニュース」のHPの説明書

に移動して対応することに追われ、ねらいとしている指導や支援ができなくなってしまうことがある。

その予防策として、「ウェザーニュース」の操作方法をまとめた説明書を作成し、用紙を見れば操作ができるようにした。どの子もスムーズにインターネットを使用できるようにするための手だてとしては、効果的であった。

＊第4～5時　狩野川台風による「被害」と自分たちにできる「防災」についてまとめる

　第4～5時では、台風による被害や防災に関する学習を行った。当初は、地域のハザードマップを見て、実際に起こりうる被害について話し合うことで、水害に対する防災意識を高めたいと考えていたが、「社会の授業で出てきた狩野川台風について調べたい」という子どもが多かった。「被害」と「防災」の2つの視点をもつことを確認し、子どもの思いに沿った授業展開に変更した。先の指導が生きていたのか、狩野川台風についてさまざまなサイトを開きつつも、互いに情報交換をしながら、自分たちが理解できる情報を得ようとする姿が見られた。

■授業を振り返って

　子どもたちがインターネットを使って学習することは，教育活動のさまざまな場面で行われます。また，現代社会を生きていく中で，情報活用スキルが求められていることも事実です。今回は，「子どもたちの『知りたい』という気持ちを喚起すること」と「莫大な情報の中から，使用するサイトを子どもたちで選択すること」に重点を置いて指導に当たりました。

　成果として，「何が書いてあるのか意味がわからない」や「得た情報を写すだけ」という表れを減らすことができました。子どもたちが学習意欲と明確な目的をもつことによって，自ら得た情報をもとに比較・検討・考察をする姿が見られたことは，一定の成果といえます。また，そのためには，しっかりとした単元構想が必要であることを感じました。子どもたちの学習意欲をどう高めるのか，調べる目的や視点は何なのか，適切な情報源は存在するのかなど，全体の計画をしっかり立ててから授業に臨むようにしたいと思いました。

（静岡県沼津市立静浦小中一貫学校　教諭　岡村将嗣）

From SHIOYA

　ネット検索は，子どもたちにとって目新しいことではありません。日常当たり前のように行っていることを，あえて学ぶ意味はどこにあるのでしょうか。

　授業で「インターネットを使って情報を集める」ときは，子どもに知りたいことがあることが前提です。とは言え，知りたいことを調べるときに，いつもインターネットを使うことが適切とは限りません。本・雑誌・新聞なども含めたいくつかの選択肢の中から選んでいるのです。インターネット検索は，どういう目的，どういう場合が適切なのかを，活動を通して学ぶ必要があります。

　岡村先生の授業レポートを「選ぶ」という視点で見ると，知りたいという気持ちを膨らめたうえで，台風情報を得るときはインターネット検索がいかに有効かを，活動を通して体験している様子が伝わってきます。しかし，普段ネット検索はしているものの，台風情報を検索している子どもは，どれくらいいるのでしょうか。また，スマートホンで検索しているものの，パソコンを使って検索している子どもはどれくらいいるのでしょうか。このように，授業で知りたい気持ちが高まったとしても，日常見ないサイトや使わない機器となると，子どもは立ち止まってしまいます。このような子どもたちも視野に入れ，きめ細やかな準備をもとに授業が進められているのです。

| 学年・教科 | 小学校5年生　社会 | 単元名 | わたしたちの生活と工業生産（2）自動車をつくる工業 |

単元のねらい：日本の自動車生産と工業地域の特色に関心をもち，工業生産に携わる人々の工夫や努力について意欲的に調べ，自動車工業生産額，大工場と中小工場の割合，工業地域の分布と生産額のグラフを活用し，日本の自動車工業の特色についてまとめることができる。

探究の過程

課題の設定
- 問う
  - 問いをつくる

情報の収集
- 見通す
  - 計画を立てる
- 集める
  - 調べる―メディアを選ぶ
  - 調べる―情報を見つける
    - 12　年鑑を使う
  - 地域に出て調査をする
  - 観察や実験をする
- 収める
  - 情報を手元に置く
    - 27　参考にした資料を書く

整理・分析
- 整理・分析する
  - ものごとを分析し特徴や傾向をつかむ
  - 量を分析し特徴や傾向をつかむ

まとめ・表現
- まとめる
  - 一つにまとめる
- 表現する
  - プレゼンテーションをする
  - 事実や事柄を正確に伝える
  - 根拠に基づいて考えを伝える

単元の流れ（10時間）

第1次　工業生産と工業地域
○年鑑を使い，世界の自動車生産量のNo.1はどの国かを調べる。（＊1）

　年鑑の使い方を知る　　　年鑑　ワークシート

○年鑑の「自動車工業」の資料からわかったことを書き，グループで共有して，調べてみたい問いを考える。（＊2）

　問いをつくる　　　付箋紙

第2次　自動車をつくる工業
○工業のまち，愛知県豊田市を調べる。（3）
○自動車を組み立てる工場見学へ行く。（4～6）
○自動車づくりの工夫を調べる。（7）
○自動車の部品をつくる工場を調べる。（8）
○人と環境にやさしい自動車づくりとは何かを考える。（9）
○日本の自動車づくりの特色についてまとめる。（10）

【評価】
日本の工業生産の様子から学習問題を見出し，自動車をつくる工業を具体例として調査したり，地図，統計などの資料を活用したりして調べたことを白地図や作品にまとめるとともに，工業生産と国民生活とを関連付けて考えたことを適切に表現する。

第2章 単元計画に役立つ「単元シート」と「授業レポート」

授業レポート　参考図書（年鑑）は役に立つ

■教師の願い

　社会科は，教科書，地図帳，資料集など個人持ちの資料が多い教科である。授業では，これらの個人持ち資料に加え，学校図書館資料もよく使う。学校図書館には，中学年から使ってきた図鑑や百科事典の他に，年鑑がある。毎年刊行される年鑑には，データがぎっしりと詰まっており，情報の宝庫である。しかし，多くのデータから自分が必要としているページに辿り着くには，そのための方法を知る必要がある。子どもが年鑑を社会科の授業で使うためには，中学年で学んだ目次・索引や百科事典のように，その使い方を学ぶ機会が必要である。そこで，年鑑を使う場面が多い「わたしたちの生活と工業生産」の単元でその機会を設定した。5年で使い方を知ることを通して，その後必要に応じて，年鑑，百科事典などの参考図書を使える子どもになってほしいと願っている。

■授業の様子

＊第1時　どの参考図書を使えば，みんなの問いが解決できるかな？

　自動車工場の導入は，教師と子どもの以下のようなやりとりから始めた。

　T：「自宅に自動車はありますか？」
　C：「ある！　一人1台だよ。」
　T：「ほとんどの家に複数台あるね。ということは，日本は自動車産業が盛んで世界で1番に多く自動車をつくっている国かな？」
　C：「1番じゃなくても，結構たくさんつくっていると思う。」
　C：「アメリカも多いような気がする……。」
　T：「ではどの国が自動車の生産量が1位なのかを調べてみましょう。予想は？」
　C：「(ワークシートに記入) アメリカ，ドイツ，日本，フランス……など。」

　子どもの予想が出そろったところで，「どの本で調べたらわかるかな」と尋ねた。中学年でよく使った百科事典や図鑑では調べられないことから，子どもはどうしよう……という表情をしていた。本校では，年鑑を毎年一冊ずつ継続的に購入している。異なる年度の

参考にした資料の書き方の例

年鑑を組み合わせ，各グループに2冊ずついきわたるように用意した。

年鑑の利用は初めてなので，まず，目次を見渡して車の生産量に関係するページを探した。次に，「世界の車の生産量」を調べた結果，「アメリカ」「日本」「中国」と3つのの国があがった。「なぜ，1位が違うのか」と尋ねると，年によって1位が変わるのではないかという発言があり，それを裏付ける「世界の車の生産量」の一覧表に「調査年」という表記があるのを見つけた。そして，それぞれの国が1位であった調査年をワークシートに記入した。子どもからは，「まさか中国が1番だとは思わなかった」「日本が1位だったときもある。中国に抜かれて2位」「1位2位だから日本は自動車工業が盛んだと思う」とのつぶやきがあがった。

最後に，使った本の書名を記録した。4年生までは，書名と著書名だけであったが，いつ出版されたかが重要になってくる場合は，出版年も必要である。そこで，出版年が書いてある場所（奥付）を見つけて，出版年も記録した。情報に「時間」という重要な要素が加わったことで，子どもには奥付を記録することの必要性が生まれ理解が深まったと言える。

＊第2時　自動車工業のグラフから学習問題をつくる

まず，最も新しい年度の年鑑から「日本の自動車工業」のページを印刷して全員に配布した。年鑑を開き，「工場数・働く人・生産額」「自動車の輸出」「外国車の輸出」「国内の自動車保有台数」「主な自動車工場」があることを確かめた。班員で各図表の担当を分け付箋紙に書いた。読み取ったことの書き方として「少ない，多い」「差は～」「○年と○年を比べると～に変化している」などの文末まで書くことを確認した。

次に，グループで1枚の画用紙に5つの表題ごとに付箋を貼り，1人ずつ説明した。子どもにとって担当外の付箋の説明は自分では調べていない内容である。グループでの説明の様子を見ていると，自分の調べたグラフと比較したり関連付けたりして話し合っていた。グラフの読み取りができていなかったり文末まで書けていなかったりした場合も，この話し合いで気づくことができた。その後，解決したい問いをクラスで共有した。工場数のグラフからは「組み立て工場よりも部品工場の方がとても多いのは，なぜだろうか」，主な自動車工場の図表からは「静岡県や愛知県に自動車工場が集中している。自分たちは次の週，自動車組み立て工場に行く。なぜ四国には一つもなくて，静岡，愛知に集中しているのだろうか」など，年鑑を使って視野が広がったからこそ見出せた問いもあった。

■授業を振り返って

　図書館に置いてある「年鑑」は，毎年1冊ずつ購入し廃棄しない図書館資料です。5年生以上の学年では，自分の考えの根拠としてデータを使う機会が増えます。そのデータが凝縮されているのが，「年鑑」です。5年生には，社会科の授業が始まる4月当初に授業ガイダンスとして「年鑑を使おう」という授業を行っていたこともあります。しかし，「年鑑」を使う必然性がないときの授業であるため，「思ったよりも情報がたくさんあって読みものとしても楽しい」という感想はあっても，その後の利用には結びつきませんでした。そこで，教科の授業の中で必要性があるときに「年鑑の使い方」の授業をしかけ，「そうか，年鑑で調べると知りたい情報を得られるし，問いも生まれる。年に1冊ずつ出ているので，過去のデータも調べられる」ということを子どもが実感する授業を計画しました。単に「自動車工業」のグラフだけを印刷して配布するのでなく，年によって違うデータがあることをあえて気づかせることで，「年ごとに比べてみたい」という思いが生まれるようにしました。そのための導入が「車の生産量1位の国調べ」でした。

　社会科では，教科書や資料集のグラフを使うだけで精いっぱいですが，自らデータを探して，自分の考えの根拠とするようになってほしいという願いもあります。そのためには，使い方を学ぶという視点だけでなく，その後の利用に結びつくことを意識した授業づくりが必要だと思いました。　　　（静岡県沼津市立静浦小中一貫学校　教諭　小谷田照代）

From SHIOYA ● ● ●

　中学年で扱った「百科事典」に続き5年生で出合う「年鑑」は，知りたい調べたいことがあるときに，是非とも使いたい参考図書です。いずれも，方法を知っていれば小学生でも使うことができるのに対し，知らなければ手に取ることさえありません。では，子どもに使い方を教えればいいのではないか，と思いがちですが，授業後，使う機会がなかったり，そもそも興味がなかったりしたら，子どもは「年鑑」の使い方などすぐに忘れてしまうのです。小谷田先生が「年鑑の使い方を年度当初に教えても，その後の利用に結びつかなかった」とコメントしているように，どの教科のどの単元にどのように組み入れていけば，子どもは必然性を感じるのかについて，単元を計画する教師が考える必要があるのです。小谷田先生は，5年生の社会科，「わたしたちの生活と工業生産(2)自動車をつくる工業」の単元の第1・2時を選びました。さらに，子どもの気づきをもとに次へと進む教師と子どもとのやりとりが，授業レポートや授業を振り返ってから読み取れます。スキルだからこそ，子どもの気持ちを連れていく仕掛けが必要なのです。

学年・教科	小学校6年生　社会	単元名	江戸時代と政治の安定

単元のねらい：江戸時代が約250年間であったことを知り，なぜこのような長期政権が可能となったのか，単元最後の歴史新聞作成に向けての追究テーマを一人一人が作成し，問いの解決のために調べたことを新聞にまとめることができる。

探究の過程

課題の設定
- 問う
  - 問いをつくる
  - 3　イメージを広げてから問いをつくる

情報の収集
- 見通す
  - ・計画を立てる
- 集める
  - ・調べる―メディアを選ぶ
  - ・調べる―情報を見つける
  - ・地域に出て調査をする
  - ・観察や実験をする
- 収める
  - ・情報を手元に置く

整理・分析
- 整理・分析する
  - ・ものごとを分析し特徴や傾向をつかむ
  - ・量を分析し特徴や傾向をつかむ

まとめ・表現
- まとめる
  - ・一つにまとめる
- 表現する
  - ・プレゼンテーションをする
  - ・事実や事柄を正確に伝える
  - ・根拠に基づいて考えを伝える

単元の流れ（5時間）

○共通の学習課題の設定。大判ホワイトボードを使用して生活班コミュニケーションから始める。江戸幕府の主な施策をグループで調べていくことにより，幕府は「平和・安定・発展」を目指した施策を行っていたことに気づき，共通の学習課題「江戸幕府のめざした，平和・安定・発展の政策とは？　参勤交代，武家諸法度，鎖国の政策から考えてみよう」をつくる。（＊1）

学習問題をつくる	大判ホワイトボード

○共通の学習課題から，ウェビングを用いて，自分の問いをつくる。（＊2）

問いをつくる	ウェビング

○ウェビングを見ながら，資料集，図書館資料を使って調べる。(3)

○前半で調べたことを全員で共有しながら，内容的に不足しているところを教師が補足。後半からは新聞づくりに取り掛かる。(4)

○前半は新聞作成の続きを行う。作成後，机の上に置いた新聞を自由閲覧し，よかったところや見直したいところを相手に伝える。(5)

【評価】
共通の学習課題から自分の問いをつくり，問いに対する答えを新聞にまとめることができる。

第2章 単元計画に役立つ「単元シート」と「授業レポート」

授業レポート 歴史を楽しく学ぶために——追究の扉をひらく

教師の願い

　6年生の社会科は，歴史学習が中心である。歴史に関して興味をもっている児童はクラスの3割にも満たず（今年度4月調べ），他は，「嫌い」「関心がない」といった状態であった。このような中で，興味・関心・意欲をもって取り組めるようにするには，全体の学習課題から，さらに一人一人が追究していく課題を，具体的なものにしていくことが大切である。今までは，この部分に対する教師の指示が明確なものでなく，「学習課題を考えてみよう」とか「追究してみたいことを書いてごらん」など，どのようにして学習課題を決めるのか，その術（すべ）を児童に教えることなく指示を出していることが多かった。時間はかかれど白紙のまま，なんとなく友達のものを真似して書いている状態だったり，全員が同じ学習課題を追究するだけであったりしていることも多かった。そのため，学習に対する意欲や興味は当然のように薄れ，授業に対して受動的になってきてしまっていた。

　そこで，以下のようなことを実践し，児童一人一人が，単元を通して興味，関心，意欲をもって取り組んでいけるように指導した。

授業の様子

＊第1時　コミュニケーションから始める（大判ホワイトボードを使用して）

　江戸時代の幕府の政策について，主なものをピックアップしてクラス全体に紹介したいと考え，大判のホワイトボード（以下"WB"と記載）を各班に提供した。WBがあることで，子ども対教師だけでなく周りの友達と考えを交流できるからである。WBには，教科書と資料集から情報を集め，その中で最も追究していきたい施策についてまとめていくこととした。

　その結果，一人では手がつかずに何もできないでいた子どもが，班の友達に尋ねて教科書の本文を読み込んでいこうとする姿や，リーダーの指示（作業分担，具体的な作業内容）に対してみんなが時間いっぱい熱心に取り組む姿が見られた。WBに書き込むときも，全員がWBの周りに集まり，文章表現について意見を述べたり，キーワードを四角で囲んだり重要な文章には下線を引いたりす

大判ホワイトボードを使用した話し合い活動の様子

ることに進んで参加していた。江戸時代に対する興味や関心が高まり、「今度は○○について調べてみたいなー」とか「○○よりも△△の方が、重要な政策だったんじゃないの」といった声があがっていた。

　WBに書いたものを班ごとで全体に発表し、全部の班（6班）の調べた政策を見比べて、「江戸幕府のめざした、平和・安定・発展の政策とは？　参勤交代、武家諸法度、鎖国の政策から考えてみよう」という学習課題が作成された。

＊第2時　共通の学習課題から、ウェビングを用いて、自分の問いをつくる
　歴史の学習では、単元の最後に、学習課題について調べてきたことを新聞にまとめることを目指している。一人一人が自分のテーマをもって授業に参加することで、単元を通して追究の意欲を失わずに授業に取り組めると考えて実践をした。今回は、「江戸幕府の政策について、追究していきたいテーマを見つけよう」と投げかけ、ウェビングによってイメージするキーワードを次々と記入していった。ウェビングは初めての児童が多く、はじめは戸惑っていたが、要領を得ると夢中になって取り組み始めた。「関連したものをつなげていけば、いがいとかんたんにつくれるんだなと思った」「テーマが見つけやすくなった」「みんなとちがうテーマということで、わくわくした」といったこの手法に対する驚きと喜びの声が、振り返りには多く述べられていた。

　自分の興味あるテーマを選び、丸で囲み、文章にする部分では、5W1Hのどの部分を追究していきたいのかを意識して文に表すことが必要であることを知り、今までテーマを決められなかった児童でも、「鎖国にしてから、貿易はどのように変わったか？」「身分を決められた人たちは、どのような生活をしていたか？」といった形でテーマを決めることができた。

　また、この活動により、「江戸時代の政策がこんなにいっぱいあったことが、調べてわかった」「江戸幕府について、資料で調べ、考えが深まった」といった知識の習得にも効果があったとする感想もあった。

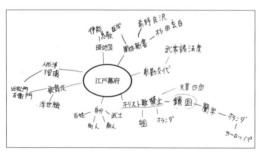

子どもが書いたウェビングの例

「江戸幕府について、資料で調べ、考えが深まった。テーマを決めることができ、鎖国について追究したいと思った」「自分が決めたテーマについて、これからたくさん調べていきたい」「これから資料をたくさん集めて、うまくまとめたいと思います」というこれらのコメントは、児童の興味・関心・意欲の向上の表

れを示している。この手法により，児童は「テーマを決めるための術」を獲得することができ，目指すゴールがはっきりしたことにより，見通しをもって学んでいくことができるようになった。つまり自分で追究の扉を開くことができるようになったわけである。

■ 授業を振り返って

　興味・関心・意欲をもって授業に臨むシステムとは，結局は「学び方を学ぶ」ということでした。子どもは，おおざっぱな指示で学習してきたために，教師がマンツーマンで対応しているときにはそれなりの成果をあげられても，いざ一人で学ぶ段階になると，学び方がわからず迷走してしまい，最後には学ぶ意欲を失ってしまう，そんなことの繰り返しであったのではないかと思います。

　テーマを自分で決めることができたことに喜びを感じる姿を見て，「この学年の子たちは意欲に欠ける，真剣みが足りない，勉強ができない」は本来の姿ではなく，単に正しい学び方を学んでいなかっただけなのだと実感しました。学習の見通しをもてたことが興味や関心を高め，単元を通しての意欲の持続となっていきました。

　歴史に関する話題を口にする子ども，歴史上の小話も色々調べてくる子ども，古銭や切手，お寺や仏像の写真集などを持ってくる子どもが急に増えてきました。社会の時間が待ち遠しいとのこと。テーマづくりを初めとして，情報の収集や整理，まとめ方などにも今後はふれていき，テーマ決めから最後の発表までを自分一人でできる力を育成していきたいと思っています。　　　　（静岡県裾野市立裾野西小学校　主幹教諭　小見山晋治）

── From SHIOYA ●●●

　自分が知りたいことがどこにあるのかを見つけるときに，ウェビングは効果的です。子どもが書いたウェビングには，江戸幕府の政策の全体像が網羅されています。このように，一旦広げてみることにより，自分の興味がどこにあるのかを知ることができるのです。子どものウェビングのように，知りたいことを赤丸で囲むことにより，自分の知りたいキーワードがはっきりします。そうしたうえで，それを問いの文章にしていきます。このように，小学校高学年では，共通の学習テーマからすぐに自分の知りたいことを絞り込んでいくのではなく，一旦全体を見渡すという手順を取り入れると，「選ぶ」ということが可能になります。

　小見山先生も，当初，課題の設定は，子どもには難しいかな？と思っていました。でも，授業後は，その心配は払拭されたようです。

学年・教科	小学校6年生 総合的な学習の時間	単元名	30年後の内浦は？　そのために自分たちに今できることはなんだろう？

単元のねらい：地域の現在と将来についてさまざまな立場の人に話を聞き，そこから得た情報と自分の知識や経験を関係付けながら，30年後の理想とする地域の様子とその実現に向けて今自分たちにできることを見つける。

探究の過程

課題の設定
- 問う
  - ◯問いをつくる
    - 3　イメージを広げてから問いをつくる

情報の収集
- 見通す
  - ・計画を立てる
- 集める
  - ・調べる―メディアを選ぶ
  - ・調べる―情報を見つける
  - ◯地域に出て調査をする
    - 17　話の流れに沿って インタビューをする
  - ・観察や実験をする
- 収める
  - ・情報を手元に置く

整理・分析
- 整理・分析する
  - ◯ものごとを分析し特徴や傾向をつかむ
    - 31　集めた情報を関係付けたり， 多面的に見たりする
  - ・量を分析し特徴や傾向をつかむ

まとめ・表現
- まとめる
  - ・一つにまとめる
- 表現する
  - ◯プレゼンテーションをする
    - 45　主張が伝わるプレゼン テーションを行う
  - ・事実や事柄を正確に伝える
  - ・根拠に基づいて考えを伝える

単元の流れ（7時間）

◯内浦とはどんなところか，5年生までに調べたことや知っていることを個々で付箋に書き出し，グループで話し合いながら分類，整理する。(1)

◯グループで分類，整理したことを発表し合い，内浦の「今」を多面的にとらえる。(2)

◯30年後の内浦をイメージし，もっと活性化させたいという願いをもち，「理想とする30年後の内浦」とその実現のための方法を探るためのインタビュー計画を立てる。(3)

◯各自インタビューして得た情報を交流し，さらにどんな人にどんなことを聞いてくるか計画を立てる。(4)

◯インタビューで得た情報を関係付ける。(＊5)

[関係付けて考える]　[コンセプトマップ]

◯移住してきた方にも参加してもらい，「30年後の理想の内浦とその実現のための方法」について意見交流を行う。(6)

◯意見交流会で考えを付け加えたコンセプトマップをもとに，「今，私たちにできること」を紙プレゼンにまとめる。

◯紙プレゼンを聞き合い，今後の活動計画を立てる。(＊7)

[プレゼンテーションのスライドをつくる]　[紙プレゼンテーション用の画用紙]

この後，国語「文章構成の効果を考える」の学習とつなげて，プレゼンで話したことをもとに意見文を書く活動を行った。

【評価】
30年後の理想の内浦はどのようすれば実現できるのか，インタビューで得た情報と知識や経験を結びつけながら，コンセプトマップに表し，「今，すべきこと」を述べることができる。

授業レポート　事柄のつながりを整理し，主張を導き出す

■教師の願い

　子どもたちは，5年生までに地域の自然や産業，歴史などについて，現地に行って見たり話を聞いたりしてきている。地域愛にあふれているからこそ，人口減少が進む地域の将来に不安を感じている。しかし，その不安をそのまま学習問題とすると，「テーマパークをつくる」「ショッピングモールを建てる」といった夢物語や実現不可能な解決策を思いつくままに取り上げることにつながりかねない。そこで，地域のさまざまな立場の人に，30年後の理想の内浦の姿やそのために何が必要なのかを話してもらい，得た情報をつなぎ合わせて，「今，私たちができること」を一人一人が明らかにすることで，目的意識を高めて活動に入っていきたい。そのために，インタビューで得た情報をコンセプトマップで整理し，一人一人が，「最終的に目指すもの→そのために必要なこと→自分たちがすべきこと→こんな活動をしよう」という主張ができることを願っている。

■授業の様子

＊第5時　インタビューで得た情報を，コンセプトマップを書きながら関係付けよう

　子どもたちは，地域でさまざまな立場の人にインタビューをして，今の内浦に対する思いや問題点，将来への願いなどを聞いてきた。さまざまな人の話を聞きながら，30年後の内浦の理想像も単元導入時とは変化してきている。そこで，はじめにコンセプトマップのゴールに自分の理想像を書き込み，スタートとなる今の内浦から，どのような道筋を辿ればゴールとなる理想像に行き着くのか，インタビューで聞いてきたことや自分が知っていることをつなげてみようと投げかけた。その際，「今の内浦」から「30年後の内浦」へ直接線を引いてみせたところ，「それはあり得ない。間に言葉がつながっていけば，行きつけると思う」「道筋は一本だと心配だよね」などの声が上がった。関係付けるということがイメージできた瞬間である。

　その後，各自でコンセプトマップの作成に入った。「今の内浦」側から書き込んでいく子もいれば，「30年後の内浦」側から書いていく子もいた。第3時に「地域を活性化するために観光に力を入れる」と言っていた子が多かったが，コンセプトマップに書き込むことで，観光に力を入れることがどのように地域の活性化や人口を増やすことにつながるのか，インタビューで聞いたことを思い出そうと情報カードを見直す姿が見られた。さらに，「もっとちゃんとつながるように，同じ人にもう一度インタビューに行きたい」「移住してきた人の話を聞いてみたい」などの声が聞かれた。

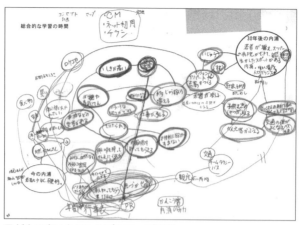

子どもの書いたコンセプトマップの例

＊第7時　意見交流会で書き加えたコンセプトマップをもとに，「今，私たちにできること」を紙プレゼンにまとめてみよう

　紙プレゼンをつくるのは初めてだったので，見通しがもてるように教師がつくりかけの紙プレゼンを提示して見せた。ちょうど国語で説明文の学習をしていたので，子どもは，「事例一つが紙一枚でいいってことだね」「なか（事例）の数によって紙の枚数はちがうってことだ」などと話していた。

　プレゼンにまとめてみることで，「地域の実態→30年後の理想の姿→そのために必要なこと→その実現に向けて今，自分たちにできること→だからこういう活動をしてみたい」と筋道立てて考えることができた。

　次時のプレゼンを聞き合い，活動計画を立てる時間には，「ごみ拾いをして浜をきれいにすることが直接観光客を増やすことにはならないよね？」「うん。だから，PR動画などで発信したいと思うけど，その前にきれいにすることが必要だし，私たちにできることだと思う」などと，目的に向かってどのように順序立てて活動を行っていくべきかということも考えることができた。

子どもが作成した紙プレゼンの例

授業を振り返って

　コンセプトマップで可視化することで，子どもたちは，何のために，どんなことを，どのように行うことが30年後の地域のためになるのかということを考えることができました。コンセプトマップの道筋を増やすためには多面的な考え方も必要になってくることも実感し，改めてそれぞれのスキルが関連し合っていることを実感しました。導入で目的意識を高め，共有したうえで活動を計画することで，活動自体が目的になりがちな総合的な学習の時間を充実したものにできるのではないかと考えています。

　コンセプトマップをもとに話し合い，友達の考えを取り入れることでコンセプトマップが広がったりつながったりすることで自分の思考の深まりを感じられた子もいました。こうしたスキルを繰り返し意図的に各教科に取り入れていくことで，思考力を育てていきたいと思っています。

（静岡県沼津市立内浦小学校　教諭　加納礼子）

From SHIOYA

　30年後というと，12歳の子どもは42歳！　予想がつかないほど，先の話です。未来のことは誰もわかりません。でも，未来を描くことは誰でもできます。描いた未来を夢物語で終わらせないために，加納先生は，未来と「今，私たちができること」をつなげる工夫をしました。

　一つ目の工夫は，収集した情報を子ども自身がつなげるための必然性を示したことです。加納先生が，「今の内浦」から「30年後の内浦」へ直接線を引いてみせると，子どもから「それはあり得ない」と声が上がり，どうつなげるのかをみんなで考えていきます。このやりとりを通して，子どもは，「今の内浦」から「30年後の内浦」をつなぐとはどうすることなのかをイメージできるようになるのです。

　二つ目の工夫は，地域のさまざまな立場の人に30年後の理想の内浦の姿やそのために何が必要なのかを話してもらうことでした。そこで得た情報の一つ一つは点にすぎません。でも，コンセプトマップ上の今の内浦と30年後の内浦の間に，得た情報をつなぎ合わせていくと，「今，私たちができること」が見えてくるのです。子どもにとって，3年後，5年後ではなく，30年後という遠い先の話だからこそ，幾通りもの道のりを考えやすいのかなと，ふと思いました。子どもがつなげたコンセプトマップ上の線と書かれた用語をみると，どれもが子どもの心に落ちた言葉であり，意味をもった線であることが伝わってきます。

　このように，加納先生は，つなげる（関係付ける）ための手立てを工夫しました。一度につなげるのではなく，段階を経てつなげていくという工夫です。こうした工夫により，関係付けていくにはどういう手順が要るのかを，子ども自身が活動を通して学ぶことができるのです。

| 学年・教科 | 小学校6年生　国語 | 単元名 | 未来がよりよくあるために――意見文を書こう |

単元のねらい：「クラスをよりよくするために」というテーマのもと，考えたことを話し合い，主張に基づく根拠を事実と意見に区別して構成し，意見文を書くことができる。

探究の過程

課題の設定
- 問う
  - ⊙問いをつくる
  - 3　イメージを広げてから問いをつくる

情報の収集
- 見通す
  - ・計画を立てる
- 集める
  - ・調べる―メディアを選ぶ
  - ・調べる―情報を見つける
  - ・地域に出て調査をする
  - ・観察や実験をする
- 収める
  - ・情報を手元に置く

整理・分析
- 整理・分析する
  - ・ものごとを分析し特徴や傾向をつかむ
  - ・量を分析し特徴や傾向をつかむ

まとめ・表現
- まとめる
  - ⊙一つにまとめる
  - 42　主張と根拠，根拠のもとになる事実を筋道立てる
- 表現する
  - ・プレゼンテーションをする
  - ・事実や事柄を正確に伝える
  - ⊙根拠に基づいて考えを伝える
  - 53　要約・引用，図表を取り入れて意見文を書く

単元の流れ（7時間）

○単元のめあてと流れを共有する。(1)

○クラスの現状を知る。(＊2)

　［現状を知る］　　［ウェビング］

○クラスの現状をもとに「もっといいクラスにするには」を話し合い，主張を1つに絞る。(3)

○ピラミッドチャートを使い，主張に対する根拠を事実・意見に分けて書く。(＊4)

　［筋道立てる］　　［ピラミッドチャート］

○意見文を書く。(＊5～6)

　［意見文を書く］　　原稿用紙
　　　　　　　　　　表紙用画用紙
　　　　　　　　　　伝え合ってから，文章を書く

○相互評価する。(7)

【評価】
主張に基づく根拠を事実と意見に区別して構成し，意見文を書くことができる。

第2章　単元計画に役立つ「単元シート」と「授業レポート」

授業レポート　クラスをよりよくする意見文を書く

教師の願い

　6年生になり説明文の構成を学び，説明文は主張とそれを支える根拠（事例・意見）からなることを知ることができた。次は，意見文を書く単元である。意見文を書くときに難しいのは，主張を伝えるために根拠を選んで組み立てることである。6年生では根拠を事実と意見に分けて書くので，難しさが増す。また意見文を書くときには，子どもが書きたいと思うテーマが要る。そこで，テーマを「クラスをよりよくするために，自分たちができることは何か」とした。理由は，5月末に運動会が終わり6月に入ると，目標を見失い，友達関係がこじれたり，生活が落ち着きを失ったりする様子がクラス内にあったからだ。子どもたちの中には「この状況をどうにかしたい」という思いがあった。そのため，「クラスをよりよくするために」というテーマのもと，意見文を書くことを提案し，意見文を書くにあたって，話し合いをすることになった。

授業の様子

＊第2時　ウェビングを用いて，クラスの現状を知る

　まず，班ごと配ったホワイトボードの中心に「よい所」と書き，赤丸で囲んだ。そして，その回りにクラスのよい所を思いつくままに書いていった。よい所を見つける方ががんばりたい所を見つけるより難しいと予想していたが，班で話し合いながら，スムーズに書くことができた。自分たちのよい所を見つけることができると，嬉しそうだった。同様に「がんばりたい所」も書き出し，それらのクラスの現状をもとに「クラスをよりよくするために，自分たちができることは何か」をイメージしていった。

 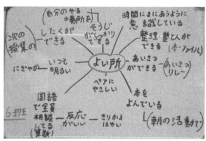

グループで話しながらホワイトボードにクラスのよい所を書いている様子

＊第4時　ピラミッドチャートを使い，主張に対する根拠を事実・意見に分けて書く

　子どもにとって難しかったことは，主張につながる意見を書くことだ。主張と意見が一致しない場合がいくつかあった。そのため，主張の中のキーワードを囲ってあげると，主張の中の何について意見を書けばよいのかがわかってきた。次に難しかったことは，事実となる材料を集めることである。調査の仕方がわからず，今回は事実となるデータが甘かったように思う。つまり，たった1日の出来事を事実として書いてしまうことがあった。そのため，次回取り組む機会があるときは，調査の仕方を学んで，しっかりデータを集めてから事実を書くことに取り組みたい。

　反論は，柱1・2の内のどちらかについて書いた。反論を書くことで，意見文に説得力が出るのだということを初めて学んだ。子どもから「反論を書くときは，中の柱と反論が近い方がいいよね」と柱1と柱2の順序を意識する発言が出てきた。

＊第5～6時　意見文を書く

　原稿用紙に書く前に，ピラミッドチャートをもとに口頭で伝え合った。口頭で組み立てるとき，「何て言っていいかわからない」という子が何人かいた。つまり，どうやって文章を始めたらよいのかがわからなかったり，つなぎの言葉をどうすればいいのかということがわからなかったりした。そのため，書きぶりの参考になるように教師が例文を用意すると，文章の出だしやつなぎの言葉を参考にして，すらすらと書ける子がほとんどだった。

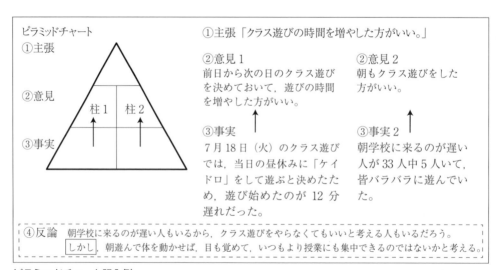

ピラミッドチャート記入例

第2章　単元計画に役立つ「単元シート」と「授業レポート」

■授業を振り返って

　事実と意見を区別して文章を書くことは，高学年には難しいと考えていました。しかし，ピラミッドチャートを使って構成を組んでおけば，いきなり文章に取り組むよりもはるかに書きやすく，容易になることがわかりました。文章を書くことは，子どもたちにとってハードルの高い作業です。そのため，クラスの実態から「クラスをよりよくするために，自分たちができることは何か」というテーマを選んだことが，子どもたちの意欲を継続させることにつながったと思います。

　今回，意見文の構成についてはクリアできた部分があった一方，文章の中身についてはまだ検討の余地があります。例えば，データの集め方，分析の仕方などを事前に別単元で指導しておけば，より説得力のある意見文が書けたにちがいありません。意見文は，表紙をつくって作品化し，クラスだけでなく，学年の友達や家の人にも読んでもらうことになりました。最初は「恥ずかしい」と言っていた子どもたちも「すごいね」と言ってもらうと嬉しそうでした。このような書く経験を，たくさん積ませていきたいと思いました。

（静岡県静岡市立西奈小学校　教諭　大石雅子）

From SHIOYA ● ● ●

　「ハードルが高い！」と教師が感じる単元がいくつかあります。国語の意見文を書く単元は，多くの先生方が難しいと感じる単元の一つです。なぜ，難しいと感じるのでしょうか。この単元では，先生が単元をつくるときに，多くのスモールステップを用意しなければ，子どもがゴールに到達できないからです。他の単元よりも多いスモールステップの中には，本単元で新出のもの，以前に扱っているが子どもは忘れているもの，本単元で再度扱うことでより理解が深まるものなどがあり，難易度がまちまちのため単元内での扱い方も異なります。つまり，教師のきめ細やかな手立てが必要であり，子どもの実態をみながら，それらをどのような順序ですすめていくのかを練る必要があります。

　各スモールステップで子どもが何を習得する必要があるのか，そのためには教師は何をするのかを考えるときに，大石先生は一体どこをみているのかを知ることは，単元計画を立てていくうえで役立ちます。例えば，第4時では，「難しかったことは」という言葉が繰り返し出てきます。これらは子どものつまずきやすいところです。つまずきそうなところが大石先生に見えているからこそ，手立てを工夫することができるのです。つまずきが見えるには，意欲に関わること，書く技能に関わること，探究の過程に関わること，学び方に関わることなど，多方面からの視点が必要です。

| 学年・教科　小学校6年生　国語 | 単元名　すいせんします「この委員会活動」(話す・聞く) |

単元のねらい：相手の理解を意識して，効果的に構成を考えて話ができるようになる。

探究の過程

課題の設定
- 問う
  - 問いをつくる

情報の収集
- 見通す
  - 計画を立てる
- 集める
  - 調べる―メディアを選ぶ
  - 調べる―情報を見つける
  - 地域に出て調査をする
  - 観察や実験をする
- 収める
  - 情報を手元に置く

整理・分析
- 整理・分析する
  - ものごとを分析し特徴や傾向をつかむ
  - 量を分析し特徴や傾向をつかむ

まとめ・表現
- まとめる
  - ⊙一つにまとめる
    - 42　主張と根拠，根拠のもとになる事実を筋道立てる
- 表現する
  - ⊙プレゼンテーションをする
    - 45　主張が伝わるプレゼンテーションを行う
  - 事実や事柄を正確に伝える
  - 根拠に基づいて考えを伝える

単元の流れ（6時間　朝学の時間）

○効果的な構成を考えながら話すとはどういうことか，考える。最後の姿がどうなっていればよいかをみんなで決める。(1)
○活動の見通しをもつ（相手，目的，方法）。(＊2)
○伝えたいことの構成を考えよう（ピラミッドチャートを使って考える）。(＊3)

| 委員会の活動内容を書き出す　構成を考える | ウェビング　ピラミッドチャート |

○紙プレゼンをつくり，説明の練習をする。(＊4)

| 紙プレゼン作成・練習 | スライド用の画用紙 |

○クラス内で，全員が発表をする。
　自己評価と他者評価（項目を設けて評価。声の大きさとか速さなどに気が行きがちだが，内容や構成などを重視していることを伝える）→各委員会の代表者を選ぶ。(5〜6)

○4年生に，各委員会の代表者が発表する。（朝学の時間）

【評価】
・紹介したい委員会の活動や魅力が効果的に伝わるように構成を工夫しながら発表している。
・提案者の意図をとらえながら聞き，考えがより明確に伝わるようにするためには，どうすればよいかを，立場を意識しながら発表している。

第2章 単元計画に役立つ「単元シート」と「授業レポート」

授業レポート　自分の伝えたいことを短い言葉で表現する

▍教師の願い

　何かを紹介したり自分の思いを発表したりするときに，原稿を書き，その原稿をひたすら読むような発表がとても多かった。このような発表は聞いている人たちの頭に入っていかない。それだけではなく，聞き手にとってとてもたいくつな時間になっている。そこで，自分が伝えたいことを絞り，構成を考えるプレゼンテーションをすることで，自分の言葉で自分の思いがより伝わるものにしたいと考えた。

▍授業の様子

＊第2時　活動の見通しをもつ（相手，目的，方法）

相手：4年生

目的：委員会の魅力を紹介する。4年生がその委員会で活動
　　　してみたいという思いになるような構成を考えて話す。

方法：紙プレゼン　画用紙1枚を4等分に折って作成する。

内容：1番上はタイトル「○○委員会の魅力」

　　　2・3・4段目は中身（活動内容や利点を3つ）

　　　5は裏へ「ぜひ○○委員会へ入ってください」

　　　　＊短い言葉しか書かない。あとはその紙を見なが
　　　　　ら説明する。

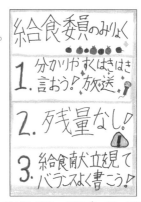

子どもが作った紙プレゼンの例

＊第3時　伝えたいことの構成を考えよう

　「委員会の魅力を伝えるには内容はどのようにしたらよいだろう」と問いかけた。子どもたちからは，「今活動している主なものを伝えればいいと思う」とか「委員会の活動の中で，みんなのためになっていることを伝えればいいのでは」という意見が出た。

　まず，活動内容をウェビングで書き出し，似たような活動を仲間分けしたり，活動場所ごとに分けたりした。仲間分けをしてみると，書かれている活動は確かに行っているけれども，魅力として伝えるのは適当でないものがあることに気づいた。給食委員会を例にとると，真っ先にワゴンチェックや残量チェックの活動を思い浮かべたが，それは魅力としては伝えないという判断をしていた。魅力として伝えたい活動として，放送すること・栄養黒板に書くこと・楽しく食べて残量なしにする活動を選んでいた。

　次に，ピラミッドチャートを使って，プレゼンテーションの筋道を組み立てた。選ん

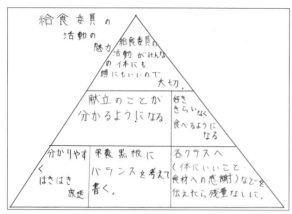
子どもが書いたピラミッドチャート例

だ活動は事実であることからピラミッドチャートの一番下の段に書き，魅力は伝えたいことであるため一番上の段に書いた。そうすると真ん中の段が空いている。真ん中の段は，なんのためにその活動をしているのかを話し合って書いた。給食委員会での話し合いでは，「献立を全校にわかってもらうために校内放送や栄養黒板に書く活動を行っている」「好き嫌いをなくすために残量なしにする活動を行っている」となり，真ん中の段に書くことがはっきりとしてきた。

　そして，真ん中の段と一番上の段がつながるかを話し合った。はじめに魅力と活動をつなげて選んでいるので，真ん中の段に入る文をすぐに見出せる委員会が多かったが，三つの段がよりつながるように，活動を選び直している委員会もあった。

　最後はプレゼンテーションの準備である。選んだ活動をどういう順序で伝えたらいいのかを話し合い，紙プレゼンの構成を考えた。そして，見出しとなる言葉をスライド（画用紙）に書いた。なるべく短い言葉で書く方が相手に伝わるというのは既習済みであることから，子どもはキャッチコピー的な言葉を探していた。

＊第4時　紙プレゼンのスライドをつくり，説明の練習をする

　A4の画用紙を4等分しただけの準備でプレゼンテーションを行った。本来なら，はじめ・なか・おわりのスライドにするところだが，1番上は全員〇〇委員会の魅力（はじめ），次に1・2・3は3つの魅力（事実を短い言葉で）（なか），最後はスライドとしては提示しないが，〇〇委員会の活動が大切なのでぜひ入ってほしいということ（おわり）を伝えることとした。なかの部分だけつくることにしたためあまり時間もかからず仕上げることができた。

　そして，説明の練習として，スライド画用紙の裏にピラミッドチャートに書いたことをもとに鉛筆書きでメモを書いていた。原稿ではなく，短い言葉なら書いてよいということにしたのでここにもあまり時間をかけずに済んだ。

■授業を振り返って

　これから委員会を選ぶ4年生に，委員会の活動内容とともに魅力を伝えるという設定にしたので，相手意識，目的意識をもって取り組むことができました。伝えたい相手やゴールが見えると，子どもたちは学習に主体的に取り組みます。

　今までは原稿をつくることに時間がかかっていましたが，裏にメモを書く程度でも話ができるようになりました。プレゼンテーションといってもA4程度の紙を1枚与え，折り目を付けただけで，上手に話ができました。その後はプレゼンテーション用のスライドをそのまま掲示もでき，4年生にとってもわかりやすい発表会になりました。

　伝えたいことが明確になり短い言葉で表すよさを実感できたり，話す方も聞く方も対話をしているという思いがもてたりするなど，実感をともなう学びとなりました。発表は苦手と言っていた子たちも，苦手意識が薄れてきたように思います。こういう積み重ねや繰り返しの学習が大事だということを再認識しました。

（静岡県沼津市立沢田小学校　教諭　鈴木朝子）

From SHIOYA

　導入での意欲を発表までつなげるのは，簡単なことではありません。特に，全体の前で発表するとなると，それは大人でも大変なことであり，緊張もします。子どもが抱いた意欲を発表へとつなげていくために，鈴木先生が工夫したことは，見通しをもつ，構成を考える，紙プレゼンで発表してみるの3点です。

　まず，単元のはじめに，子どもが見通しをもって取り組めるように，最後の姿をみんなで決める時間を設けています。ゴールをイメージすることにより，そこから逆算して手順を考えることができます。ゴールのイメージ化ができると見通しをもつことができます。見通しをもつことにより，意欲的に取り組むことが可能になるのです。次に，原稿を書くことではなく構成を考えることに時間を費やしました。構成を考えることにより，プレゼンテーション全体の流れを意識でき，言いたいことへの筋道が出来上がります。そして，発表前に簡単な紙プレゼンをつくり，流れを見ながら発表する機会も設定しました。紙プレゼンに大きな文字で書かれているキーワードは，言いたいことへとつなげていく落としてはならない言葉です。この言葉が見えるだけで，子どもは安心して話すことができます。

　このように，ホップ，ステップ，ジャンプの3段階を確実に踏切ることで，しっかりとゴールできる単元の組み立てになっているのです。

学年・教科	小学校6年生　国語	単元名	意見を聞き合って考えを深め，自分の考えが友達に明確に伝わる意見文を書こう ――未来がよりよくあるために

単元のねらい：話し合いで深めた考えをもとに，構成を工夫したり具体例や資料を集めたりしたことを示しながら，自分の意見を明確に伝える文章を書くことができる。

探究の過程

課題の設定
- 問う
  - ・問いをつくる

情報の収集
- 見通す
  - ・計画を立てる
- 集める
  - ・調べる―メディアを選ぶ
  - ・調べる―情報を見つける
  - ・地域に出て調査をする
  - ・観察や実験をする
- 収める
  - ・情報を手元に置く

整理・分析
- 整理・分析する
  - ・ものごとを分析し特徴や傾向をつかむ
  - ・量を分析し特徴や傾向をつかむ

まとめ・表現
- まとめる
  - ○一つにまとめる
    - 42　主張と根拠，根拠のもとになる事実を筋道立てる
- 表現する
  - ・プレゼンテーションをする
  - ・事実や事柄を正確に伝える
  - ○根拠に基づいて考えを伝える
    - 53　要約・引用，図表を取り入れて意見文を書く

単元の流れ（14時間）

○第1次：どんな力をつけるのか，どんな学習をするのか，単元の見通しをもつ。（＊1）

○第2次：自分の考えをもち，友達と話し合って深める。「今生きている社会をどんな未来にしたいのか」をグループで話し合う。日常生活の中で感じたことやテレビのニュースや新聞などで知った出来事から感じたことなどをノートに整理する。（2～3）

○第3次：説得力のある意見文を書くために，根拠となる資料を集める。（＊4～5）

　　資料を集める　　　　インターネット
　　　　　　　　　　　　新聞記事
　　　　　　　　　　　　関係する本

○第4次：説得力のある意見文を書くために文章の組み立てを考える（「はじめ」「なか」「おわり」）。自分の構成が，意見が明確に伝わるものなのかを友達と話し合い，構成表に貼った付箋紙を移動させたり書き足したりして修正する。（＊6～8）

　　組み立てを考える　　構成表

○第5次：構成表をもとに意見文を書く。（＊9～10）
○第6次：意見文を読み合い，自分の考えが明確に伝わる意見文になっているか評価し合い，さらに考えが伝わりやすい意見文に修正する。自分の意見と違う子の意見文を読み，評価し合う。その後，読んだ意見文の構成や資料提示の仕方を自分の意見文に生かす。（11～13）
○第7次：意見文を清書し，友達に意見文を紹介する。（14）

【評価】
①双括型の文章を書くことができる，②事例や資料を示している，③考えが伝わる意見文を書くことができる。

第2章 単元計画に役立つ「単元シート」と「授業レポート」

授業レポート 自分の考えをより明確に伝える意見文を書く

■教師の願い

　自分の考えをもち，それをわかりやすく発信できることは，社会生活においてとても重要な力だと考える。そのため，朝の政治スピーチ，毎日の授業，学年行事等で，自分の考えや思いを発言する機会を設定してきた。「自分の思いを伝えよう」「伝え合って，友達が感じたことを知りたい」という思いをもてる子が多く，「自分なりの考えを伝え合うことは楽しい」と学級の90％以上の子どもが感じていた。また，主張に説得力をもたせるためには，根拠となる事例や実験データなどを示すことが必要であることを，説明文を読む学習でも学んでいるため，意見を話すときはその理由を示そうとする意識をもっている子も多い。

　しかし，「自分の考えを明確に伝える意見文を書く」ためにはそれだけでは不十分であり，意見文の構成を工夫したり，根拠となる事例，その引用，予想される反論に対する考えなどを示したりすることが大切になってくる。考えの根拠を示すことは，子どもにとってはとても労力がいることであり難しいが，独りよがりの意見文にならないようにし，その意見が読み手の腑に落ちるものにするためには重要なことであると実感させたい。そこで，以下のような単元を実践し，子どもたちが政治ノートなどに書きためてきた時事問題や地域での出来事，活動などで自分の興味や関心をもったこと，おかしいと思ったこと，発見したことなどの意見を，「より明確に伝える意見文を書こう」と投げかけ，そのためにはどんな単元を計画していけばよいかを子どもと一緒に考え，見通しをもたせて取り組んだ。

■授業の様子

＊第1次　どんな力をつけるのか，どんな学習をするのか，単元の見通しをもつ

　未来を生きる子どもたちが，未来がよりよくあるためにどんなことが必要か話し合い，説得力のある意見文を書く学習をすることを確認した。今までの説明文を読む学習やノート，例文などを手がかりに，子どもたちと必要な学習について話し合い，(1)自分の意見をもつ　(2)意見文の構成を考える　(3)表現を工夫する　(4)根拠となる資料を示す　(5)推敲する，の5点に整理した（本単元で重

単元計画を示した掲示

点的につけたい力は(2)(4))。以上のことを学ぶための単元計画を子どもたちと共有した。

＊第3次　説得力のある意見文を書くために，根拠となる資料を集める

教室に設置した資料コーナー

　自分の意見がはっきりしたところで，今度は，意見の根拠となるような資料を集めた。日常的に書きためた政治の記事や，読んだことがある伝記，インターネットを活用するなど，前時までに整理した自分が伝えたいことの裏付けになる資料を探した。この活動にはかなり時間がかかり，家庭学習の時間を利用した子もいた。学校司書と連携して選書した資料コーナーを教室に設置した。資料となりそうな本を並行読書する姿が見られた。探した図書館資料の中から，根拠として示せるところに付箋紙を貼り，付箋紙には自分の意見の根拠となることを，要約（自分の言葉でまとめる）したり引用（本文をそのまま写す）したりして書き留めた。

＊第4次　説得力のある意見文を書くために文章の組み立てを考える（「はじめ」「なか」「おわり」）

　教科書の例文を参考にしながら，双括型が，「はじめ」（自分の意見とそのためには何が必要かを書く），「なか」（自分の意見の根拠を書く），「おわり」（再度自分の考えを書く）という構成になっていることを確かめた。全体の構成が見えたところで，意見と意見の根拠（前時に集めた付箋紙）を，構成表に書き込んだ。途中，自分の構成が，意見が明確に伝わるものなのかを友達と話し合い，構成表に貼った付箋紙を移動させたり書き足したりして修正した。友達との関わりの中で，不安に感じていたことが修正できたという感想をもった子がいた。

＊第5次　構成表をもとに意見文を書く

　構成表をもとに原稿用紙に意見文を書いた。自分の考えや構成などを友達と話し合う活動が生かされ，頭の中で整理されていたせいか，文章化するのが予想以上に早かった。また，単元計画を立てる段階で確認した「考えが明確に伝わる意見文とは何か」を子どもたちと改めて共有し，いつもそこに立ち返るよう助言した。

構成表を作成する様子

授業を振り返って

　「自分の意見が友達に明確に伝わる意見文を書く」という学習は，とても難しいと思いました。その単元の時間だけで学習のねらいに迫れるものではなく，既習事項，日々の子ども同士の学び合い，教室内での話題の豊富さなど，さまざまな学習，活動があってこその単元です。難しい学習だからこそ，子どもに主体的に学習に取り組んでほしいとも感じました。意見文を書くということはどういうことなのか，一つ一つ段階を踏んで，丁寧に子どもと向き合いながら学習していくことが重要です。書き方だけを教えても書く意欲にはつながらないし，書きたいこと，伝えたいことを明確に伝える方法を知らなければ，最後まで書き上げることはできません。意欲と書き方が両輪となって初めて主体的に学ぶことができるのだと，子どもたちから学びました。

（静岡県静岡市立井宮北小学校（元静岡市立長田北小学校）教諭　中村寿乃）

From SHIOYA

　中村学級では，自分の考えをもちわかりやすく発信できることは，学校だけでなく社会生活においても重要な力であるとの担任の考えから，朝の政治スピーチ，毎日の授業，学年行事等，自分の考えや思いを発言する機会を設定しています。タイトなスケジュールの学校生活において，これらを普段から意識的に続けることは容易なことではありません。それでもなおかつ，「自分の意見が友達に明確に伝わる意見文を書く」単元が難しいと中村先生が感じたのは，なぜでしょうか。意見文を書くことをゴールにしたときに，中村先生には，今までにないほど多くのスモールステップが見えたはずです。普通なら，スモールステップを順序よく進めていけば，ゴールに行き着くはずです。でも，それだけでは，子どもがエネルギー切れになってしまうのではないか，意見文を書くときには内から込み上げてくる何かが必要なのではないか，これをどうやって組み入れたらいいのか，これが「難しい」と感じた理由ではないかと推測します。

　つけたい力（意見文の書き方）と意欲の両方を子どもに培うための中村先生の工夫が，本単元には散りばめられています。一つは，子どもが見通しをもって活動できるように，教師が子どもと共に既習事項を想起し学級で話し合いながら，単元展開を作成するという工夫です。このとき，教師には，本単元の見通しだけでなく，他の単元をつなげるという視点が必要になります。一つは，子どもにとって難しそうな活動場面では，活動に合ったシンキングツールを使っていることです。特に，第4次の根拠と意見をつなげ，構成を考える活動では，シンキングツールを用意し，そこに書き込むのではなく，修正をすることを見越して付箋を使用しています。根拠と意見をつなげていくには，書き換えたり書き直したりすることの繰り返しが必要になると，中村先生は判断しているのです。教師と共に，難しい単元を乗り越えていく体験は，子どもにとっても達成感があるはずです。

学年・教科	中学校1年生 総合的な学習の時間	単元名	地域の防災学習

単元のねらい：自分たちの地域の避難経路を実際に歩いたり，地域の方にアンケートを取ったり，防災倉庫の見学をしたりして情報を集め，整理することで自分たちの考えをもったうえで，地域防災会議に出席し，地域の方との意見交換を通して，地域防災に関するレポートを書くことができる。

探究の過程

課題の設定
問う
・問いをつくる

情報の収集
見通す
◯計画を立てる
　5　調べる方法を整理し，調査計画を立てる

集める
・調べる—メディアを選ぶ
・調べる—情報を見つける
◯地域に出て調査をする
18　目的に応じたアンケートを作成する
・観察や実験をする

収める
・情報を手元に置く

整理・分析
整理・分析する
◯ものごとを分析し特徴や傾向をつかむ
30　観点を立てて情報を整理する
・量を分析し特徴や傾向をつかむ

まとめ・表現
まとめる
◯一つにまとめる
42　主張と根拠，根拠のもとになる事実を筋道立てる

表現する
・プレゼンテーションをする
◯事実や事柄を正確に伝える
51　事実や事柄に基づいた根拠を取り入れて，報告する文章を書く
・根拠に基づいて考えを伝える

単元の流れ（13時間）

◯課題をもつ。(1)
◯調査計画を立てる。(＊2)

　見通す　　　　ワークシート（調査計画用紙）

◯目的に応じたアンケートを作成する。(＊3)

　アンケート作成　　国語便覧（アンケートの作成）

◯情報を集める。(4)
◯救急救命講座 (5〜7)
◯観点を立てて情報を整理する。(8)
◯主張と根拠，根拠のもとになる事実を筋道立てる。(＊9)

　筋道立てる　　ピラミッドチャート

◯伝える（地域防塞会議）(10)
◯レポートにまとめる。(＊11〜13)

　レポートを書く　　国語便覧（アンケートの作成）

【評価】
・地域の人，ものなどの実際の状況から，課題を発見し設定しようとする。
・解決に適した手段を選択し，必要な情報を収集する。
・課題解決を目指して，調べたことを関連付けて考える。
・相手や目的に応じてわかりやすくまとめ，地域防災会議で発表した後，レポートに書く。

> 第2章 単元デザインに役立つ「デザインシート」と「授業レポート」

授業レポート 探究の過程を見通した計画を立て，フィールドワークをスタート

▊教師の願い

　本校は，駿河湾に面し海抜5メートルの位置にある。校区の中には，静岡県の第4次地震被害想定津波ハザードマップ上で，地震発生から20分で30センチ以上の津波が到達すると予測されている土地が少なくない。そのため，現代的な諸課題に対応した教育として，総合的な学習の時間を軸として理科，社会科，家庭科などを関連させた横断的な視点で「防災教育」を中学校1年生で実施している。

　本単元は，地震被害想定がある自分たちの地域での防災状況について，地域の人にインタビューしたり，避難にどれくらいの時間が掛かるかについて実際に地域を歩いて調べたりする活動を通して，自分たちの地域の課題に気づき，どういう防災対策が必要なのかについて考察していくことがねらいである。そのために，地域防災関係者と市の防災担当者が集まって行われる地域防災会議に子どもたちが参加し，一緒に話し合う活動も入れている。

　このように単元そのものが子どもの関心と合っており，地域には子どもが参加できる活動の場もある。その反面，調査計画を立てるとなると「アンケートをとる」としか書かない子ども，レポートを書くとなると全体構成がイメージできない子どもの実態が見えてくる。

　そこで，自分たちの課題として調べていく必要性があるということを実感できる場を生かしつつ，理科的なレポートと社会的なレポートの書き方の違いや，小学生とは異なるアンケートの作成の仕方などを学びながら，見通しをもって探究の過程を進めていきたいと考えている。

▊授業の様子

＊第2時　調査計画を立てる

　前時に，静岡県の第4次地震被害想定津波ハザードマップをもとに沼津市が作成した「ハザードマップ」を見せ，「校区の多くの地区が浸水域になるけれど，みんなが住んでいる地域は今の準備で大丈夫なのだろうか？」と投げかけた。子どもたちからは，「訓練のとき，運動場に集まるけど，そのままいていいの？」「防災倉庫にある食料が足りるかどうか不安！」などと多くの疑問や意見が出た。そして，「自分たちの地域の防災対策は，本当に大丈夫なのだろうか？」という問いに整理された。

　本時は，問いを解決していくために，地区ごとにテーマを決め，調査計画を立てるこ

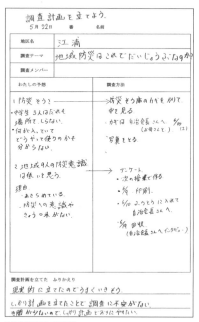
調査計画用紙例

とにした。テーマは自分たちで解決できるものを前提とした。調べる方法については、今まで学んだ方法として、「本やインターネットで調べる」「人に聞く（インタビュー・アンケート）」「実験や観察をする」などがあがったので、今回は、どの方法を使うのが適切なのかを話し合った。特に「アンケート」についての計画は、いつ、誰に、どのような方法でアンケートをとるのかまで進めておくことを確認した。

次に、各地区で集まり、「調査テーマ」を決めた。前時に、前学年の子どもたちが作成した地域防災会議資料（プレゼン）を提示したため、同じ地区では同じテーマにならないような工夫が見られた。調査方法については、地震が起きた際には自分たちの地域のことは自分たちで解決するしかないため、具体的な内容になった。

情報を集めるためには、実際に歩いたり、実験したり、写真を撮ったりしなければならないので、一か月の期限を設定した。

＊第3時　目的に応じたアンケートを取る

前時に作成した調査報告を見ると、「アンケート」を半数以上のグループが計画しており、早いグループはアンケート項目を決めていた。

そこで、早くできたグループの作成したアンケートを印刷して、「このアンケートで目的のことはわかるかな？　必要なものは他にないかな？」と問いかけた。子どもたちは今までにも、アンケート作成経験があるため、以下のような必要事項が書いてあれば、特に不備はないという反応だった。

- 依頼文（目的、自己紹介、回答への依頼文、締め切り期日、連絡先）
- 質問
- お礼

そこで、国語便覧にある「アンケートのつくり方」を確認し、もう一度、形式や文章などの再考を行った。ここで、子どもたちは小学校のときのアンケートのつくり方と違うことに気がついた。最も大きな違いが、「フェイスシート」である。フェイスシートでは、回答者の属性（性別、年齢など）を尋ねるので、調査結果を男女別や年齢別に集計す

ることができるようになる。
　作成方法が確認できたところでアンケートを修正した。あるグループは，「お年寄りがいる家庭の方が，防災意識は高いのではないか」と仮説を立て，質問項目に「65歳以上のお年寄りはいますか」という項目を作成した。

＊第9時　主張と根拠，根拠のもとになる事実を筋道立てる
　前時に，集めた情報を分類し，見出しをつけて整理しておいた。それを見せながら，
T：「集めた情報を整理しました。これで，発表できますか」
この投げかけに，子どもたちは，困った表情をしていたが，
C：「集めた情報は，全部事実」
C：「これだけだと，自分たちがどう考えているか聞き手に伝わらない」
C：「自分たちの考えをはっきりさせる必要がある」

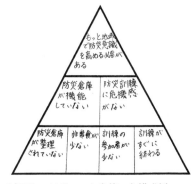
ピラミッドチャートを使った構成例

との発言が続けて出てきた。そこで，主張と根拠，根拠のもとになる事実を筋道立てるために，ピラミッドチャートを用いて「見える化」した。
　例えば，「地域防災は，大丈夫なのか」という問いをつくったグループでは，
　主張：「もっと地域で防災意識を高める必要がある」
　根拠：(1)防災倉庫が機能していない
　　　　(2)防災訓練に危機感がない
　根拠のもとになる事実：(1)防災倉庫が整理されていない／非常食が少ない
　　　　　　　　　　　　(2)訓練の参加者が少ない／訓練がすぐに終わる
というような筋道が出来上がった。

＊第11〜13時　レポートにまとめる
　地域防災会議が終わった後，自分たちの地区の主張や，防災会議で各地区の防災担当者と話し合った結果をまとめる活動に入った。国語便覧に掲載されている「レポートの書き方」のレポート例に沿って，レポートの形式と書くときの留意点を確認した。

〈レポートの形式〉

1 はじめに（なぜこのテーマにしたのか。地区ごとに書く）

2 調査方法

3 調査内容（調査結果）
○アンケートの場合は、以下の項目を書く。
・調査日，時間，場所
・調査対象
・調査内容，手順

4 まとめ（考察）
○自分たちが調べたことの考察と地域防災会議での話し合いを関連付けて書く。

5 参考文献（ある場合）

生徒が書いたレポート例

〜地域防災会議で考えたこと〜

1 テーマを取り上げた理由
6年生の時に防災について調べた。今年はその学習を生かして、さらに調査を進め地域防災会議に提案したいと考えた。

2 調べた方法
○避難けいろであぶない所を実際に行って調べる。
○2つの急な坂道で、老人時どれだけ時間がかかるか実地調査する。

3 調べた内容
○図1の道は避難する時によく使われる道だ。しかし、電柱が普通の道より多くたおれてきたらたくさんの人にめいわくがかかってしまう。それに、わきにどぶがあるのでそこから水があふれたり、避難している時に落ちてしまうというこわさがある。

図1

○図2の道は図1の道の先にある道で、とにかく坂が急だ。僕は、老人が図2の坂をのぼるのはどれほど時間がかかるのか気になったので実験をした。それは、中1がのぼりきる時間と3kgのおもりをつけた中1がのぼりきる時間を比べるというものだ。その結果、ただの中1が33秒、おもりをつけた中1が54秒だった。

図2

○図3の道は図2の道の反対にある道で、こちらも坂が急だ。図2と同じ実験をしたところただの中1が27秒、おもりをつけた中1が58秒だった。

図3

4 考察
○実際に避難経路を調べてみて、ぼくは主に使われる避難経路が一番きけんだと思った。レポートにあげた所は全てぼく地区の主な避難経路でふつうの避難経路はそこまできけんではなかった。しかし主に使われる避難経路が1番きけんだということはたくさんの人にひがいがでてしまうということだ。だから僕は、主につかう避難経路からもっと対策をしたがいいと思った。

○防災会議をして、大人と子供で話し合うことでより良い意見がうまれるということがわかった。例えば電柱が多いことの改善について「できるだけ電柱を少なくしたい」みたいな意見を出したら地区の人が「電線を地面にうめるのは？」みたいなかんじで内容がふかまっていたからだ。やっぱり大人にも大人だけの意見もあり、たくさんの目線から意見をあみだすことが防災の発展にもつながっていくと思う。

授業を振り返って

　本単元「地域の防災学習」は，海に近い本校に必要な学習です。昨年度は，地域防災会議をゴールとして学習してきましたが，本年度はレポートを書くまでを入れました。その理由として，今回のように「自ら課題を見つけ，計画・調査をして，意見をもつ」という学びは，他の教科でも活用できる重要な情報活用スキルが組み合わさっているからです。授業を行い，中学校１年生において，以下の２点を特に留意する必要があると感じました。

　１点目は調査計画です。自分たちのテーマを解決するためには，何を調査すればよいのかを具体的に考える必要があります。そのうえで，アンケートでは，具体的な内容や調査日，対象，結果をどうまとめるかまで決めておくことを共通理解したので，具体的な調査計画書が出来上がりました。ここまで計画書ができていたので，１か月間という期間を設定しても，しっかりと情報収集することができたと思います。

　２点目は，レポートの書き方です。留意点を押さえるだけでは，レポートを書くことはできません。レポートそのものの全体像をイメージできるようにする必要があると考え，国語便覧を参考にしました。この時間をとっても，結果の図表や考察の書き方があいまいなレポートがありました。今後，繰り返しレポートを書く活動を設定する必要があると感じました。

（静岡県沼津市立静浦小中一貫学校　教諭　小谷田照代）

From SHIOYA

　中学生になると，「課題の設定」「情報の収集」「整理・分析」「まとめ・表現」の探究の過程を見通して，各過程を進めることができるようになります。これが，各過程における情報活用スキルを習得することに重点が置かれる小学校のときとは大きく異なる点です。また，中学生が習得したい情報活用スキルは，小学生のときに習得したスキルの上に積み重ねられます。ですから，探究の過程を見通しながら，小学生で習得した上に何を積み上げるのかを明確に示すことが重要になります。

　小谷田先生が示した積み上げは，小学生のときのスキルとは一線を画している点があります。一つは，アンケートの作成時に，小学生で作成したアンケートと比較し，「フェイスシート」の書き方を示している点です。「フェイスシート」はその後の分析を視野に入れたときに必要になるものです。もう一つは，集めた情報を整理するときに「観点」を示しているという点です。「観点」の語彙は抽象用語であることから，小学生と中学生では語彙数に大きな差があります。「観点」を示す用語があることにより，情報収集量が増えても整理することが可能になります。中学校１年生において，小学校段階からステップアップした情報活用スキルを習得することは，より中身のある探究の過程を進めることにつながります。

| 学年・教科 | 中学校1年生　国語 | 単元名 | 情報の集め方を知ろう |

単元のねらい：図書，新聞，インターネットを目的に応じて使い分けることができるようにするために，それぞれのメディアの特徴を理解する。

探究の過程

課題の設定
- 問う
  - ・問いをつくる

情報の収集
- 見通す
  - ・計画を立てる
- 集める
  - ・調べる―メディアを選ぶ
    - 9　メディアの種類や特徴を知る
  - ・調べる―情報を見つける
  - ・地域に出て調査をする
  - ・観察や実験をする
- 収める
  - ・情報を手元に置く

整理・分析
- 整理・分析する
  - ・ものごとを分析し特徴や傾向をつかむ
  - ・量を分析し特徴や傾向をつかむ

まとめ・表現
- まとめる
  - ・一つにまとめる
- 表現する
  - ・プレゼンテーションをする
  - ・事実や事柄を正確に伝える
  - ・根拠に基づいて考えを伝える

1時間の学習の流れ

○世界遺産，AKB48，ディズニーランドの混雑度，日本の米の生産高，地下鉄サリン事件，地域のイベントについて知りたいとき，どのメディアで調べるとよいか考える。

- 目的とメディアの種類をつなげる
- メディアの提示　ワークシート

○みなで一つ一つ検討し，答えを確かめる。

○調べることができる事柄から，それぞれのメディアの特徴を考える。

- メディアの特徴を考える
- ワークシートを利用

○情報源の明記や引用のしかたを確認する。

- 情報源を書く必要性と書き方を確認する
- 参考文献の書き方の提示

○総合的な学習の時間に調べるテーマの情報をどうやって集めるか考える。

- 総合的な学習の時間につなげる
- ワークシート
  - ・1時間の学びを整理
  - ・総合につなげること

【評価】
総合的な学習の時間で決めた自分のテーマについて調べるときに，適切なメディアを選ぶことができる。

> 授業レポート　ふさわしいメディアで調べる

■教師の願い

　何かについて知りたいとき，教師も生徒もインターネットをよく使う。検索エンジンを使って短時間で目指す情報をダイレクトに手に入れることができるからだ。しかし，忙しい大人がネットを上手に使って情報を手に入れることと，情報活用スキルを身につけていく段階にある子どもが何でもインターネットを使って調べることとはわけが違うと考えている。メディアにはそれぞれ特徴がある。目的に応じてどのメディアを選ぶのかを判断してネットを使っているのと，何でもかんでもネットを使うのとでは，判断の有無において大きく異なる。メディアの長所や短所を知り，その都度ふさわしいメディアで調べる体験を重ねることで，目的に合った情報を得ることができるようにしたい。

　目的に合わせたメディアを選ぶためには，体験を積み重ねる必要がある。そのためにも，生徒に身近な情報を扱うだけでなく，図書の厚みや重さで情報の量を実感したり，索引で情報のつながりを知ったりするような学習活動を，授業の中に取り入れていきたいと考えた。さらに，総合的な学習の時間で決めた自分のテーマについて調べるときに，適切なメディアを選ぶことへとつなげていきたい。

■授業の様子

　まず最初に，「世界遺産，AKB48，ディズニーランドの混雑度，日本の米の生産高，地下鉄サリン事件，地域のイベントについて知りたい場合，図書，新聞，インターネットのどれでも調べられるかもしれないけれど，一番ふさわしいものはどれだろう」と問いかけた。

　地下鉄サリン事件は1995年の出来事だが，大きな事件なので知っている生徒がけっこういた。図書館に行けば当時の新聞が閲覧できるし，1995年以降に出版された百科事典には載っている。概要を簡単につかみたいなら百科事典，事件の経過を詳しく知りたいなら新聞の資料が有効である。こうして，一つ一つ生徒とともにどのメディアがふさわしいか，それはなぜかを検討していった。

　AKB48やディズニーランドについては，インターネットを使うという意見はすぐに出た。世界遺産もインターネットという生徒が多かった。もちろん，世界遺産についての情報はユネスコのホームページに載っているが，さらに詳しく知りたいなら，専門の図書があることを伝え，何冊か紹介した。

　日本の米の生産高や地域のイベントもインターネットを使うという生徒がいた。なん

メディアの特徴を考えるために使用したワークシート

でもインターネットで調べられる時代であるが，膨大な情報の中からどの情報を取るかが問題である。確かなのは，公のホームページである。悪意をもったサイトも現実には多くある。よいものだけでなく，玉石混交の石の具体例を実際に示す必要性もあると感じた。

　新聞には，地域や県内，市民スポーツの面があり，イベント情報も載っていることを，実物を見せて伝えた。教科書の「情報を集めよう」には，新聞の紙面構成についての説明も載っている。合わせて指導した。米の生産高は，年鑑や国勢図会にある。生徒がインターネットを使うのは，新聞や参考図書についてよく知らないことも一因だと感じた。

　最後に，総合的な学習の時間で地域の調べ学習を行うところだったので，自分のテーマについて，何を使ってどうやって調べるかを考えさせた。また，調べたことをまとめる際には，情報源を明記することや，引用するときの仕方について教えた。参考文献の書き方で，著者名，発行年，書名といった順番や，書名は「　」ではなく，『　』で示すことはほとんどの生徒がわかっていなかった。

　メディアの特徴は国語の授業で扱うが，実際に調べることは他教科で多く行われる。国語の学習を生かしてもらいたい。担任には，テーマの調べ方について授業でやった旨を報告したが，書かせたワークシートを渡して見てもらった方がよかったと思った。また，完全に総合的な学習の時間と連携して，レポートのまとめまでできればなおいいだろう。

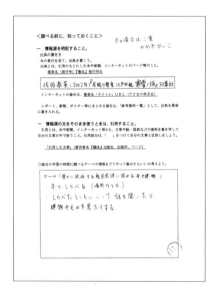

学びの整理のために使用したワークシート

第2章　単元デザインに役立つ「デザインシート」と「授業レポート」

■授業を振り返って

　中学では，自分が所属していない学年にも授業に入ることがあります。その学年で，今どんな学習をしているのかに気を配り，学習を生かせるよう意識してつなげていくことが必要だと思います。情報活用スキルは，基礎基本です。活用してこそ，学んだ意味が発揮されます。年度初めにこの学習をやっておけば，一つのスキルとして全教科で行う一年間の調べ学習の助けになります。

　また，この学習は，小学校間の差をならして中学校への移行ができるようにしていく意義があると考えています。小学校でもやってきたことではありますが，小学校による差も大きいのが現実です。新聞の紙面構成やネット検索の方法など，どんなことを学習したのかについて，生徒の声を聞き，みなで一つ一つ検討することを大切にして授業を進めました。

（静岡県磐田市立城山中学校　教諭　萩田純子）

From SHIOYA ●●●

　中学校は教科担任制です。それぞれの教師が専門的な知識や技能をもっています。決められた時間数の中で，専門性をどう生かすのかは，中学校の教師にとって，極めて重要なことです。その一方で，情報活用スキルのように，教科横断的に必要な指導内容については，どこかの教科の担当教師が扱っただけでは生徒の身につきません。広く活用して初めて，使える知識や技能として定着するからです。

　情報活用スキルは，誰もが，授業の中に組み込むことができるように，細かく分解し，発達段階を考慮しスモールステップが見えるようにしました。この「メディアの種類や特徴を知る」という情報活用スキルを学ぶときには，少なくとも，小学校段階において，メディアを使った体験が必要になります。体験を子どもから引き出し，どういうときにどのメディアが適切なのかを整理することが授業の核になるため，年齢が低い学年では体験が不足していることから，行うことはできません。このように考えると，中学校1年生は，このスキルを習得するのに適しています。しかし，これだけでは不十分です。その後，目的に応じてメディアを選ぶ学習の機会を得ることこそが必要なのです。授業を通して萩田先生は，目的に合わせてメディアを選ぶ機会の設定が鍵であると考え，「つなげる」という言葉を使いました。

　教師がつなげていなくて，どうして子どもがつなげることができるのでしょうか。例えば，「～～のこと，覚えてますか」「教科書の～～ページを振り返ってみましょう」「～～科の～～先生から聞いたのですが……」という教師の生徒への一言，教師間の情報交換など，日常の中で意識すればつなげる機会はいくらでもあります。専門的な知識や技能をもっている中学校の教師だからこそ，つなげることを意識したい，それが萩田先生からの提案です。

学年・教科	中学校1年生　国語	単元名	事典・辞典・図鑑を使い分けよう

単元のねらい：事典・辞典・図鑑の違いを考え，課題や目的に応じてさまざまな参考図書を使い分けることができる。

探究の過程

課題の設定
- 問う
  - 問いをつくる

情報の収集
- 見通す
  - 計画を立てる
- 集める
  - 調べる―メディアを選ぶ
  - ○調べる―情報を見つける
    - 13　見当をつけて事典・辞典・年鑑を使い分ける
  - 地域に出て調査をする
  - 観察や実験をする
- 収める
  - 情報を手元に置く

整理・分析
- 整理・分析する
  - ものごとを分析し特徴や傾向をつかむ
  - 量を分析し特徴や傾向をつかむ

まとめ・表現
- まとめる
  - 一つにまとめる
- 表現する
  - プレゼンテーションをする
  - 事実や事柄を正確に伝える
  - 根拠に基づいて考えを伝える

1時間の学習の流れ

○国語教科書を読んだり，実際の参考図書を紹介したりして，それぞれの参考図書の特徴を理解する。

参考図書を知る
- 国語辞典と漢和辞典
- 広辞苑
- 日本国語大辞典
- 方言辞典
- 四字熟語辞典
- 語源辞典
- ことわざ辞典

○5つの問題を，どの参考図書で調べればいいのか予想を立てる。

1. 「春」を使った熟語を5つ（漢和辞典）
2. 「春」の意味（国語辞典）
3. 「春」（4月）の平均気温は，東京と大阪のどちらが高いか（日本国勢図会）
4. 「春」の風はどのようにして起きるのか（総合百科事典ポプラディア）
5. 「春」に白い花が咲く木を5つ（学研の図鑑）

○グループで5つの問題を分担して，参考図書で解く。

参考図書を選ぶ
- 国語辞典
- 広辞苑
- 日本国勢図会
- 総合百科事典ポプラディア
- 学研の図鑑

○調べる参考図書の予想が合っていたか確認する。
○それぞれの参考図書はどういう性質の問題を調べることに適しているか考える。

【評価】
参考図書の特徴を知り，予想を立てて求める情報を得ることができる。

第2章　単元デザインに役立つ「デザインシート」と「授業レポート」

授業レポート　ふさわしい参考図書で調べる――「何を調べるのか」を意識する

▍教師の願い

　生徒は調べるときにインターネットを使いがちである。その理由として，参考図書はそれぞれの特徴を知らないと，使いこなせないことがあるだろう。図書で調べるとき，生徒は答えをダイレクトに求めようと，いきなり専門の図書で調べようとしがちである。百科事典はその事柄の概要を知ることができ新しい切り口をつかめるので，調べ学習の第一歩として使ってほしい。また，中学生になれば，さまざまなデータを調べたいこともある。そのときには，年鑑を使うことになる。辞典にも，多くの種類がある。それぞれの参考図書を比べることで特徴を知り，その都度ふさわしい参考図書を予想して，効率よく求める情報を得ることができるようにしたい。

▍授業の様子

　まずは，参考図書の定義から。中学生には，こういう専門用語を押さえさせたい。「参考図書」＝「調べるための本」と確認してから，「調べるための本にはどんなものがありますか？」と問いかけた。S「ポプラディア！」，T「ポプラディアって何？」，S「百科事典！」，T「他には？」，S「辞書！」，T「何の？」，S「国語辞典」「漢和辞典」と発言があったものの，そこから先が出てこない。そこで，教科書を開いて，「国語辞典」「漢和辞典」「さまざまな辞典」「百科事典」「インターネット」の説明を読んでから，用意しておいたさまざまな辞典を紹介した。「国語辞典」があるなら「英和辞典」などさまざまな言語の辞典がそれぞれあること。同じ「国語辞典」でも，もっと詳しい「広辞苑」や「日本国語大辞典」（全13巻）があること。国語をもっと詳しく分けた「方言辞典」「四字熟語辞典」「語源辞典」「ことわざ辞典」などがあること。その他言葉以外のさまざまな専門分野の辞典が無数にあること。ふすまやウサギの数え方のクイズを出して「数え方辞典」を紹介すると，生徒からは「へえ～」と声があがり，興味深げな様子が見られた。辞典の認識を広げたところで，今度は「事典」との違いを確認した。さらに「図鑑」と「年鑑」についても説明した。「図鑑」と「事典」の違いは答えられなかったが，「図鑑」を開いて見せると「図鑑は図や写真が載っている」とすぐに答えが返ってきた。ここまでで15分の時間が経過。改めて，「今日は『春』について調べてもらいます。ただ『春』といっても『春』の何を調べるかが問題です。問題は5つあります。それぞれ目的が違います。どの問題をどの参考図書で調べれば，答えが載っているでしょうか。班で，予想を立ててみてください」と言ってワークシートを配った。予想を立てたところで，

用意しておいた5種類の参考図書の該当ページをコピーしてつくった冊子を渡して，調べさせた。百科事典や図鑑などは複本が6班分もないし，本から目指すページを見つける学習は，今回はしないので調べる時間は短くて済むようにした。事前に，参考図書について学習したので，予想が合った生徒が多い。ただ，1年生は答えを書くのに時間がかかり，20分ほどかけてもまだ全部書き終わらない。そこで，どの参考図書に載っているのかを確かめることが目的であるし，最後に自分の言葉で学習したことを書かせる時間を十分とりたかったので，終わり15分で切り上げ，どの参考図書に答えがあったのかだけを確認した。最後の10分で，この授業で学んだことと感想をまとめさせた。こちらがまとめた板書を写すのではなく，生徒が自分なりに理解したことを自分の言葉でまとめることで，参考図書に関する知識が身につくと考え，まとめの板書はしなかった。「『何を調べるのか』を意識して，参考図書を選ぶのが大切だよ」と言って締めくくったが，ほとんどの生徒のまとめに，調べたいことによって使い分けることが書かれてあった。以下が，生徒がまとめた一例である。

〈生徒のまとめ〉
A男
- 漢和辞典は，その漢字を使った熟語や，漢字を調べるときに使う。
- 国語辞典は，その言葉の意味，使い方などを調べるときに使う。
- 年鑑は，調べたい県の平均気温などを調べるときに使う。
- 百科事典は，あらゆる分野の事がのっているので，いろいろ調べられる。
- 図鑑は，その調べたいキーワードのものを，くわしく調べたい時に使う。

このように使う目的に応じて，事典，辞典を使い分けると，すごくわかりやすく便利だなと思った。

B子

　調べたい言葉の意味や熟語などは「漢和辞典」や「国語辞典」（辞典）で調べる。比べたり，疑問を調べたりするものは，「年鑑」や「百科事典」（事典）で調べる。調べたい内容によって，事典が変わってくる。前までは，こんなに辞典があっても使わないと思っていましたが，今回の授業で，どれも必要な辞典ということがわかりました。たくさんの種類があり，「語源」という辞典があり，初めて知ったので，覚えられたと思います。

ただし，予想外の問題があった。問題の答えを確認しなかったことである。百科事典で「春の風はどのようにして起こるのか」を調べた生徒の多くが，項目の最初に書かれている「春に，東，または南から吹くあたたかい風」という言葉の定義を書いていたのである。正解は「日射が強まって地表付近の温度が上がり，対流がさかんになって上空の強い風が地上におりてくるため」である。開けば答えが書かれているのに，まさか違うところを書くとは思っていなかった。1年生には，理科の知識が難しかったこともあ

るが，「どのようにして」という問いを「何か」という問いと区別していない。百科事典には，最初にその事柄の定義が書かれているという指導と，「何を調べるのか」を意識するとはどういうことかを，次の授業の前に10分ほど使って話をした。

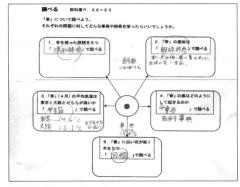
授業で使用したワークシート

■ 授業を振り返って

　調べ学習で図書館に来る子どものテーマが漠然としていて困ると司書の方々からよく聞きました。

　絞ったテーマについて調べるときには，調べる分野や目的を意識して，それに合った図書を選ばなければなりません。例えば，「春」について調べるといっても，言葉としての「春」なのか気象としての「春」なのか（分野），「春」の風物詩を知りたいのか「春」の季語を知りたいのか（目的）によって，使う参考図書が異なります。

　そこで，「春」を共通したテーマとしつつ，5つの異なる問題を設定しました。ワークシート上では「春」を中央に置いてそこから5つの問題を放射状に並べて，目的を意識できるようにしました。「何を調べるのか」を意識して参考図書を選ぶことについては，生徒はよく理解できたようです。しかし，参考図書は選んだけれど答えが違っていたという結果になってしまったので，まだまだ指導が必要です。1年生はこれから総合的な学習の時間や他の教科で調べ学習をしていきます。この学習を生かしてもらえたらと思います。

（静岡県磐田市立城山中学校　教諭　萩田純子）

From SHIOYA

　多くの学校図書館では，参考図書と一般図書が区別されています。一般図書がある分野の内容を詳しく知りたいときに使うのに対し，参考図書は，目的がはっきりしているときに使います。とはいえ，目的がはっきりしていても，参考図書の特徴を知らなければどれを使ったらいいのかが判断できません。それゆえにまずは，図書館にある参考図書の特徴を理解する必要があるのです。しかしながら，特徴を先生から説明されただけでは，生徒は使えるようにはなりません。自分で判断してみる学習活動が必要になります。そこで，萩田先生は，5つの「春」に関する問題について，どの参考図書で調べればいいのか予想を立てる活動を設定したのです。

　この予想を立てる学習活動を通して，生徒は特徴を理解します。この活動での学びが，目的に応じて，参考図書を選ぶことにつながるのです。

| 学年・教科 | 中学校1年生　国語 | 単元名 | 法やきまりの遵守 |

単元のねらい：自分の論を組み立てるときの根拠をつくるために，著作権を理解し，先人の研究を要約したり引用したりすることができる。

探究の過程

課題の設定
問う
・問いをつくる

情報の収集
見通す
・計画を立てる

集める
・調べる―メディアを選ぶ
・調べる―情報を見つける
・地域に出て調査をする
・観察や実験をする

収める
・情報を手元に置く

28　著作権を意識して，要約や引用をする

整理・分析
整理・分析する
・ものごとを分析し特徴や傾向をつかむ
・量を分析し特徴や傾向をつかむ

まとめ・表現
まとめる
・一つにまとめる

表現する
・プレゼンテーションをする
・事実や事柄を正確に伝える
・根拠に基づいて考えを伝える

１時間の学習の流れ

○ワークシートの２つの文章を比べて，要約や引用のよさを考える。

[比較する]　[ワークシート（例文を示す）]

○著作物をなぜそのまま使ってはいけないのかを考える。

○著作権の○×クイズに答えて，著作権について理解する。

[○×クイズを行う]　[ワークシート（著作権の○×クイズ）]

○要約の練習をする。

[要約文を書く]　[ワークシート（練習問題）]

○引用の条件について知り，引用の意義を確認する。
〈引用の条件〉
・主従の関係であること（自分の文章が主で，引用する文章が従であること。必要最低限の分量）
・自分の文章と明確に区分されていること
・必然性があること（自分の文章の内容に対して，引用することが密接に関係し，必要であること）
・原文のまま使うこと
・出典を明示すること

【評価】
著作権を意識し，引用や要約をすることができる。

第2章 単元デザインに役立つ「デザインシート」と「授業レポート」

授業レポート 著作者を尊重することで，自分の意見も大事にしよう
　　　　　　──要約と引用

■教師の願い

　得た情報をそのまま報告書やレポートに書き写している生徒を見かけることがある。自分の論を組み立てるうえで，先人の研究から学んだりそれを根拠にしたりすることは当然必要であるものの，だからと言って，それをあたかも自分が考えたことのように書いてはいけない。この行為は著作権法にふれるだけでなく，自分で考えていないことも問題である。

　要約や引用を用いることは，自分と他人の考えを区別したり，お互いの考えを尊重したりすることにつながる。1年生はこれから，総合的な学習の時間で「郷土に学ぶ」という学年共通テーマから自分のテーマを設定し，調べ学習に入る。そこでは，引用や要約をする場面に出合う。著作権を理解することを通し，自分の考えを広めたり深めたりしたレポートを書けるようにしたいと考える。

■授業の様子

　「自分の意見を主張するとき」と題して，授業を始めた。「どうやって主張を伝えるの」と尋ねると生徒からは，「発表する」と出たので，「発表は手を挙げて発言する以外に，どんな方法があるかな」と問いかけると，「レポート」「模造紙に書く」「プレゼン」などの言葉があがった。そこで，「これから総合的な学習やいろいろな教科の調べ学習で発表する機会があるから，そのときにどうしたらいいのか考えていきます」と言って，ワークシート1を配布した。T「下のAとBの主張の文章はどちらがいいですか」。全員がBだという。T「どうしてBの方がいいのですか」。すぐに何人かの手が挙が

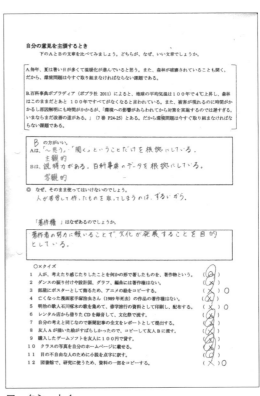

ワークシート1

った。「Bの方が説得力がある」，T「どうして説得力があるのでしょう」，S「Aは思っていることや聞いたこと」「Bは数値がはいっている」「Bは根拠がしっかりしている」，T「そうですね。根拠がないと説得力がないですね。そのために，みなさんも図書館でいろいろな資料を調べて書いたり話したりしていますね。では，それをそのまま写して自分の名前を書いて発表してはいけないのはなぜでしょうか」，S「……」，T「友達の読書感想文を写して自分の名前を書いて提出してはいけないのはなぜですか」，S「書いた人に失礼だから」「自分では考えなくなるからだめ」「著作権があるから」，T「眠いのをがまんして数学の宿題を2時間かけて書き上げたノートを，友達が15分で写して提出したら？」，S「ずるい！」「せっかくの苦労が台無しになる！」ただ，「著作権があるから」で終わらせず，「なぜ著作権があるのか」を考えさせたかった。さらに，中国で出回っていた偽造品の写真を見せた。S「NIKEがHIKEになってる！」「ピカチュウの顔が変！」「吉野家が吉田家！」。次々に反応があった。そして，著作権法第1条で示されているように，著作者の努力に報いることで文化が発展することを説明し，著作権○×クイズをやって答えを解説した。ここまでで押さえた用語は，根拠，説得力，出典，著作物，著作者，著作権。時間は25分で，著作権から引用と要約の学習につなげていった。

　T「そのまま写すのはいけませんが，自分の意見を主張するときには，根拠となる資料が必要になりますね。そのためには，Bの文章のように，要約や引用をすればいいのです。では，要約と引用のしかたを練習してみましょう」。ワークシート2を配布した。「要約」は目的に応じて必要な部分を短くまとめることなので，目的を変えて2つの要約文を書くようにした。環

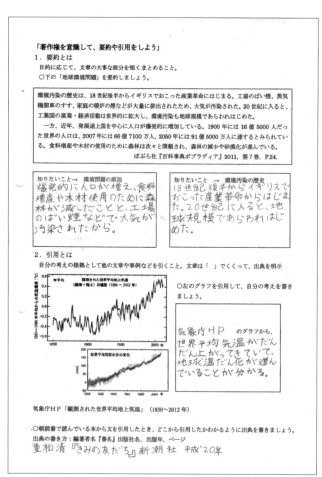

ワークシート2

境問題の原因をまとめる要約では，大部分の生徒が，後半の文章を要約していなかったので，後半にも原因が書いてあることを指摘した。出来上がったところで，次の「引用」をやる前にワークシートの下にある欄で，自分が読んでいる本の奥付を見て出典を書く練習をした。出版社というのは，奥付の発行所と同じだということ，「株式会社」までは書かなくていいこと，出版年はいくつかあったら第一刷の古い年の方を書くことを注意した。

授業の板書

■授業を振り返って

　著作権があるから，要約や引用が大切になるわけであり，これらをいっしょに指導することは有効だったと思います。著作権というものがあることだけでなく，自分のこととして考えてほしかったので，著作者の気持ちがわかるような例を出して，問いかけました。「なぜ，著作権があるのか」を考えさせることで，その必要性も理解できたのではないかと思います。要約や引用も，実際にやってみないとわからないので，一度でも書いてみることが必要だと思います。著作権，著作物，著作者，出典，要約，引用，奥付などの言葉の定義も一つ一つ確認したことで，一連のつながりが見えたのではないでしょうか。生徒の感想を見ると，授業で押さえておきたかったことが反映されているように感じました。

（静岡県磐田市立城山中学校　教諭　萩田純子）

─ From SHIOYA ●●●

　著作権という言葉は，生徒にとってよく聞く言葉の一つです。よく聞く言葉であるが故に，それ以上，知ろうとはしません。近くて遠い言葉です。そのうえ，著作権と引用・要約は，まったく別のこととして，生徒はとらえています。

　しかしながら，著作権と引用・要約は，それぞれ単独だと理解しにくいのですが，つなげることで理解しやすくなるのです。状況をイメージしたり，理由を考えたりできるからです。さらに，実際に要約や引用をしてみることで，理解は実感に変わります。萩田先生の授業レポートからは，生徒が要約・引用をするときに著作権も合わせて浮かんでくるような手立てが，しっかりと見てとれます。

| 学年・教科 | 中学校1年生　国語 | 単元名 | わかりやすく説明しよう |

単元のねらい：観点を立てて必要な情報を選び，書くことができる。

探究の過程

課題の設定
- 問う
  - 問いをつくる

情報の収集
- 見通す
  - 計画を立てる
- 集める
  - 調べる―メディアを選ぶ
  - 調べる―情報を見つける
  - 地域に出て調査をする
  - 観察や実験をする
- 収める
  - 情報を手元に置く

整理・分析
- 整理・分析する
  - ⊙ものごとを分析し特徴や傾向をつかむ
    - 30　観点を立てて情報を整理する
  - 量を分析し特徴や傾向をつかむ

まとめ・表現
- まとめる
  - ⊙一つにまとめる
    - 42　主張と根拠，根拠のもとになる事実を筋道立てる
- 表現する
  - プレゼンテーションをする
  - 事実や事柄を正確に伝える
  - 根拠に基づいて考えを伝える

単元の流れ（3時間）

○目的に応じた観点を立てる。（＊1）

| 観点を立てて整理しながら情報を集める | イメージマップ |

○論を組み立てる。（＊2）

| 組み立てる | ピラミッドチャート |

○紹介文を仕上げて，読み合う。(3)

| 紹介文を書く | ピラミッドチャート 原稿用紙 |

【評価】
お気に入りのものを紹介するという目的に沿って，紹介文を書くことができる。

第2章　単元デザインに役立つ「デザインシート」と「授業レポート」

授業レポート　観点を立てることと構成を組み立てること
　　　　　　　──中学生に必須な基礎基本

▎教師の願い

　4月6日から新学期が始まった。5月までの国語の授業の中で，オリエンテーションと，1単元（詩，小説，事典・辞典の使い方，聞き取り，漢字の組み立てと部首，わかりやすく説明しよう）を終えることになっている。非常にコンパクトな扱いであるが，いずれも，今後の学習の流れの中によく出てくる内容である。

　このような基本的な内容は，一度授業で扱っただけでは身につかないことがよくある。生徒は，学習の流れに沿って複数のスキルを繰り返し使うことで，どういうときにどういうスキルを使うのかを理解し，使い方を習熟し，自分で活用していけるようになると考える。

　そこで，次の単元の「好きなものを紹介しよう」（スピーチを行う）と合わせ，お気に入りのものを紹介するというゴールを示し，「No.30　観点を立てて情報を整理する」という情報活用スキルを組み入れた単元デザインを考えた。さらに，次の単元の説明文の読み取りをも意識し，「No.42　主張と根拠，根拠のもとになる事実を筋道立てる」という情報活用スキルも，単元デザインの中に組み入れた。

　つまり，この単元（3時間扱い）の中に，2つの情報活用スキルを組み入れ，ここで基礎基本を学び，後の単元で活用するという流れである。

▎授業の様子

＊第1時　イメージマップを使って，目的に応じた観点を立てる

　何かについて書くとき，生徒は書く内容をいろいろ考える。考えられる限り書き出して，せっかく一生懸命考えたからすべて書こうとすると，何がなんだかわからない文章ができてしまう。そうならないようにするためには，書く内容を際限なく広げるのではなく，伝える目的や相手によって，「観点」ごとに情報を整理する必要がある。目的意識をもって「観点」を立てることで，伝えたいことがわかりやすく相手に伝わる。また，「観点」を立てることで何を書くかがはっきりしてすらすらと書くことができれば，作文に対する苦手意識も薄れると思う（ここでは，修辞に満ちた文学的な文章を書く必要はない。伝えたいことを相手に伝えられる文章が書けるようにしたい）。

　知識量が格段に増える中学校において，「観点」という概念は，膨大な知識を整理するときに必ず必要になってくる。本時のねらいにある「観点」という用語，これを中学

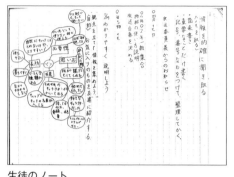
生徒のノート

校1年生の生徒が理解するのは、容易ではない。スモールステップが必要である。

そこで、まず、お気に入りのものを紹介する場合と、なくしたので探してほしい場合とでは、観点が違ってくることから、目的に応じて観点が変わるという体験を通し、そこで使われる「理由」「特徴」「場所」「日時」などを総称して「観点」ということをおさえた。

　　お気に入りのものを紹介する→気に入っている理由
　　お気に入りのものをなくしたので探してほしい→特徴、紛失した場所・日時

今回の授業では、お気に入りのものを紹介する目的で「観点」を立てた。時間があれば、なくしたので探してほしいという目的でも書いてみると、目的によって「観点」が変わってくることがはっきりするだろう。

次に、イメージマップを使って、観点を立てた。□で囲ったところが観点である（「生徒のノート」参照）。イメージマップを使うと、際限なく広がってしまうので、先に観点を書き、観点ごとに広げていくようにした。

それでも、観点の言葉が浮かんでこない生徒がいるので、「そのもののどこが気に入っていますか」と問いかけた。すると、「色！」とか「キャラクターが好き」とかさまざまな声があがる。「色とかキャラクターとか形は外見だね」と上位概念に言い換えてみせた。それから、「では、外見の他に気に入ったところは？」と問いかけた。このようなやり取りを通して、生徒は、なんとか観点を理解し、「機能」とか「必要性」などの言葉を観点として立てていった。

観点を立てることは予想以上に難しく、各教科等での活用の場面設定が多く必要だと感じている。

＊第2時　ピラミッドチャートを使って、論を組み立てる

小学生のときはピラミッドチャートを使ったことがなかったので、ピラミッドチャートについて説明をした。今回は、下から事実→そこから言える意見→言いたいこと（主張）となるとし、視覚を通して、下から上へと狭まっていくことを伝えた。

ピラミッドチャートはこの後の説明文の学習で使う予定である。論理のつながりが一目でわかるからだ。事実のところには、前時のイメージマップから観点を2つ選んで書くようにした。そこから言える意見には、自分が体験したからこそ言えることを書き入れた。一番上を書くときには、下の部分を根拠として何を言いたいのかを考えた。論とい

うには未熟であるが，ピラミッドチャートを使うことで各部分のつながりが見えるようになる。

イメージマップができていれば，そこから観点を選ぶのに時間はかからずピラミッドチャートを完成させることができた。ピラミッドチャートができていれば，どの生徒もつながりを意識しながら紹介文を書き上げることができた。

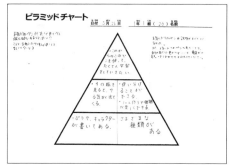

論を組み立てる時に使ったピラミッドチャート

■授業を振り返って

観点を立てたので，書くことが整理され，わかりやすい紹介文を書けました。ピラミッドチャートに基づいて，文をつないでいくだけですから。

「なんでもいいから好きなことを書いていいよ」と言うと，逆に難しいのは，何を書くかわからないからでしょう。この授業で一番時間がかかったのは，紹介文を書くところではなく，お気に入りのものを選ぶところでした。書く練習のために選ぶのだから，書きやすそうなものを選べばいいと思うのですが，生徒は真剣にあれやこれやと考えていました。

テーマを「お気に入りのもの」としたのは，選びやすさ，書きやすさを優先したからです。それでもなお生徒は，あれこれ悩んで選びました。選ぶことは次への意欲につながります。だからこそ，大切に扱いたいと思いました。

(静岡県磐田市立城山中学校 教諭 萩田純子)

From SHIOYA ● ● ●

情報活用スキルは，あくまでも基礎基本です。ですから，どの先生でも授業の中に組み入れることができるようなコンパクトな形になっています。しかし，一度学んだからといって，それでOKというものではありません。繰り返し使う必要があるからこそ，基礎基本として取り上げているのです。萩田先生は，時間の限られている中，複数の単元を見通したうえで，必要な情報活用スキルを2つ組み入れた単元を組み立てました。新しい単元を入れ込むのですから，物理的に考えると時間数は増えてしまいます。しかし，「この単元があることにより，後の単元がスムーズに進むことが見える」からこそ，このような単元計画を考えたのです。そこには，「基礎基本である情報活用スキルは，学んだ後活用することで身についていく」という萩田先生の考えがあります。

| 学年・教科　中学校1年生　国語 | 単元名　新しい視点へ |

単元のねらい：事実, 意見, 主張のつながりを理解し, 筆者の説明のしかたに習い, 新たな絵を使って意見と主張を組み立て, 自らの日常生活の中で筆者の考えを生かせる場面を考え, 説明することができる。

探究の過程

課題の設定
- 問う
  - ・問いをつくる

情報の収集
- 見通す
  - ・計画を立てる
- 集める
  - ・調べる—メディアを選ぶ
  - ・調べる—情報を見つける
  - ・地域に出て調査をする
  - ・観察や実験をする
- 収める
  - ・情報を手元に置く

整理・分析
- 整理・分析する
  - ・ものごとを分析し特徴や傾向をつかむ
  - ・量を分析し特徴や傾向をつかむ

まとめ・表現
- まとめる
  - ◎一つにまとめる
    42　主張と根拠, 根拠のもとになる事実を筋道立てる
- 表現する
  - ・プレゼンテーションをする
  - ・事実や事柄を正確に伝える
  - ・根拠に基づいて考えを伝える

単元の流れ（7時間）

○「ダイコンは大きな根？」
全文を通読し, 序論, 本論, 結論という説明文の構成と, 各段落の役割（導入, 例示, 引用, 主張など）を確認する。(1)

○各段落の内容を20字程度でまとめる。(2)

○まとめとしてピラミッドチャートを使って構造化する。(3)

[構造化する①]　[ピラミッドチャート]

○「ちょっと立ち止まって」
全文を通読し, 序論, 本論, 結論をとらえる。(4)

○本論を, 図をもとに3つに分けてまとめる。(5)

○結論（主張）と本論（事実・意見）の関係をとらえ, 事実, 意見, 主張のつながりを確認した後, まとめとしてピラミッドチャートを使って構造化する。日常生活の中で, 筆者の主張を生かせる場面はないか, 考える。(*6)

[構造化する②]　[ピラミッドチャート]

○筆者の説明のしかたに習い, 新たな絵（補助教材のグラフィック資料）を事実として, ピラミッドチャートを使って意見と主張を組み立てて説明する。ワークシートの2つの文章を比べて, 要約や引用のよさを考える。(*7)

【評価】
筆者の論理のつながりを理解したうえで, 新たな絵を事実とし, ピラミッドチャートを使って意見と主張を組み立てて説明することができる。

第2章 単元デザインに役立つ「デザインシート」と「授業レポート」

授業レポート 事実，意見，主張のつながりを意識化する
　　　　　　——ピラミッドチャートを使って

▍教師の願い

　中学校国語1年2単元「新しい視点へ」(光村図書出版)は，説明の工夫をとらえる単元であり，「ダイコンは大きな根？」と「ちょっと立ち止まって」の2つの説明文を扱っている。中学校に入って最初の説明文であり，説明文の各段落の役割や，関係，文章の構成といった基礎・基本を確認することがねらいである。

　学習活動においてピラミッドチャートを使うことで，事実，意見，主張のつながりを操作化・可視化できる。また，読むときや書くときだけでなく，話すときにもピラミッドチャートを使えば，論理のつながりが明確になり相手にわかりやすく伝えることにつながると考えた。

　そこで，説明文の学習の後，自分の日常生活の中において筆者の主張をとらえ，それを伝え合う活動にもピラミッドチャートを取り入れ，論理のつながりを再確認させたい。また，各領域で同じ学習をすることで，力の定着につなげたい。

▍授業の様子

＊第6時 「ちょっと立ち止まって」を，ピラミッドチャートを使って構造化する

　第3時でピラミッドチャートの使い方を学び，「ダイコンは大きな根？」の流れをピラミッドチャートに書いている。

　今度の文章である「ちょっと立ち止まって」は，事実が3つになることを確認し，同じ要領でピラミッドチャートに書いてみた。ところが，「ダイコンは大きな根？」と同じ構造で書こうとして，うまくいかない生徒が見られた。事実が3つになることを確認するより，肝心な論理の流れ（筋道）が違うことを確認するべきだった。3つの事実（a, b, c）は横にa→b→cと流れるのではなく，それぞれが独立して意見（a′, b′, c′）につながっている。2つの説明文の違いを生かし，さまざまな構造があることについて指導をした。

　筆者は3枚の絵を具体例としてあげ，

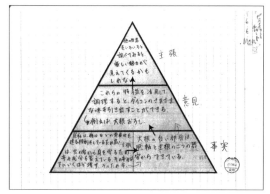

第3時に書いた「ダイコンは大きな根？」の文章構成

137

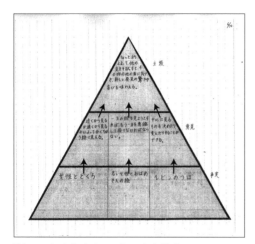

「ちょっと立ち止まって」の文章構成

そこから3つの意見を述べている。筋道が見えたところで、同じような例が日常生活の中でないかどうかを考えた。読み取ってきた筆者の考え方を日常生活に生かし、自分の考えを深めることは大切であると考えたためである。予想はしていたが、これがなかなか難しい。全員が思いつけるわけではない。

そこで、次の時間にお互いに別の絵を使って説明し合うことで、思いつかなかった生徒も考えを深めることができるように工夫した。そして、説明するときもピラミッドチャートを使うことで、事実、意見、主張のつながりを意識させることにした。

＊第7時　新たな絵を事実として、意見と主張を組み立てて友達に説明する

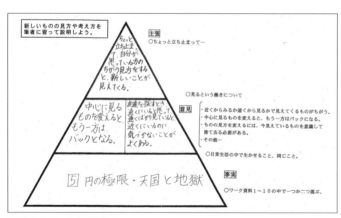

筆者にならって説明する

前回、同じ構造で書こうとした生徒がいたので、今までの2つの説明文のピラミッドチャートの構造をもう一度確認し、さらに今回のピラミッドチャートのつながりを確認した。論の流れは、自分がワークの資料から選んだだまし絵の説明→そこから言える意見（筆者の3つの意見のうち1つ

〈教師の模範例〉

> 「天国と地獄」の絵の白い部分を見ると天使の絵が見え、黒い部分を見ると悪魔の絵が見えます。
> <u>このように</u>、中心に見るものを変えると、もう一方はバックになります。<u>また</u>、このことは日常生活の中で、一度友達を嫌な人だとみると、いいところがあっても嫌な所ばかり目につくようになるのと同じだと思います。
> <u>だから</u>、ちょっと立ち止まって他の見方を試してみることが必要です。

を使う）→日常生活の中で生かせること，同じこと→主張（ちょっと立ち止まって他の見方を試してみよう）の順である。

　全員の生徒がきちんと説明して達成感が得られるように，教師の模範も見せた。その際，接続語を入れることと，敬体で話すことも指導した。また，日常生活の中での例を思いつかなかった生徒は，そこはとばして主張につなげてよいこと，好きに絵を選ぶとそこから意見を書くのが難しくなることを助言した。論がうまく組み立てられていない生徒には，近くから見るか遠くから見るかによって違う絵か，どちらを中心に見るかで違う絵を選ぶように助言した。絵を選ぶことができれば，あとはピラミッドチャートで論を組み立てるだけである。生徒はどんどんチャートに書き込んでいった。

■授業を振り返って

　ピラミッドチャートは効果的でした。文章構成を図示してみることによって論理的な文章構成の理解が容易になります。話したり書いたりするときも，ピラミッドチャートで論を組み立ててあれば，表現が容易になります。

　ただし，ピラミッドチャートを完成させるまでが大変でした。ピラミッドチャートを完成させるということは，論理のつながりを理解する学習そのものだと思います。説明文の学習の前に「観点を立てて書く」で初めて使い，２つの説明文を構造化するのに２回，最後に自分で組み立てて説明するのに１回使いました。事実と意見と主張のつながり方は，２つの説明文に見られるように何通りかあるので，何回も繰り返して使って，その都度確認しました。最後の説明し合う学習では，楽しそうに意見交流をしている生徒の姿を見て，事前の丁寧な指導があれば，生徒は互いに学び合い，自分の考えを深めていけるのだと実感しました。　　　　　　（静岡県磐田市立城山中学校　教諭　萩田純子）

From SHIOYA ●●●

　授業レポートから，生徒をゴールに連れていくまでに，どのようなスモールステップをどのようにつくっていったらいいのか，その過程を学ぶことができます。萩田先生は，「構造が違う」説明文を前に立ち止まってしまう生徒の実態から，文章にはいくつもの構造があるという「新たな見方」を示す必要があるのではないかと判断し，２つの説明文をもとにピラミッドチャートを使って筋道を可視化するという一連の流れを工夫しています。手立ての工夫には，生徒の立ち止まりを見つける教師の眼が必要なのです。

| 学年・教科 | 中学校1年生　国語 | 単元名 | レポートの形式 |

単元のねらい：科学的レポートと社会的レポートの形式の違いを知り，ワークシートに沿ってレポートを書くことができる。

探究の過程

課題の設定
- 問う
  - ・問いをつくる

情報の収集
- 見通す
  - ・計画を立てる
- 集める
  - ・調べる―メディアを選ぶ
  - ・調べる―情報を見つける
  - ・地域に出て調査をする
  - ・観察や実験をする
- 収める
  - ・情報を手元に置く

整理・分析
- 整理・分析する
  - ・ものごとを分析し特徴や傾向をつかむ
  - ・量を分析し特徴や傾向をつかむ

まとめ・表現
- まとめる
  - ・一つにまとめる
- 表現する
  - ・プレゼンテーションをする
  - ・事実や事柄を正確に伝える
  - ・レポートの形式（社会的・科学的）を知る
  - ・根拠に基づいて考えを伝える

1時間の授業の流れ

〇科学的レポートと社会的レポートを比べて，相違点と共通点をあげる。

| 比較する | 国語と理科の教科書（レポートの書き方のページ） |

〇国語のレポートを社会的レポートの形式に沿って書く。

| レポートを書く | ・グラフを作るための資料の提示
・ワークシート（社会的レポートの形式を示したもの） |

〇完成させたレポートを見せ合って，どんなレポートがよいか話し合う。

【評価】
ワークシートに沿って，各項目に適した内容のレポートを完成させることができる。

第2章 単元デザインに役立つ「デザインシート」と「授業レポート」

授業レポート レポートの形式は論理の流れ——正確にわかりやすく報告する

教師の願い

　国語，社会，理科，数学，総合的な学習の時間等で，調べたことをレポートにまとめる学習が行われている。しかし，書き方については各教科で指導された通りに書くだけで，はっきりとレポートの形式について意識しているわけではない。そこで，この時間は科学的内容のレポートと社会的内容のレポートの共通点と相違点を学ぶことで，レポートの形式についての理解を深めさせたい。さらに，実際に書く演習を行っておけば，2学期に行う国語（光村図書出版）「調べたことを報告しよう　～レポートにまとめる」，総合的な学習の時間「郷土に学ぶ」，社会（東京書籍）「世界のさまざまな地域の調査」等のまとめをスムーズに行うことができると考えた。

授業の様子

　「調べたことを人に報告するときに，どんな形でまとめたことがありますか？」と聞くと，新聞，リーフレット，紙芝居，巻物，模造紙などいろいろな形態のものが出てきた。レポートについては，理科の自由研究で書いた生徒が数名いた。そこで，レポートには科学的内容のものと社会的内容のものがあることを伝え，教科書に載っているレポートの書き方を比較した。共通点を確認した後，相違点を考えた。理科の実験のレポートには，日にちだけでなく，時間や天候，気温まで書かれていること，「準備」という項目があって，使用した実験器具が書かれていることがあげられた。「なぜ，こんなことまで書かれているのでしょうか？　以前，実験結果を発表して話題になったけれど，本当かどうか疑われた事件があったよね」と投げかけると，すぐに思い当たり，読み手がもう一度同じ実験をして確認できるようにするためだということが，すんなり納得できた様子だった。また，科学的な内容でも文献調査の場合は，読み手が同じ文献で調べられるように「参考資料」を書く。こうして考えると，タイトル・目的・方法・結果・考察というレポートの構成や，図表を入れることも，読み手にわかりやすく伝えるという目的からきていると考えることができる。

　違いが確認できたところで，レポートの形式を理解して書く練習に移った。「では，実際にレポートを書く練習をしてみましょう」。「『ら抜き言葉』は，どうして使ってしまうのか」という半分はすでに書かれている国語のワークシートと，「ら抜き言葉」に関する資料を用意した。資料を見ながら，レポートを完成させる。押さえておきたいポイントは，ふさわしい言葉でグラフをつくって入れること，考察がテーマと対応するこ

どちらの言い方を普通使うか＜問21＞					
―「見れた」(48.4%)が「見られた」(44.6%)を、今回調査において初めて上回る―					
				(数字は%)	
		(ア)を使う	(イ)を使う	どちらも使う	分からない
1	(ア)こんなにたくさんは食べられない (イ)こんなにたくさんは食べれない	60.8	32	6.8	0.4
2	(ア)朝5時に来られますか (イ)朝5時に来れますか	45.4	44.1	9.8	0.7
3	(ア)彼が来るなんて考えられない (イ)彼が来るなんて考えれない	88.6	7.8	2.9	0.8
4	(ア)今年は初日の出が見られた (イ)今年は初日の出が見れた	44.6	48.4	6.5	0.4
5	(ア)早く出られる？ (イ)早く出れる？	44.3	45.1	10.2	0.5

平成27年度「国語に関する世論調査」(文化庁) http://www.bunka.go.jp
「国語に関する世論調査」の資料

と、参考資料の書き方を覚えること、常体で書くことの4つである。

まず、グラフをつくる際には、「国語に関する世論調査」の資料から、どの言葉をグラフにすると効果的な報告になるか考えさせた。「ら抜き言葉」を使う人が多いことを示したいのだから、多いパーセンテージの言葉を選んだ方がよい。授業の最後にどの言葉を選んだのか確認すると、ほとんどの生徒が、パーセンテージが多い言葉を選んでいた。

前述の4つのポイントを押さえて、大多数の生徒が書けるようになるために、ワークシートや資料に以下のような工夫を凝らした。

〈ワークシートの工夫〉

- 円グラフの初めの線を引いておいた（中心点から垂直に線を引かない生徒がいるため）。
- 円グラフの横に、それを文章にして書けるような書き出しの言葉「平成27年度『国語に関する世論調査』では」を入れた。

レポート形式を理解して書く練習をするためのワークシート

- テーマと課題設定の理由と考察が対応するよう、項目に線を引き、矢印でつなげた（「考察」に、課題に対する結論をきちんと書かせたいため）。
- 「らがつく言葉」の長所と短所をつなぐ矢印や、「らがつく言葉」の短所と考察をつなぐ矢印をつけた。
- 参考資料の書き方がわかるように、一つをあらかじめ書いておいた。

〈資料の工夫〉

- 資料の読み取り方のアドバイスを手書きで付け加えた。
- ワークシートに記入する短所のところに線を引き、「『らがつく言葉』には短所があることをまとめよう」と書いておいた。

こうして、ほとんどの生徒がレポートを25分ほどで完成することができた。最後に、

グループで完成したレポートを見せ合って自分のレポートの書き方がよかったかどうかを確認した。

授業を振り返って

各教科で調べ学習をやってまとめる段になってから、レポートの形式を指示して書かせるよりも、事前に独立した形でレポートの形式について学び、実際に書く演習を行っておいた方が、生徒がレポートで報告するというゴールを思い描くことができ、調べ学習がやりやすくなると思います。それに、レポートの形式がわかっていても、実際に書いてみると、グラフの説明はどう書くのかとか、考察は何をどのように書けばいいのかとかがわからなくて書けないことが多くあります。特に考察は、書いてあっても単なる感想で終わっていたり、課題の答えになっていなかったりします。「ら抜き言葉をなぜ使うのか」に対して、「きちんとした敬語を使うべきだ」とか、「今度から気をつけたい」と書いている生徒もいました。生徒にとって、問いに対する答え、根拠に対する意見を対応させることはとても難しいようです。今回、演習を行うことでレポートの書き方が身につくと考えました。そこで、資料の読み取りで時間を取られないよう、必要最小限の資料にして工夫もしました。その結果、書き上げることはほとんどの生徒ができましたが、テーマに対する答えが正確に書けている生徒は半分にとどまりました。やはり、考察については、資料の読み取りや論理の展開を理解する力が関わってくるからでしょう。これは国語の指導の問題で、2年生や3年生も国語が苦手な生徒はここが苦手です。もう一度、ここだけ取り出して指導していかなければと改めて思いました。

(静岡県磐田市立城山中学校 教諭 萩田純子)

From SHIOYA

この授業は1時間扱いであるものの、国語を始め各教科等の学習を見通したときに必要であるとの萩田先生の判断が「教師の願い」から読み取れます。

この1時間では、社会的な内容と科学的な内容のレポートを比較することを通して共通点と相違点を確認することに留まらず、レポートの形式を理解して書く練習まで行っています。「練習」と萩田先生がいうのは、授業時間内で仕上がるようにするためにすでに書かれた部分があるワークシートや調べる資料が用意されているからです。そして、ワークシートには生徒がつまずきやすい点を理解したうえでの手立てが組み込まれています。この「練習」を国語で行っているからこそ、各教科等で活用することができるのです。

たかが1時間ですが、深い1時間です。

学年・教科	中学校2年生　国語	単元名	多様な方法で情報を集めよう

単元のねらい：より説得力のある「職業ガイド」を作成するために，集めた情報（インタビューと図書の情報）を観点ごとに整理し，自分の考えをまとめることができる。

探究の過程

課題の設定
- 問う
  - ・問いをつくる

情報の収集
- 見通す
  - ・計画を立てる
- 集める
  - ・調べる―メディアを選ぶ
  - ・調べる―情報を見つける
  - ◉地域に出て調査をする
    19　目的に応じて，インタビューやアンケートを行う
  - ・観察や実験をする
- 収める
  - ・情報を手元に置く

整理・分析
- 整理・分析する
  - ◉ものごとを分析し特徴や傾向をつかむ
    32　目的に応じて観点別に情報を整理し，特徴や傾向をつかむ
  - ・量を分析し特徴や傾向をつかむ

まとめ・表現
- まとめる
  - ・一つにまとめる
- 表現する
  - ・プレゼンテーションをする
  - ・事実や事柄を正確に伝える
  - ・根拠に基づいて考えを伝える

単元の流れ（4時間）

○学習内容を確認し，インタビューの計画を立てる。インタビューの仕方を確認しリハーサルを行う。可能な者は，家庭学習にて，インタビューを実施する。(＊1)

| インタビューをする | メモの取り方 インタビューの手順 |

○事前に作成したインタビューVTRを視聴しながらインタビュー内容を聞き取り，並行して，図書資料から情報を読み取り，ワークシートに書く。(＊2)

| 情報を書き抜く | インタビューのVTR 図書資料 |

○選択した職業の図書資料から読み取った情報をワークシートに記入し，2つの情報を整理する。(＊3)

| 観点をもとに比較する | 第2時で書き抜いたワークシート |

○情報を整理し，観点を絞って「職業ガイド」にまとめる。(4)

| 職業ガイドを書く | 原稿用紙 |

【評価】
観点ごとに整理した情報から共通点や相違点を見つけ，職業の特徴をつかんで，職業ガイドに自分の考えを書くことができる。

第2章　単元デザインに役立つ「デザインシート」と「授業レポート」

> **授業レポート**　目的に合わせた情報分析──情報整理で先を見る

▌教師の願い

　本教材は「書くこと」の教材であるが，よりよく書くためにはそれなりの情報収集が必要である。今までを振り返ると，興味のある事柄を選択してネット検索に頼り，そこから得た情報を丸写ししてまとめるという学習を繰り返してきた。書かれたものを見ると，生徒の考えが反映されておらず，事実の羅列となっている。そこで，生徒が書くものの内容を充実させるために，自分の足を使って聞いて集めた情報を整理するなど，実感をともなった情報収集を単元計画に組み入れたいと考えた。

　まず，生徒が聞いて情報を集めるためには，目的が要る。そこで，「職業ガイド」を作成するというゴールを位置づけた。次に，情報収集は，従来ならば，ネット検索が主であったが，インタビューも加えることにより，実感をともなった情報収集ができる。そして，読んで調べることと聞いて調べる（今回はインタビュー）ことの2種類の情報収集を行うことにより情報源が複数となり，情報の整理を行う必然性が生まれる。インタビューを行うことにより，2種類の情報を整理し，観点を絞って「職業ガイド」にまとめるという学習活動が可能になると考えた。

　さらに，今までの「書くこと」の教材では，「材料探し」→「段落構成」→「下書き」→「推敲」→「清書」という手順で文章を書かせるのがおきまりの指導であった。しかし，このパターンで文章を書くと，相手を意識し，根拠を明確にした文章になりにくい。主張を見出せないからだ。2種類の情報を整理して考えるという学習活動を設定することにより，主張と根拠がつながり，より説得性のある「職業ガイド」を書くことができると考えている。

▌授業の様子

＊第1時　よりよいインタビューの仕方を学んでリハーサルをする

　教科書を通読した後，ワークシートを使ってインタビュー時の細かい配慮の仕方を説明する（次ページワークシート参照）。その後，二人組をつくり，保護者役，生徒役の役割分担をしてリハーサルを行い，互いにアドバイスをし合った。生徒は，相手を保護者と想定して「今日は忙しいのに時間を取ってくれてありがとう」などと生真面目な挨拶から始めたり，「この前は部活の試合で負けちゃったけど応援ありがとう」などといったさりげない話題を入れたりして和気あいあいとインタビューを進めていた。

インタビューの方法を学ぶためのワークシート

　また、事前に撮影した4つの職業を示し、「職業ガイド」にまとめる職業を選択させた。この4つの職業（消防士、自動車整備士、パン職人、美容師）は、希望職種に合わせて準備をしたため、生徒は、混乱なく、またまんべんなく選択することができた。

＊第2時　インタビューVTRを視聴し観点に合わせてメモをする

　事前に撮影済みのインタビューVTRを視聴しながらインタビュー内容を聞き取り、ワークシートに情報をまとめた。今回はタブレットを使って撮影をしたものを、教室の隅で視聴した。職業別に順番に椅子をもって移動し、聞きながらメモをとった。その間、他の生徒は同じワークシートを使って図書資料からの読み取りをすることとした。

①消防士

　高等学校普通科在学中から専門学校に通って公務員試験に向けて学習に励み、消防士になった。昼夜交替勤務で、常に訓練に取り組み、緊急出動に備えている。命の危険にあった方が助かったという知らせを聞くと、ほっとしてしてやりがいを感じることが多い。

②自動車整備士

　高等学校卒業後、専門学校に行って資格を取り、初めは整備工場で働いていたがその後独立をした。資格が4つあり、常に勉強をして上の資格を目指していく。上の資格を取れば

インタビューVTR視聴の様子

信用が生まれ，難しい仕事も任されるようになる。今は女性の整備士も増え，女性ならではの需要も高まっている。

③パン職人

子どもにおやつを手づくりで与えていたことがきっかけで，パンづくりの面白さに気づくとともに，たくさんの人に安全で美味しいパンを食べてもらいたいと考えるようになった。素材を大切にし，季節に応じたパンづくりにこだわっている。

④美容師

高等学校卒業後，専門学校に通いながら仕事をしてきた。最初は掃除や洗髪をするところから始まり，次の年にはカラーをやらせてもらい，3年目からカットをするというように，毎年少しずつスキルアップをしている。お客さんが綺麗になって喜んで帰ってくれるところにやりがいがある。

パン職人のインタビューでは，その仕事に就いたきっかけに興味をもったようだった。消防士のインタビューでは，いろいろな現場に向かう消防士の具体的な苦労や喜びを詳しくワークシートに記入していた。美容師のインタビューでは，仕事内容がだんだんと難しいものになっていくことを興味深く聞いていた。

このインタビューを視聴している間，他の生徒は同じワークシートを使って図書資料からの読み取りをすることとした。ワークシートにあらかじめ示された「仕事内容」「就くために」「仕事の流れ」「うれしいこと（つらいこと）」「適性」という観点ごとに色分けをして図書資料のコピーにラインを引く作業に取り組ませた。この方法が生徒の集中力を高め，図書資料を真剣に読み取る様子が見られた。

＊第3時　観点を立てて情報を整理する

ワークシートにあらかじめ記載した観点で情報を整理し始めると，「図書資料からは読み取れないけれど，インタビューでは語ってもらえた情報がある」「インタビューでは十分に語ってもらえなかったが，図書資料なら情報を得ることができるものもある」などということに生徒は気づき始める。また，「観点によって，図書資料とインタビューでは情報の量が違うんだ」とか「図書資料とインタビューでは内容が一致しない場合がある」など，生徒のつぶやきがあちこちから聞こえてきた。

次に，図書資料とインタビューの情報を比較し，その共通点と相違点を考えさせた。「適性」は共通点が多かったが，その他の観点においては，図書資料ならでは，インタビューならではの情報量の違いがはっきり見られた。例えば，「仕事内容」は図書資料の方が精選されてわかりやすく詳しく紹介されているが，「うれしいこと（つらいこと）」は，インタビューの方が，実際に体験した人にしかわからない実感をともなった気持ちが伝

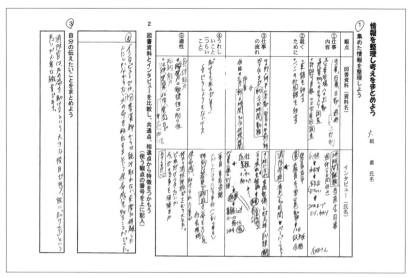

第2時・第3時で使用したワークシート

わっていたようだ。生徒はそこに情報の違いを見出し，別々の情報から，自分に必要な情報をつかむことで，自分の伝えたいことを絞っていった。

〈伝えたいことの例〉
- 消防官は体力や根気ばかりがあればいいのではなく，それ以前に知識が必要である。
- 消防官には「助けたい」という強い思いが必要である。
- 美容師として一人前になるには，毎日の積み上げが大事である。
- パン職人にとっては，お客さんの感想が励みになるのである。

これらの伝えたいことをもとにして職業ガイドを作成していったのであるが，作成に当たっては，自分の伝えたいことにたいして，つながりのある根拠となっているかを確認するように指示をしたが，完成した職業ガイドを点検すると，そこに力の違いが見受けられた。どのように指導していくかが今後の課題である。

■授業を振り返って

中学では，常に時間数が気になります。そのため，いままでの「書くこと」の学習では，方法や手順（テーマ設定，材料集め，段落構成）を説明して「さあ書きなさい」という指導をしがちでした。このような単元展開だからこそ，相手を意識した，説得力のある文章ができなかったのだと改めて実感しました。

まず，観点をもとに2種類の情報を比較することにより，選んだ職業の特徴が見えてきます。このように情報の裏付けがあるので自信をもって文章を書くことができるので

す。そこには，人に伝えたいという思いも浮かんできます。自ずと文章を書くことへの自信も生まれてくるのだと感じました。また，情報を整理していくと２つの情報が一致する場合ばかりでなく，食い違いがある場合もあります。一致しないことがあってこそ，情報整理の価値があるのだと思いました。だからこそ一つの情報が必ずしも正確なものではないとわかるのだと思います。そういう意味では，一つの情報のみでまとめる場合と，２つ以上の情報を整理する場合ではどのように違うのかを考えさせる時間をとれば，もっと生徒の気づきが深まったのではないかと思いました。また，ワークシートにはあらかじめ観点が示してありますが，自分で新たな観点を考えて付け加えるスペースを用意しておいてもよかったのではないかと思います。自由な観点を考えさせることで，もっと思考に広がりができたのかもしれません。

　次に，インタビューを何のために行うのかということを最初にしっかりと伝えることで学習が深まることを実感しました。観点を決めることにより，聞き取りに集中することができます。学習を深めるための手段としてのインタビューはたいへん有効であり，度々実施させることで人との関わり方もうまくなっていくと思われます。今回は，職業についてのインタビューを行う計画を立てましたが，実際に身近な人にインタビューをさせようとすると図書資料が不十分な職業に絞られてしまうため，最終的な目的を達成させるためには他の手立てを考えざるを得ず，教師が事前に用意したインタビューVTRを使用することとなりました。今回はリハーサルのみで，実際にインタビューをすることはできなかったのですが，今後，総合的な学習の時間などのさまざまな場面でこの学習が生きることを期待したく思いました。タブレットは気軽に持ち出せて，簡単に撮影できるのが便利ですが，視聴するときに音が小さいため，小型のスピーカーを併用することができるとよいと思います。視聴覚機器を使いこなすことも教師にとって大事なスキルだと感じます。　　　　　（静岡県磐田市立城山中学校　教諭　堀内典子）

From SHIOYA

　本単元の配当時間は全４時間。その中で，堀内先生が自分の授業改善をどのように試みたのかが，授業レポートを通して伝わってきます。特に最後の「授業を振り返って」では，指示や説明だけでは生徒は説得力のある文章を書くことができないという現実を見極め，何を変えれば生徒が意欲的に説得力のある文章を書くことができるのだろうかという問いをもとに，自身の気づきを綴っています。そこには，生徒が見通しをもつようにすることや，生徒が整理したり比較して考えたりする時間を設けることなど，教師の指示や説明だけに頼らない授業づくりの改善の跡が見られます。

| 学年・教科 | 中学校2年生　理科 | 単元名 | 電流の性質 |

単元のねらい：身のまわりの事物・現象に対して、疑問をもち、予想を立て、それを確かめるための方法を考える。実験や観察を通して、得られた結果（データ）を集約することで、事物・現象に対する疑問について、自分の考えを説明することができる。

探究の過程

課題の設定
- 問う
  - 問いをつくる

情報の収集
- 見通す
  - 計画を立てる
- 集める
  - 調べる―メディアを選ぶ
  - 調べる―情報を見つける
  - 地域に出て調査をする
  - ◉観察や実験をする
    24　仮説を立証する方法を発想し、観察や実験をする
- 収める
  - 情報を手元に置く

整理・分析
- 整理・分析する
  - ◉ものごとを分析し特徴や傾向をつかむ
    31　集めた情報を関係付けたり、多面的に見たりする
  - 量を分析し特徴や傾向をつかむ

まとめ・表現
- まとめる
  - 一つにまとめる
- 表現する
  - プレゼンテーションをする
  - 事実や事柄を正確に伝える
  - 根拠に基づいて考えを伝える

単元の流れ（6時間）

○直列回路と並列回路の豆電球の明るさ（単元内の学習課題）の違いについて、予想し、発表する（＊1）

- 予想する
- 確かめる方法を考える

- 予想を立てるための実験準備
- 予想と、調べる方法を書くワークシート

○電流計の使い方を理解する。(2)

○電圧計の使い方を理解する。(3)

○回路の組み立て方、電流計・電圧計の使い方を確認する（実技テスト）。(4)

○直列回路と並列回路の電流と電圧の値を測定する。（＊5）

- 測定する

- 測定結果を書くワークシート

○測定した結果より、直列回路と並列回路の電流と電圧の関係を導き出す。（＊6）

- 予想とデータを比較して考える

- 測定結果からわかったことを書くワークシート

【評価】
実験を正確に行い、得られた結果から、直列回路・並列回路における電流の性質について、自分の考えをまとめ、説明することができる。

第2章 単元デザインに役立つ「デザインシート」と「授業レポート」

授業レポート 実験結果を効果的に活用し，学習課題を解決できる力を身につける

■教師の願い

本校2年生の生徒に年間を通して，どの単元に対して興味関心があるかアンケートをとったところ，化学分野や生物分野に対する興味関心が強く，続いて地学分野，最後は物理分野という結果になった。特に物理分野（電気）に対する興味関心が低いことが顕著に出た。その理由として，電気回路を組み立てることやオームの法則を使って，電流や電圧，抵抗を求めることの難しさをあげる生徒が多かった。

アンケート結果より，生徒の電気に対する苦手意識を克服させたいと強く感じた。そこで，生徒が電気について調べたいという意欲を高めるための単元計画を考えた。授業展開として，(1)調べたいという意欲を高めるための導入，(2)調べるための操作を理解させるための工夫，(3)実験を行い，データを収集する，(4)収集したデータをもとに，学習課題を自分の力で解決する，という流れで進んでいく。自分たちが実験を通して得たデータをもとに，自分の力で学習課題を解決することで，苦手意識の克服につながってほしいと考えた。

■授業の様子

＊第1時　直列回路と並列回路の豆電球の明るさの違いについて考える

「直列回路と並列回路では，豆電球はどちらが明るいか」という問いに対して，約85％の生徒が，「直列回路の方が明るい」と答えた。理由として，直列回路と考えた生徒は，「並列回路は電流が分かれてしまうから」という考えが多かった。並列回路と考えた生徒は，「直列回路では，一つ目の豆電球で電流を消費してしまい，二つ目の豆電球は暗くなってしまうから」という考えが多かった。

しかし実際に，回路を作り調べると，並列回路の豆電球の方が明るいことに多くの生徒が驚いた。また，並列回路と考えた生徒も豆電球が2つとも同じ明るさで光ることに驚いていた。生徒が抱いていた予想と違った結果になったことで，疑問や興味が生まれ，なぜそのような現象が起こるのか考えたいという意欲を高めることができた。そして，その課題を解明するために，どのようなことをすべきかと問いかけると，

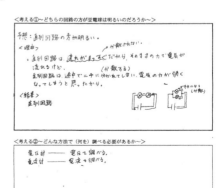

予想と調べる方法を書くワークシート

各回路の電流や電圧の大きさを調べる必要があると答える生徒が多く，次時の授業につなげることができた。

＊第5～6時　直列回路と並列回路の電流と電圧の値を測定し，測定結果より，直列回路と並列回路の電流と電圧の関係を導き出す

　直列回路と並列回路の電流と電圧の値を測定した。回路内の電流と電圧の測定場所は，教師側から提示せず，生徒自身で考えた。特に電流の測定については，話し合いが活発になった。「並列回路の中の分岐点の前後だけ測定すればいい」と考えた生徒が多くいたが，「回路が再び1本に戻る前後も測定して，分かれた電流は再び元の大きさになるのか確認したい」という考えも出てきて，回路の部分的なところに注目するのではなく，全体的にみることの大切さを生徒は話し合いの中で実感した。

　自分たちがワークシートに記入した回路図に測定する場所を記入し，実際に電流と電圧の値を測定した。多くのデータを得たことで，データを自分たちの予想と比較しながら，回路全体について，「電流については，分岐点のない回路では回路のどの部分でも電流の大きさが等しくなり，分岐点のある場合は，流入する電流の和と流出する電流の和が等しくなる。また，電圧については，抵抗を直列につないだ回路では各抵抗の両端の電圧の和が回路の両端の電圧に等しくなり，抵抗を並列につないだ回路では，それぞれの抵抗の両端の電圧は等しくなる」ことを見出し，自分の言葉でまとめることができた。さらに，並列回路の方が回路に流れる電流の大きさが大きいことを指摘した生徒もおり，この後の学習内容となる電気抵抗（電流の流れにくさ）につなげることができた。

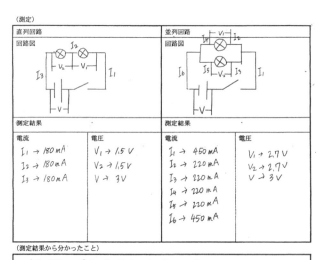

測定結果とわかったことを記入するワークシート

授業を振り返って

　理科は実験・観察によって，身のまわりの事物・現象の不思議を解き明かしていく教科です。生徒たちの理科に対する興味関心は高いにもかかわらず，途中で苦手という意識をもってしまうのは，実験や観察の道具の操作でつまずくこと，目的意識をもたずにデータの収集をすることによって，そのデータを効果的に活用することができないことが理由として考えられます。

　今回の授業実践では，導入時に，生徒の予想を覆す実験を行ったことで，「なぜ，そのような結果になったのか」という疑問が生まれました。疑問解決のため，電流計や電圧計の使用方法を理解し，直列回路と並列回路をつくりました。回路の中のどの部分の電流と電圧を測定するか班で話し合い，課題解決のために，自分自身が調べたいところをお互いに説明しました。班員全体の意見を尊重しながら，回路の中の調べられるところすべてを測定する班が多かったです。測定した結果を記録し，その結果をもとに直列回路と並列回路における電流と電圧の大きさはどのように違うのかを生徒の言葉でワークシートにまとめることができました。また，並列回路の方が回路に流れる電流の大きさが大きいことを指摘した生徒もおり，生徒の気づきや意見をもとに次時の学習内容につなげることができました。

　実験や観察によって，さまざまなデータを得ることができます。そのデータは数値，物質の特徴（色や形），成分などさまざまです。データの種類は違っていても，身近な事物・現象への疑問を解決するための大切な手がかりになります。今後の授業でも，何のために実験・観察を行うのか，その都度生徒と互いに確認し，正確にデータをとることができるように，単元計画を工夫していきたいです。

（静岡県磐田市立城山中学校　教諭　山本直也）

From SHIOYA

　実験・観察を情報収集の一つと見たとき，実験・観察の仕方は発達段階によりどのように変わるのでしょうか。小学校では結果を予想してから実験・観察を行うのに対し，中学校では実験の技能や思考を見通しをもって使う段階に入るため，用語も予想から仮説に変わります。中学校2年生では仮説を立証する方法を発想すること，3年生では集めた情報の処理に重点が置かれるようになります。授業レポートからは，生徒が見通しをもち続けるために「何のために実験・観察を行うのか，その都度生徒と互いに確認すること」，実験方法の発想や集めた情報の処理に生徒の気持ちを向けるために「正確にデータをとること」を，常に意識している様子が窺えます。そこには，「データをどのように生かして，生徒が抱く疑問や問いを解決するのか」という科学的思考の過程を重視している授業者の視点があるのです。

学年・教科	中学校2年生　国語	単元名	魅力的な提案をしよう　プレゼンテーションをする

単元のねらい：相手が理解し，興味関心を引く提案となることを意識して論理の構成を考え，資料を効果的に活用し，わかりやすくプレゼンテーションをすることができる。

探究の過程

課題の設定
- 問う
  - 問いをつくる

情報の収集
- 見通す
  - 計画を立てる
- 集める
  - 調べる―メディアを選ぶ
  - 調べる―情報を見つける
  - 地域に出て調査をする
  - 観察や実験をする
- 収める
  - 情報を手元に置く

整理・分析
- 整理・分析する
  - ものごとを分析し特徴や傾向をつかむ
  - 量を分析し特徴や傾向をつかむ

まとめ・表現
- まとめる
  - 一つにまとめる
- 表現する
  - ○プレゼンテーションをする
    - 46　相手や目的に応じたプレゼンテーションを行う
  - 事実や事柄を正確に伝える
  - 根拠に基づいて考えを伝える

単元の流れ（4時間）

○学習内容を確認し，教師のプレゼンテーションを示す。班ごとにプレゼンテーションのテーマを選択し，関連する資料から情報の読み取りをする。（＊1）

| 見通す | 見本のプレゼンテーションの準備 |

○班ごとに情報の読み取りについて意見交換をし，プレゼンテーションの分担を決める。教師の進行案を示して説明した後，各自で進行案を記入する。（＊2～3）

| プレゼンテーションの進行案を考える | 教師の作成した進行案ワークシート（進行案） |

○班ごとにプレゼンテーションのリハーサルをした後，発表会を行う。互いに評価をする。（＊4）

プレゼンテーションの様子

【評価】
材料を整理して構成を考え，資料を効果的に活用し，説得力のあるプレゼンテーションをすることができる。

第2章 単元デザインに役立つ「デザインシート」と「授業レポート」

授業レポート 意見に説得力をもたせよう——フリップの効果を生かして

教師の願い

本教材は「話すこと・聞くこと」の教材である。プレゼンテーションを活用してよりよく人に伝える方法を学ばせることがこの教材の目標なので，プレゼンテーションをどのように組み立てるとよいかを知り，どのように相手の興味関心を引く工夫をするかを考えさせる学習に取り組ませたいと考えた。その際，コンピュータのプレゼンテーションソフトを使う方法もあるが，誰もが取り組みやすく短時間で完成させられる方法として，今回はフリップを使ったプレゼンテーションに取り組ませることにした。資料は教師が事前に用意し，手際よく目標が達成できるよう配慮した。また，生徒は技術・家庭科の授業で事前にプレゼンテーションソフトを使ったプレゼンテーションの経験をしていたが，今回はフリップを使ったプレゼンテーションをするので，まずはその違いを知らせ，内容をよりよいものにさせるために，教師があらかじめ用意したプレゼンテーションをやってみせることにした。その際，本教材の評価の規準を意識して行い，実施したプレゼンテーションのどこによさや課題があるかを生徒に考えさせて意欲の向上につなげた。

授業の様子

＊第1時　教材の見通しをもつ

教科書を読んで教材の見通しをもち，教師のプレゼンテーションを見て，そのプレゼンテーションのよさ，問題点について話し合う。今回は生徒が発表する再生可能エネルギーの3つとは違う「バイオマスエネルギー」について教師が準備して発表した。生徒は教師の発表（「堀内班」の発表）を，目を輝かせて聞き，興味をもったようだ。発表のよさについて，項目が分かれていてわかりやすい，バイオマスエネルギーがよいものだとわかった，図があってわかりやすいなどの感想を発表した。

その後，生徒は班ごとに，3つの課題のうちの1つを選択し，教師が用意した資料から，発表に使える内容を読み取る。今回は，再生可能エネルギーをメインテーマとして，各班は「太陽光発電」「風力発電」「地熱発電」の3つから選択をした。教師が用意した資料は，各自にそれぞれB4用紙3枚ずつあり，「○○とは」「長所」「問題点とその解決策」という視点ごとに色を決め，あてはまる情報にラインを引いていった。生徒はやることが明確にわかっているのでとても熱心に集中して取り組んだ。

プレゼンテーションの進行案を記入するワークシート

＊第2〜3時　わかりやすく説得力のあるプレゼンテーションをつくる

　前時で読み込んでラインを引いた資料を班員同士で互いに見せ合い，それぞれの視点についてラインを引いた情報の確認を行い，プレゼンテーションに使える情報を整理していった。そして，「〇〇とは」「長所」「問題点とその解決策」の3つの情報はそのままフリップに記入することはできないので，よりわかりやすくするためにはどんな方法を使えばよいかを検討した。ここで，教師が用意したフリップを再び見せ，箇条書き，図や矢印の利用，小見出し，色の統一などの工夫がされていることに気づかせた。

　この後は班の中でフリップの分担を決め，個人の学習に取り組んでいった。フリップとせりふのそれぞれの内容が記入できるようなワークシート（進行案）に，各個人で記入をしていった。この際にも，教師の作成した進行案を示し，そこに工夫されていることを読み取ってフリップと同様の確認をした。授業内容を理解して，フリップの内容を工夫する生徒が多くいたが，情報を文章のまま書きうつす生徒も見かけた。そこで，生徒のよい例を示したり，個別に指導をしたりした。

＊第4時　班ごとの発表を聞き，よさを見つけ合う

　フリップを班で確認し合うための時間をとった後に，教師から相互評価の内容を知らせた。その内容は，「テーマ」「〇〇とは」「長所」「問題点，解決策」「まとめ」がそれぞれわかりやすく説明されているかどうかを4段階評価することが一つ。もう一つは，発表内容やよいところを文章表記するということである。

　その後，班ごとのリハーサルを行った。班員が机の周りで向かい合い，最初の挨拶から最後の挨拶までを通して行った。いよいよ発表会の寸前ということで，最終調整の時間に，リーダーが問題点を指摘したり，班員同士がアドバイスをし合ったりしていた。例えば問題点とその解決策に説得力があるかとか，テーマとまとめに一貫性があるかとか，「〇〇とは」を説明するときに図を指差した方がよいのではないかといった指摘が聞こえてきた。また，先ほどの評価の規準を意識して，発表内容の加除訂正に取り組ん

でいる様子が見られた。

　発表会は，フリップの図を指しながら仕組みを説明する生徒，箇条書きの部分を言葉を添えて詳しく説明する生徒，問題点に対する解決策を熱く語る生徒などが見られ，情報を読み取るうちに，その内容を自分のものとして理解してきた様子が感じられた。

■授業を振り返って

　ここでプレゼンテーションのやり方を身につけると，これから多くの教科領域でその力を役立てることができると思います。それだけでなく，社会に出てからいきなりプレゼンをやりなさいといわれて戸惑うこともなくなるはずです。内容的にも，技術面においても向上の余地はたくさんあるとは思いますが，まずはこの授業のような基本を身につける機会を与えることが，価値のあることだと感じました。

　発表会において，他の再生可能エネルギーと比較して自分の班が担当する再生可能エネルギーはいかによいものかを熱く説明する生徒の様子を見て，プレゼンテーションを使って相手を納得させようとする意欲が見られ，うれしく思いました。人にわかってもらいたいという気持ちは誰にもあることだと思います。それを，このような形で説明すればよいのだと生徒が感じ，これからも活用してみようと思ってくれれば，この教材をこのような形で行った価値があると思いました。

　　　　　　　　　　　　　　　　　（静岡県磐田市立城山中学校　教諭　堀内典子）

From SHIOYA ● ● ●

　4時間計画の構成は，見通しをもつことで1時間，プレゼンテーションを作成することで2時間，発表と振り返りで1時間となっています。

　見通しをもつことに全体の4分の1を使っていることから，この1時間の重要性が見えます。生徒が主体的に取り組むためには，ゴールのイメージが必要になります。そこで，堀内先生は，堀内班の発表と名付け，(1)プレゼンテーションの見本を示しました。ゴールを共有できたら次は，(2)ゴールまでに必要な視点を確認し道筋のイメージをもたせていました。そうしたうえで，(3)各グループのテーマ選びと関係資料の読み込みまで第1時で行っています。

　その一方で，プレゼンテーションの作成は2時間です。まずは(1)進行案の作成，そして(2)フリップの作成と段階的にすることで，短い時間で確実に出来上がる仕組みを整えています。

　このように，堀内先生の授業は，時間数が少ない中でも，生徒が活動する時間を丁寧に組み込んでいます。生徒が活動するには，時間が要ります。でも使える時間数は極めて少ないのが現状です。堀内先生は，活動内容を設定するときに，生徒にどういう力をつけたいのか，そして，他の単元や前後の学年とのつながりを意識し，最も適切な活動内容を選んでいるのです。

| 学年・教科 | 中学校2年生　国語 | 単元名 | 根拠を明確にして意見を書こう |

単元のねらい：根拠を明らかにしたり、反論に対する意見を主張したりして、構成を工夫した説得力のある意見文を書くことができる。

探究の過程

課題の設定

[問う]
・問いをつくる

情報の収集

[見通す]
・計画を立てる

[集める]
・調べる―メディアを選ぶ
・調べる―情報を見つける
・地域に出て調査をする
・観察や実験をする

[収める]
・情報を手元に置く

整理・分析

[整理・分析する]
・ものごとを分析し特徴や傾向をつかむ
・量を分析し特徴や傾向をつかむ

まとめ・表現

[まとめる]
・一つにまとめる

[表現する]
・プレゼンテーションをする
・事実や事柄を正確に伝える
・根拠に基づいて考えを伝える
　54　主張の根拠となる具体例・説明
　　　を加えて、意見文を書く

単元の流れ（2時間）

○学習内容を確認し、「双括型」「頭括型」「尾括型」の文章構成の違いを理解する。プレゼンテーションのフリップを意見文の段落に振り分ける。そして、進行案（156頁参照）のメモを文章にしてノートに記入する。（＊1）

　比較する　　　　　例文提示

○「双括型」を取り入れた段落構成を意識し、4段落の意見文を書く。1，4段落目……意見、2段落目……根拠、3段落目……予想される反論とそれに対する意見とする。（＊2）

　意見文を書く　　　・プレゼンテーションのフリップ
　　　　　　　　　　・原稿用紙

【評価】
自分の立場や根拠を明らかにしたり反論に対する意見を主張したりして、構成を工夫した説得力のある意見文を書くことができる。

> **授業レポート**　意見に説得力をもたせよう──反論に対する意見を取り入れて

■教師の願い

　小学校6年生では，出来事や資料をもとにして，根拠をまとめる学習が実施されている。そして，中学校1年生では，情報や資料を探す学習を行う。ところが，現実に生徒が書く文章に往々にして見られるのは根拠と意見が結びつかない文章である。これは「文章構成」「根拠」「情報探し」という個別の学習経験はあるが，それらを結びつけて説得力のある文章にすることが難しいためだと思われる。

　そこで，今回の学習は，意見文の内容を多様にすることに重点をおくのではなく，根拠と意見が結びついた説得力のある文章をつくらせることに重きをおきたいと考えた。そこで，既習のプレゼンテーションの学び（154頁参照）の直後に本教材を取り入れ，プレゼンテーションの内容をそのまま意見文にする中で，説得力のある文章にするための論理展開を考えさせた。根拠と意見がつながっているか，説得力があるかは，プレゼンテーションの班学習で検討しているので，それをそのまま文章にするという学習方法が生徒の抵抗を減らし，意欲的に取り組むことができるのではないかということも期待した。生徒のプレゼンテーションは，(1)「テーマの提示」，(2)「再生可能エネルギーのしくみの説明」，(3)「再生可能エネルギーの長所」，(4)「再生可能エネルギーの課題」，(5)「意見」という組み立てになっている。それを，意見→長所→課題とそれに対しての対策→意見という，双括型の4段落構成による意見文にさせたいと考えたのである。

■授業の様子

＊第1時

　教科書に沿って，「双括型」「頭括型」「尾括型」の文章構成の違いを読み取った後，教師が用意した話し合いの文章を使って使い分け方を確認した。今回は双括型の意見文を書くことを伝え，進行案のワークシート（156頁参照）を使って，ノートに「根拠」と「反論を想定した自分の考え」を文章化した。敬体の話し言葉や箇条書きで書かれた部分もある進行案のワークシートは，文章化するのに時間が掛かる生徒もいるので机間支援による個別指導も行った。

　「ボランティア活動の回数を増やした方がよいか」の話し合い
　司会　それでは，私たちの中学校でボランティア活動の回数を増やした方がよいかどうか意見を述べてください。
　伊藤　私は回数を増やした方がよいと思います。活動内容はそのままで，もっと地域に貢献するためです。
　藤田　私は活動内容を検討し直した方がよいと思います。ボランティアをやる内容の方が大事だからです。だから回数はそのままの方がよいと思います。

伊藤の意見が「頭括型」藤田の意見が「尾括型」

プレゼンテーションのフリップ

＊第2時　双括型の意見文を書く

　プレゼンテーションの発表をもとに意見文を書くことを確認する。まず，教科書を読んで，意見文を書くための学習の見通しを立てた。そして，それぞれの班が行ったプレゼンテーションのフリップをセロテープでつなげて黒板に貼り，再生可能エネルギーのよさを伝える自分たちの発表を振り返った。「根拠となる事実」は3枚目のフリップに，「想定した反論に対する考え」は4枚目のフリップにあることを確認し，しばらくの間，席を離れてフリップを見たり，ノートをもとに根拠や反論に対する考えを班員と確認し合ったりする時間を設け，意見文の作成に向けての事前準備を行った。

　生徒への確認事項は次の通りである。

(1)　1段落……意見，2段落……根拠，3段落……予想される反論とそれに対する意見，4段落……意見，という段落構成にすること。

(2)　常体で書くこと。

(3)　説得力のある意見文になるよう工夫すること。説得力をつけるために，具体的な事実を取り上げたり，反論に対する意見が筋の通るものとなるようにしたり，適切な接続詞を使ったりすること。

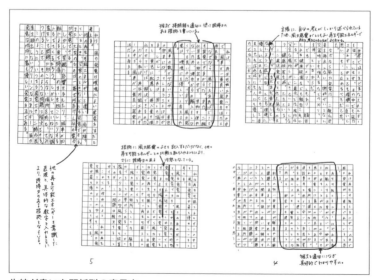

生徒が書いた双括型の意見文

■授業を振り返って

　とにかく作文を書くことには強い拒否感をもっている生徒が多いのが，中学校の国語科教師として頭の痛いところです。ましてや自分の意見をもって，それに説得力をつけなければならないとなると生徒にとってのハードルは一層高くなるはずです。しかし，今回のように，事前に班活動で行ったプレゼンテーションをもとにして書いてみよう，フリップ1枚について1段落で書けばいいのです，というように書くことを促していけば，生徒の抵抗が薄れてやる気も出ることがわかりました。このように授業を進めていくと，まったくお手上げで，つきっきりでないと書けない生徒は，各クラス1人いるかいないかとなりました。少し先を見通した授業準備をし，指導をすることにより，生徒がここまで変わることは私にとっての大きな発見であり，教師としての自信にもつながりました。

　今回，中学校2年生の意見文なので常体での表記を原則としましたが，中学に入学したばかりの生徒は敬体で書くことに慣れており，常体に変えさせるのに手間がかかります。そこで，常体による表記が普段からできるようにするための学習機会を設ける必要性を感じました。

　　　　　　　　　　　　　　　（静岡県磐田市立城山中学校　教諭　堀内典子）

From SHIOYA ● ● ●

　中学校2・3年生の国語では「説得力のある」「説得力をもたせる」というキーワードを見かけます。「説得力」が伝えるときに重要であるということは，多くの人が経験からイメージできますが，「説得力をもたせる」にはどうしたらいいか，何が必要かとなると，漠然としているのではないでしょうか。堀内先生は，そこを，具体的に示しながら授業を進めているのが印象的です。

　特に注目したいのは，表現するということで共通しているプレゼンテーションの単元（154～157頁参照）とつなげて考えていることです。プレゼンテーションは話す・聞く，意見文は書くの領域ですが，双方の単元を教師がつなげて考えていれば，生徒もつなげた見方をします。今回は，プレゼンテーションで話したことを，書くことへつなげることで，共通点と相違点を自然に認識できる単元の流れになっています。堀内先生は，生徒のつまずきとして，「現実に生徒が書く文章に往々にして見られるのは根拠と意見が結びつかない文章である」ことを取り上げ，この点をクリアするための方策として，プレゼンテーションの内容はそのまま利用し，構成の違いに目を向けることを考えました。だからこそ，第1時での「3種類の文章構成を理解する」，第2時での「双括型の意見文を書く」という2時間扱いが可能になるのです。ぜひ，プレゼンテーションの授業レポートとつなげて読み，2つの単元のつながりを探してみてください。

学年・教科	中学校3年生　理科	単元名	地球の明るい未来のために　終章「明るい未来のために」

単元のねらい：エネルギー資源の利用や科学技術の発展と人間生活との関わりについて認識を深め，自然環境の保全と科学技術の利用のあり方について科学的に考察し判断する態度を養う。

探究の過程

課題の設定
- 問う
  - ○問いをつくる
    - 4　共通テーマから自分の問いをつくる

情報の収集
- 見通す
  - ○計画を立てる
    - 6　問いを解決する過程を順序立てる
- 集める
  - ○調べる―メディアを選ぶ
  - ○調べる―情報を見つける
    - 14　メディアを選び，見当をつけて情報・資料を見つける
  - ・地域に出て調査をする
  - ・観察や実験をする
- 収める
  - ・情報を手元に置く

整理・分析
- 整理・分析する
  - ・ものごとを分析し特徴や傾向をつかむ
  - ・量を分析し特徴や傾向をつかむ

まとめ・表現
- まとめる
  - ○一つにまとめる
    - 43　主張と根拠，根拠のもとになる事実を構造化する（論理展開）
- 表現する
  - ・プレゼンテーションをする
  - ○事実や事柄を正確に伝える
    - 52　自己の考えを明確にして，報告する文章を書く
  - ・根拠に基づいて考えを伝える

単元の流れ（8時間）

終章に入るまでに，「自然環境」「科学技術」「エネルギー」の3つのテーマで，映像資料や本などから，これまでの学習とのつながりや現在における課題などにふれている。その中で，自分として興味をもったことや疑問は振り返りとして記録している。

○自分の問いから仮説をつくる。（*1～3）

仮説をつくる	ワークシート（問い・調べたいこと，キーワード・自分の考えを書く表）

○情報・資料を探す。（*4）

情報・資料を探す	図書　インターネット（科学ニュース・企業の研究結果など）

○論理的に説明できているのかを考える（*5～6）

根拠と仮説を結びつける	ピラミッドチャート・クラゲチャートなど

○自分の考えを明確にしてレポートにまとめる。（*7～8）

論理展開を確認	ピラミッドチャートなど

【評価】
自然環境の保全と科学技術の利用に関する事物・現象の中に問題を見出し，テーマを設定して調査を行い，自然環境の保全と科学技術の利用のあり方について，科学的な根拠に基づいて自らの考えを導いたりまとめたりして，表現している。

第2章 単元デザインに役立つ「デザインシート」と「授業レポート」

授業レポート 「自分の興味や疑問」に向かい合う──卒業論文を書く

■教師の願い

　学習指導要領の中には「育成すべき資質・能力の3本柱」が示されている。この3つの力は主体的に学びに向かう態度を育てる根幹のようなものと言えるだろう。

　そこで，義務教育最後の学年の最後の理科の学習として，これまで得てきた知識や技能，考え方などを総動員して「自分の興味や疑問」と自由に向かい合うことで，「学ぶ楽しさ・おもしろさ・難しさ」にふれてほしいと考えた。また，「卒業論文」という形式をとることで，学んだことを文字や言葉で表現する必要性を作り，論理的に説明する難しさや，相手にわかりやすく説明する大切さに気づき，よりよく伝えるためのスキルを身につけてもらいたいと考え，本単元における本活動を計画した。

　本単元ではこれまでの学習を振り返ると同時に，「自然環境」「科学技術」「エネルギー」という3つの大きなテーマを扱っている。これまでは目の前の試験管の中での実験や，与えられた資料の中から学んできたことが多かった理科の時間だが，本単元ではそれらをもとに，「未来に向けて何ができるだろう，何ができるようになったらいいのだろう」という展望をもつことを目指している。また，中学校3年生は高校進学，大学進学，就職など自分の進路についても考える節目のときでもある。そんなときに，未来の生活や科学技術，自然環境などについての情報を取捨選択することで整理して，自分の意見をもつことや夢を抱くことは非常に有意義であろうと思う。実際，こうした学習をすることで現代科学の現実や課題などを知り，「自分でも取り組んでみたい」という思いをもち，自分の進路を考える生徒も毎年いる。

　自分が興味をもったことや抱いた疑問について，これまでの理科の学習や各教科等で学んだ情報活用スキル活用して，より深く理解したり，解決したりすることで論理的な思考力を高めていきたいと考えた。また，自分の疑問や気づいたことなどをレポートという形で文章として表現することで，何が根拠でどんな結論や予想が言えるのかを意識し，考えをまとめて伝える大切さ・おもしろさにも気づいてもらいたい。

■授業の様子

＊第1〜3時　自分の問いから仮説をつくる・問いを解決する過程を順序立てる

　「書きたいことはあるけど，問いがわからない」「○○について書きたい。資料をどうやって探したらいいの？」

　卒業論文の授業に入ると，最初によく聞かれる生徒たちからの言葉である。こうした

作った問い・疑問・調べたいこと	キーワード・自分の考え
最高でどこまで上昇するのか 限界は？	グリーンランド氷床 がぜんぶとけたら 7m以上上昇する 氷河イベント…100年後 18～59cm ← 数万年ですべてとけることはない 毎年1～2ミリ上がってる 2万年前 今より 120m個 5000年前に今の高さ ← 人類がきた 体積α 安定してたから
温暖化 → 氷河をとかす 以外の原因はあるか	海が熱膨張でふくらんだ グリーンランドや南極の氷河がとけた 氷河がとける 1961～2003 1993～2003 ①温暖化のせい 1.1±0.5 2.8±0.7 ②海面上昇 1.8±0.5 3.1±0.7 ← 温暖化イベントの原因がある ③〇 0.7±0.7 0.3±1.0
☆ もし人類が滅亡する前に 陸地が全て 沈んだら人類や生物は生存できるのか 海上に住む？ 海底に住む？ 空もあるね？	技術!? 海底都市 ← good? 生物たちに影響？ 海上都市 ← 台風とか 波きたらやばい 天空都市 ← ?? ちがう星 ←
地球の質量は変化するのか → 公転周期や きめに影響？	NOW 60兆×100万トン → 宇宙は無重力だから関係ない？
人々の生活に変化はあるか	低地水没 海岸浸食 海水が川に入る 農業用水にまじることも 高潮や洪水 国土の低い国は水没
海面上昇が及ぼす影響	日本 満潮になると海面より低くなる土地が 861 km² 50cm上昇 → 1.6倍に増える (17兆円・286万人にえいきょう) 1m 〃 → 砂浜の90％きえる
北極の氷がとけて海になるのは、海面上昇しない 陸の上にある氷、海と接していない氷がとけて流れこむとする └ 海水の塩分濃度が低くなる	海面上昇 → 陸地⇩ → 人が… 海底でのメリットある 実習に構想…されてる

仮説（予想・自分の考え・） きっと～は～だろう

きっと、将来人類は 海底に住むだろう!!

地上がへる。 海底にすむの？ 人口は…

自分のテーマをもとに思い浮かんだり，知ることができたりした疑問や答えについての一覧

生徒の多くにとっては「書きたいこと＝問い」ではなく「書きたいこと＝題材（テーマ）」になっている。例えば「微生物のことについて書きたい」「宇宙の果てについて書きたい」という具合。

しかし、それでは卒業論文の問いとしては不十分である。「微生物の何を知りたいのか。微生物について学んできたことから、何が言えそうか」「宇宙の果てについて、どんなことが言われているのか。自分ではどう思っているのか、それはなぜか」というように、「興味をもったこと」から「問い」へと質を上げていくことが本時のねらいとなる。そのためにはたくさんの資料にふれることが大切である。このとき、資料の収集はインターネットではなく本で行うことが重要だと考える。図書館の資料は「日本十進分類法」をもとに分野ごとになっていて関係する本が見つけやすく、また図書であればある程度、内容に対する事実の裏付けがあるものに限られるからだ。自分のテーマに関して思い浮かんだ疑問や、知ることができた答えについては、一覧にしておく。

自分の興味がある資料が手に入ったら、マンダラートやイメージマップなどを使い、自分の問いをつくることができ、それに対する仮説（自分の考え）が生まれる。このとき、仮説に必要な根拠も同時に探すことになるので、根拠と仮説の間を行ったり来たりすることは仕方ない。そうすることで、仮説は練り上げられるのだ。そのため生徒には論文を書き出す前までは、仮説が変化する可能性があることを伝え、練り上げる時間を十分に確保しておく。

＊第4時　見当をつけて情報・資料を探す

自分の問いから仮説ができた後は、その仮説を実証するための根拠（情報）を増やし、主張を論理的なものにしていく。

まずは該当する分野の図書から探していくが、ここでは表紙や目次の言葉に注目するように伝える。すると生徒たちは、自分たちの必要としている根拠（情報）があるかないかを、目次などのキーワードから瞬時に判断し、いろいろな本を手にしていく。ときには、同じ分野を調べている生徒同士で情報交換も行われる。こうして調べているうちに見つけた「使えるかも」という根拠（情報）を生徒は記録していく。

見当をつけてメディアを選び情報・資料を探す生徒

しかし，ここまでくると図書だけでは限界があることもある。最新の科学ニュースや企業の研究結果，公共団体の調査結果などが必要になってくることがあるためである。「もっと最新の情報が欲しい」「最新の○○の技術を知りたい」。そんな必要性が生徒に出てきた時に，インターネットは有力になる。根拠（情報）を見つけたときの「あった!!」という言葉は，理科の実験をしたときの「わかった!!」と同じような響きをもっている。

＊第5～6時　根拠（情報）と仮説のつながりを組み立てる
　根拠（情報）が集まった後は，それが自分の仮説を主張するうえで十分か，ピラミッドチャートを使って教師と個別に確認をしていく。
　まず，3段のピラミッドチャートの最上段には自分の仮説（問いに対する答え）を記入する。そして，集めた情報の中で「これは仮説を説明することができる」と考えたものを最下段に書かせていく。この段階で情報の取捨選択をある程度考えるように生徒に声をかけていく。そのときの規準として，「その事実は他人（教師や友人）に反論されても答えられるものか」という点を意識させた。
　例えば，生徒の仮説は「微生物が未来のエネルギー源である」とする。この仮説を支える根拠として「ミドリムシによるエネルギー開発」を選んだとすれば，この情報を本やインターネットから見つけたとき，生徒は自分の主張に使えると思って選んできていると考えられる。しかし，それに対し，「ミドリムシのエネルギーは確かに存在するが，コストがかかりすぎる」と他人に反論されたらどう答えるか。
　この段階で，もし反論できればそれだけ事実（情報）を理解し，自分の主張へのつながりが強く考えられていることになる。反論できないときは，文字で見つけただけの事実（情報）であり，自分の仮説とのつながりは弱いと判断できる。こうして，事実と仮説との結びつきの強さを確認させていく。中には，他人が反論できないほど，主張とのつながりが明確な事実が書かれていることもある。それは「いい事実を選んだ」と褒めていく。
　次に，事実と主張とのつながりを個別に確認した後，チャートの中段には指摘された反論などに対する答えを記入する。
　先の例でいえば，「ミドリムシのエネルギー開発にはコストがかかるが，大量生産が可能になれば今の石油のように使えるだろう」。この中段の言葉によって，「だからこそ，微生物が未来のエネルギーになりえるのだ」という仮説との結びつきを説明することになる。つまり，中段には具体的な事実と仮説をつなぐ言葉や表現が入る（複数の事実を合わせた言葉が入ったり，中段に何も入らなかったりする場合も考えられる）。

ピラミッドチャートは埋めるために使うのではなく，あくまでも自分が論理的に説明できているかを確認する道具として利用する。

*第7～8時　自己の考えを明確にしてレポートにまとめる

こうして根拠（情報）と仮説が集まった後は，自分の仮説を主張するのに十分なものなのかピラミッドチャートなどを使って個別に教師と生徒で確認していく。
1　仮説は問いに対する答えになっているか。（上段）
2　仮説と強いつながりのある事実を選んでいるか。（下段）
3　仮説と事実をつなぐ言葉が書かれているか。（中段）

そうすることで，必要だと思っていた根拠（情報）が余計であったり，十分だと思っていた根拠（情報）が足りなかったりということに気づき，根拠（情報）の取捨選択が始まる。今回の授業では自分の仮説を裏付ける根拠（情報）は最低2つ，最大3つまでとして本当に必要だと思う根拠（情報）だけに絞り込むようにした。

その後はレポートの基本的な形式である序論，本論，結論について国語の学習内容と関連させながら確認をし，形式にそってまとめていく。ここでは理科なので，文章の書き方の指導はほとんど行わず，ひな形を用意して本論なども記入するようにした。ただし，自分の仮説は何が根拠（情報）なのか，どうしてそう思ったのか，という点で論理的な記述がされているのかということだけはこだわるように伝えてレポートをまとめさせた。

ここで，いくつかのテーマを紹介する。
○「ミドリムシの油が未来のエネルギー源になるだろう」という考えを述べた
　→「ミドリムシの油が未来のエネルギー」
○「人が自分のクローンを作ることで，貧富の差は大きくなっていくだろう」という考えを述べた
　→「クローン技術の可能性」
○「農薬が引きおこすリスクをマネージメントすることはできないのか」を問う
　→「農薬によって起こり得る生物が消え去り静まりかえった世界になるシナリオを回避するためのレポート」
○「不老不死とは何か。不老不死には何が必要か。不老不死になるとどうなるのか」に迫った
　→「人類は不老不死を手にすることができるのか」

生徒たちは，自分たちで調べた内容や事実をお互いに紹介することで，満足そうな表情をしていた。今年度はこの卒業論文のプレゼンテーションまでは行うことができなか

生徒のレポートの例
タイトル「みんな海中人」

ったが，日頃から発表やプレゼンをいろいろな授業や活動で行っていれば，大した準備をすることもなく自分の主張を伝えることは十分に可能である。

■授業を振り返って

卒業論文を書く授業を行っていると，毎年「自分の問いをつくる」ことで多くの生徒が苦しんでいます。これができるかどうかは日頃から「なんでだろう」という意識をもっているか否かに大きく依存していると考えています。

「蛇口をひねると水が出る」「スイッチを押すと，部屋の電気がつく」「スマホの画面を押すと，相手の声が聞こえる」。あまりにも日常的になりすぎていて，その仕組みや構造をあえて考えることもなく，ブラックボックスのままになっているようなものが現代社会には多くあります。しかし，現象には必ず原因と理由があります。ブラックボックスのままでも生活はできますが，仕組みがわかったとき生徒たちは「わかった！」「そうだったのか！」ととても嬉しそうに言います。「？だったことを！に変える」卒業論文を書くという経験をすることで，身のまわりにたくさんの「？」があることに気づき，

どうしたら「！」になるのかを知ることで，学ぶ楽しさを実感してもらいたいと思います。
(静岡県沼津市立静浦小中一貫学校　教諭　河村嘉之)

From SHIOYA ●●●

　「レポート」という用語があるということは，一目見てこれがレポートだ！とわかる形式があるということです。生徒がレポートの形式を知り，レポートを書くことができるための基本的な知識や技能は，中学校1年生の国語で習得します。レポートには，社会的なレポートと科学的なレポートがあります。基本的な書き方は国語で学びますが，自分の問いを解決することまで含めると，国語では扱うことができません。河村先生のように，理科の授業でレポートを書く授業が行われて初めて，生徒は科学のレポートが書けるようになるのです。

　その一方で，生徒が理科の授業でレポートを書きあげるには，理科の授業内容だけなく，レポートの形式を指導する国語の教師との連携や，授業と図書館をつなぐ役目をしている司書教諭との連携などが必要になってきます。限られた授業時数で多くの内容を扱っているため，レポートを書く単元設定も容易なことではありません。

　しかし，河村先生の授業レポートからは，その大変さを吹き飛ばしてしまうほどの，生徒の成長ぶりが生き生きと伝わってきます。科学のレポートは，理科の時間でしか書くことができないのです。限られた時間の中で，生徒がレポートを意欲的に書きあげるために，河村先生は，スモールステップ（No.4　共通テーマから自分の問いをつくる　No.6　問いを解決する過程を順序立てる　No.14　メディアを選び，見当をつけて情報・資料を見つける　No.43　主張と根拠，根拠のもとになる事実を構造化する（論理展開）　No.52　自己の考えを明確にして，報告する文章を書く）を踏んで進めています。

　このスモールステップを生徒にも見せているのは，見通しをもつことが問題を解決するときに必要だからです。そして，見通しをもつことで主体的に取り組むことができるようになるからです。つまり，生徒は，レポートを書くことを通して，科学のレポートの書き方を習得するだけでなく，問題を解決するための学び方も学んでいるのです。

| 学年・教科 | 中学校3年生　数学 | 単元名 | 標本調査 |

単元のねらい：標本調査について，日常の事象や社会の現象を数理的にとらえ，数学的に表現・処理し問題を解決したり，解決の過程を振り返って統合的・発展的に考察したりする活動を通して，標本調査の必要性と意味を理解するとともに，母集団の傾向を推定し，判断することや，標本調査の方法や結果を批判的に考察し表現することができる。

探究の過程

課題の設定
- 問う
  - 問いをつくる

情報の収集
- 見通す
  - 計画を立てる
- 集める
  - 調べる―メディアを選ぶ
  - 調べる―情報を見つける
  - 地域に出て調査をする
  - 観察や実験をする
- 収める
  - 情報を手元に置く

整理・分析
- 整理・分析する
  - ものごとを分析し特徴や傾向をつかむ
  - ◯量を分析し特徴や傾向をつかむ
      39　標本調査の必要性と意味を理解する
      40　データの分布の傾向を比較したり，標本から母集団の傾向を推定したりする

まとめ・表現
- まとめる
  - 一つにまとめる
- 表現する
  - プレゼンテーションをする
  - 事実や事柄を正確に伝える
  - 根拠に基づいて考えを伝える

単元の流れ（7時間）

○集団の性質や傾向を調査するために，どんな方法が使われているのだろう？（1）

○標本調査の必要性とその意味を理解しよう。（2）

○標本調査による推定の仕方を考えよう。（3～4）

○標本調査の利用・1　（5）

○標本調査の利用・2　日本の古典小説と入試に使われた現代小説とでは，漢字の使われ方にどんな違いがあるのだろう？（*6）

標本調査の利用②　・ワークシート（古典小説と現代小説）・ペア学習

○標本調査をしてわかったことをポスターにまとめよう。（*7）

【評価】
・標本調査に関心をもち，その必要性と意味を考えたり，母集団から偏りなく標本を抽出したり，母集団の傾向を推定したりしようとしている。
・問題を解決するために，標本調査を行い，母集団の傾向をとらえ説明することができる。
・問題を解決するために，無作為に標本を抽出し整理することができる。
・標本調査を行い，問題を解決する手順を理解している。

第2章 単元デザインに役立つ「デザインシート」と「授業レポート」

授業レポート 標本調査って面白い！――数学，国語，図書館がつながると

教師の願い

　小学校算数科では，統計的な問題解決の方法を知るとともに，棒グラフ，折れ線グラフ，円グラフ及び帯グラフを学習し，度数分布を表やグラフに表したり，データの平均や散らばりを調べるなどの活動を通して，統計的に考察したり表現したりすることを学習している。

　さらに中学校数学科において1年生では，目的に応じてデータを収集して整理し，ヒストグラムや相対度数などの基礎的な統計的手法を用いてデータの傾向を読み取ることを学習している。2年生では，複数の集団のデータの分布に着目し，その傾向を比較して読み取り，批判的に考察して判断する力を養っている。具体的には，体力テストの結果などをデータとして扱い，四分位範囲や箱ひげ図と呼ばれる手法を用いて年度ごとのデータから分布の傾向を比較して読み取り，「中学生の体力は以前に比べて落ちているといえるか」などについて考察する。

　ここでは，さらに1年生で学習した統計的手法を用いて多面的に考察する数学的活動を通して，「1種目だけのデータで十分なのか」など，批判的に考察することの必要性に気づくことが大切である。そして3年生では，これらの学習の上に立って，母集団の一部分を標本として抽出するデータ活用の方法や，抽出した標本の傾向を調べることで母集団の傾向が読み取れることを理解できるようにするとともに，標本調査の方法や結果を批判的に考察したり表現したり，母集団の傾向を推定し判断したりできるようにすることをねらいとしている。

　現代社会が「高度情報化社会」と言われるようになって久しいが，インターネットの活用によって情報が双方向性と情報の大量伝達という面で加速度的に発展しており，求めれば簡単に情報が手に入る一方で，大量の情報の中から何をどのように選択するかは，現代社会に巣立つ生徒たちにとって中学校卒業までに必ず身につけておかなければならない課題であるともいえる。すなわち，(1)正しい情報であるかどうかを判断する力，(2)複数の情報を比較，検証する力，(3)自分とは違う立場の意見，対立する意見を客観的に考察する力を養う役割を学校が担っているということでもあろう。

　本単元の学習は，高度情報化社会に生きる力を養う重要な場として位置付けられていると考える。そのため，教材として扱う学習場面を身近なものにすることは生徒の学習意欲を高めるうえで重要なポイントである。本校では朝の読書活動に子どもが熱心に取り組んでいること，高校入試の前後に学ぶ単元であることを考慮し，古典小説と入試に採用された現代の小説に使われている漢字の数を無作為抽出して比べることによって，

現在と過去の文学作品で使われている漢字の数を推定することを学習課題とした。

授業の様子

＊第6時　標本調査の利用・2

　本時の授業は，高校入試の国語で出題された小説の読み聞かせから導入した。取り上げたのは小川糸著『あつあつを召し上がれ』，有川浩著『阪急電車』，西加奈子著『さくら』である。生徒たちは入試を思い出したり，「全編を読んでみたくなった」と話したりといった反応を見せたが，次に教科書の教材，井伏鱒二著『黒い雨』を読み聞かせると，前の三作品との文体の違いや描写されている情景の違いに，大いに興味をもった様子だった。

　次に，それぞれの文章で漢字の使われている比率が比較的わかりやすいページを選んで提示した。生徒からは，「何となく難しそう」「最近の小説の方が読みやすそう」といった直感的な感想をつぶやく声が多く聞こえてきた。そこで気づいたこと，「昔の小説の方が漢字を多く使っていると予想できる」ことを，「統計的手法を使って検証する」という学習課題として，生徒自らの声でつかんでいった。

　実際に小説を図書館から借りて用意し，調べようとする段階で，全部のページについて調べることはかなりの重労働であることを感じた生徒が出てきた。ここから，大きな母集団の傾向をつかむための手法として「全数調査」と「標本調査」があることの意味と必要性についての自然な理解を図ることができたので，調査する小説の担当を分担した。『黒い雨』を選択する生徒は2名で，残りの30名は現代文学を選択した。これは，前時に学習したみかんの重さを題材にしての標本調査が意外に大変だったということもあるが，それ以上に自分が普段読んでいる小説にどれくらいの漢字が使われているかその

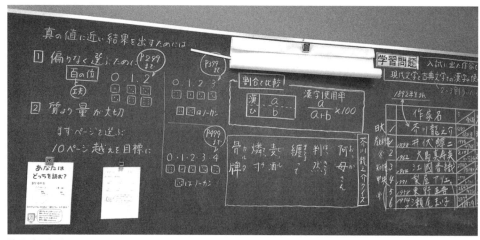

第6時の板書

第2章 単元デザインに役立つ「デザインシート」と「授業レポート」

調査する小説を分担してデータ処理に取り組む生徒

データ処理に使用したワークシート

ものにも興味をもった様子であり、思い思いに自分の好きな小説を手にしていった。しばらく生徒の表れを見ていると、特に現代小説では、「会話が多いページとそうでないページとでは漢字の使われ方が違うね」「適当にページを選んでいいのかな」という声が聞こえ始め、自然に乱数さいを手にしてページの抽出に入っていった。

　標本調査の活動はペア学習の形態で行い、数える役割と結果を記入する役割とを交代で行うことによって作業効率を高め、小説をつい読んでしまう生徒もいると思われることから、ワークシートを用意してデータ収集に集中して取り組むことができるように配慮した。自分たちでとらえた課題なので、生徒から聞かれる声を聞くと、前時のみかんの重さを用いたときよりも取組みは前向きであった。数を調べた後は、漢字とひらがなの各々の合計、漢字使用率を計算した。次時は調べた結果をポスターにすることを伝えた。

*第7時　標本調査をしてわかったことをポスターにまとめよう

　まず、作品ごとに漢字使用率を一覧にした。『黒い雨』が35％に対し、入試で使われた現代作家の漢字使用率はほとんど25％前後という結果になった。そこから、どのような方法でこの結果を伝えれば効果的かを考え「標本調査の結果からわかる漢字の使われ方の傾向をとらえ、ポスターにまとめよう」という学習問題をつくった。

　書く前にポスターに盛り込む内容を確認したところ、生徒からは以下の条件が出た。

(1)『黒い雨』と現代の作品を比べること　(2) 現代の作品は1つでも2つでもよい

(3) 数学的にとらえた傾向を書く　　　　(4) 自分の考えを書いてよい

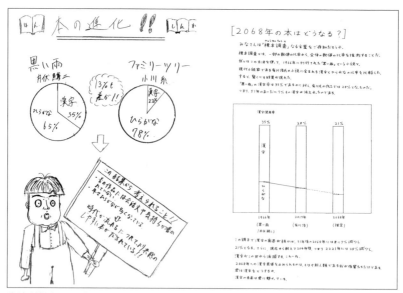

生徒が作成したポスター

　また，1時間の授業内で書き上げるため，ポスターと言ってもあまり大がかりなものにはせず，A4の紙に書いていくこととした。

　比較するものが明らかであり，前時で「標本調査の結果からわかる漢字の使われ方の傾向」をとらえているので，生徒は，それほど悩まずにポスターを書き上げた。仕上がった後グループで見せ合い，振り返りを書いて授業を終えた。

授業を振り返って

　本単元は中学校3年間の最後の単元でありながら，これまでは教科書の題材を基に統計的処理のテクニックを身につけることを主眼に置いた授業をしてきました。いくつかの教科書の題材を見比べると，みかんの重さ，ハンドボール投げの記録，ペットボトルのキャップの色などをデータとして，標本調査を体験する単元となっています。今回，図書館担当教諭と連携をとりながら単元計画を立てるに当たり，「PPDAC」サイクルの「分析・結論」を見通して，教科書の扉ではなく，入試問題に採用された現代文学を題材に導入しました。このことから，単元の終末には「現代文学と古典文学に使われている漢字の数の違い」を分析するんだな，という見通しと課題意識を生徒がもった状態で学習を進めることができました。実際の標本調査の技能を身につける授業では，教科書の「50個のみかんの中から10個を抽出して標本調査」する学習問題を用いました。例年に比べると，後に漢字の数を調べるという目標が定まっていることから，「標本調査って，

作業があって面白いね」「本当に母集団の平均と標本の平均は近いものになるのかな」という声が聞かれ，課題意識をもった追究となりました。

　生徒自身で課題をもって取り組んだ「文学作品に使用されている漢字の数」の標本調査の場面では，データの抽出のしかた，表と記号を用いた数え方，作業効率を考えた役割分担など，前時までに学んだ統計的な処理の技能を確認していくような形で進んでいきました。『黒い雨』のページは現代作品に比べて明らかに漢字が多いために結果は容易に予想できるのですが，それでも集中してデータ処理に取り組むことができたのは，統計的処理に少なからず好奇心をもつことができたためであると思われました。追究していく中で，「会話のページになると，なお一層漢字が少なくなるね」などの声が聞こえてきました。そのときは「そのために無作為抽出という処理方法があるんだね」と全体にも広めて確認しましたが，新学習指導要領の中に「批判的に考察し判断する」という表現が新たに加わったことから，この点は，来年度の課題としてとらえました。

（静岡県沼津市立静浦小中一貫学校　教諭　武舎章充）

From SHIOYA

　算数・数学は，学年が進むにつれ具体から抽象へと移っていきます。武舎先生の授業には，抽象化を好む生徒も，そうでない生徒も，自然に数学の世界に入り込める仕掛けがあります。鍵になるのは「生徒自身の問題意識」です。このような生徒の好奇心や関心を引き出す必要性は誰もが感じてはいるものの，少ない時数の中での単元計画については，多くの教師が苦慮している点でもあります。

　教科書に提示されているように，生徒の日常に沿った題材をもとに標本調査の技能を身につける単元構成は，扱ったたとえが身近であればあるほど，生徒は状況をイメージしやすくなります。しかし，それだけでは，技能を身につけるだけで終わってしまい，日常にあふれているデータの活用場面に生徒の気持ちを連れていくまでには至りません。今回の授業レポートにある活動（第6時・第7時）では，標本調査のデータ処理という知識・技能を，生徒自身の問題意識に沿って活用するときに，生徒の気持ちを動かす仕掛けが散りばめられています。特に，「高校入試の国語で出題された小説」，「国語の教科書教材『黒い雨』」，「文学作品に使用されている漢字の数」，「ポスターにまとめる」などは，教科をつなぐ視点がなければなかなか出てきません。

　このように，各教科等から題材や場面を見出そうとしていくときに，教師間の連携が必要になるのは言うまでもありません。武舎先生の学校では，カリキュラムマネジメントを校内研究の軸に据えています。単元計画を見たり1時間の授業を参観したりすると，教師間の連携によって生み出されたであろう「すべての生徒の気持ちを連れてくる仕掛け」を垣間見ることができます。学びがつながる面白さを教師が知っているから，生徒も味わうことができるのです。

| 学年・教科 | 中学校3年生　音楽 | 単元名 | 音楽の特徴や背景を理解してその魅力を味わおう |

単元のねらい：
・音楽の共通事項（音色，リズム，速度，旋律，テクスチュア，強弱，形式・構成など）と曲想の関わりを理解するとともに，曲の魅力とその根拠について言葉で表すことができる。また，プレゼンテーションの能力も高めることができる。
・他者のプレゼンテーションを通して，自分とは異なるとらえ方や感じ方を知ることができると同時に自分のプレゼンテーションの内容や方法を振り返ることができる。

探究の過程

課題の設定
問う
・問いをつくる

情報の収集
見通す
・計画を立てる

集める
・調べる―メディアを選ぶ
・調べる―情報を見つける
・地域に出て調査をする
・観察や実験をする

収める
・情報を手元に置く

整理・分析
整理・分析する
・ものごとを分析し特徴や傾向をつかむ
・量を分析し特徴や傾向をつかむ

まとめ・表現
まとめる
・一つにまとめる

表現する
・プレゼンテーションをする
　　46　相手や目的に応じたプレゼンテーションを行う
・事実や事柄を正確に伝える
・根拠に基づいて考えを伝える

単元の流れ（2時間）

〇組曲「展覧会の絵」から《第2曲「古城」，第5曲「卵の殻をつけたひなどりのバレエ」，第10曲「キエフの大きな門」》の3曲を聴く。聴き比べた後，気に入った曲を1曲選び，何度も聴きながら，音楽を形づくっている要素や構造と曲想との関わりを理解し，曲の特徴や曲のよさを聴き手が理解しやすい文章にまとめる。（＊1）

［言葉で表す］　［鑑賞シート］

〇まとめた文章をもとに友達とプレゼンをし合い，楽曲についての理解を深める。（＊2）

【評価】
・音楽の共通事項（音色，リズム，速度，旋律，テクスチュア，強弱，形式・構成など）と曲想との関わりに関心をもち，鑑賞する学習に主体的に取り組もうとしている。
・音楽を形づくっている要素や構造と曲想との関わりを理解して，解釈したり価値を考えたりし，根拠をもって批評するなどして，音楽のよさや美しさを味わって聴いている。

第2章 単元デザインに役立つ「デザインシート」と「授業レポート」

> **授業レポート** 曲のよさをプレゼンテーションしよう

■教師の願い

　プレゼンテーションとは，自分のアイディアや主張などを聴き手にわかるように発表することである。曲のよさをプレゼンするこの学習では，自分なりにその曲の特徴やよさをとらえ，その感じ取った内容を共通の音楽的な根拠（ポイント）と結びつけて，聴き手が理解できるように伝えることが大切である。いつもは，曲を大まかにとらえた感想にとどまっている鑑賞活動だが，聴き手が理解できるように伝えるためには，話し手の曲理解がしっかりできていなければならないため，何気なく聴くという活動から主体的に聴くという活動へと展開できると考えた。また，共通の音楽的な根拠（ポイント）を聴く視点にし，音楽的な根拠と曲想との関わりを理解し，解釈したり価値を考えたりすることで，根拠を意識しながら考えをまとめて伝える力も高めていきたいと考えた。

　さらに，友達と互いにプレゼンし合うことで，人によってさまざまな感じ方があることを感じることができる。この活動を通して，子どもたち一人一人の音楽に対する価値意識を広げていってほしいと願っている。

■授業の様子

＊第1時　この曲のよさはこれだ！

　子どもたちは，組曲「展覧会の絵」の楽曲について知ると，《第2曲，第5曲，第10曲》の3曲を聴き，それぞれの曲の雰囲気や魅力の違いから，お気に入りの1曲を選んだ。「リズムが細かくて速い感じがいいな」「3曲中，唯一，暗い感じで静かな曲があるな。僕の好みだな」「やっぱり迫力のある曲が1番だ」など，それぞれの曲から受ける第一印象を根拠に，プレゼンする曲を決めていった。

　1曲が決まると，その曲の特徴をとらえようと子どもたちは何度も繰り返し曲を聴いていった。曲ごとにCDを準備し，聴き直しができるように鑑賞スペースを設けた。同じ曲を選んだ子どもたちが集まり，「何度も同じ旋律が繰り返されているな」「主旋律を演奏している楽器は何かな」とCDデッキに耳を傾けて真剣に聴く様子も見られた。「演奏している様子も知りたいからDVDも見てみたいな」とDVDで演奏している楽器を確かめたり，指揮や演奏シーンからボリュームやダイナミクスを感じ取ったりと，自分から聴き直し，曲のよさに結びつく曲の特徴（情報）をメモしていた。

　その中で，子どもたちは，その感じ取った情報内容を共通の音楽的な根拠（ポイント）と結びつけて，曲想との関わりを理解し，解釈したり価値を考えたりすること（整理・

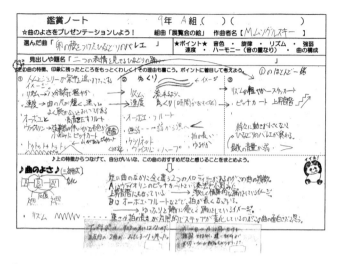

プレゼンテーションするためのワークシート　例

分析）も行っていた。「はじめは、主旋律がオーボエで優しく演奏されているが、中盤に楽器が増え、演奏もだんだん強くなる。そして、はじめのような静かな演奏に戻る」「八分音符の細かいリズムを弦楽器の弾む音と高い音で演奏し、ひよこの軽いステップのような軽やかな感じを出している」「はじまりは、金管楽器やシンバル、打楽器の音で重厚感や迫力を感じる。中盤は急に静かな演奏に変化するが、鐘の音が続くと、最後は、最初よりも力強い音で演奏されている。門が完成し、人々の喜び、にぎやかさを最大で表現している感じがして、一番印象に残る」など、曲の音楽的な特徴と曲想とを関係付けて、自分なりの解釈をして曲のよさを文章にまとめていた。

＊第2時　曲のよさをプレゼンし合おう！

　次の時間、まとめた文章をもとにグループの友達とプレゼンをし合った。グループの中には、同じ曲をプレゼンする子もいれば、違う曲をプレゼンする子もいる。プレゼンをする人は、メモをもとに話し、聞く人は、共通点や相違点を探し、色分けした付箋にメモをした（ピンク……共通点，緑……相違点）。

　同じ曲をプレゼンする子どもたちは、互いのプレゼンを聞き合い、「力強いイメージをもったのは、私と同じ。強弱を感じるところも同じだった」「曲に対するとらえ方（力強く→優しく→まとまっていくみたいな）は同じだった。でも、その曲のイメージを門ができるまでの過程ととらえていて、自分とは違う、新しい考え方だと思った」「はじめ→なか→おわりにかけて人々のわくわくした気持ちを音で表現しているとらえ方は私とは違った」というように同じ曲でも違う楽曲のとらえ方を知り、新しい魅力を発見していた。

　また、違う曲をプレゼンする子どもは、「キエフの大きな門のような堂々とした力強

さは，ひなどりのバレエにはなく，魅力的」「古城のような重々しい旋律は，キエフにはないから違うな。また，古城は夜の感じとキエフは昼の感じがして対比しているな」など自分の曲のよさと比べて，他の曲にもよさを見つけ，他の曲もさらに聴きたいという気持ちを示していた。友達のプレゼンを認めながらも，さまざまな感じ取り方があることも知り，一人で聴く鑑賞よりもさらに楽曲についての理解を深めることのできる時間となった。

■授業を振り返って

　鑑賞の学習は，子どもたちが主体的に聴くことができるような活動にしたいといつも思っています。今回，曲のよさをプレゼンテーションするという活動を通して，子どもたちが自ら聴いてよさをとらえたいという姿が見られ，またそのことによって楽曲への理解も深めることができました。

　しかし，プレゼンテーションは，聴き手に興味をもって聴いてもらうための工夫が必要です。今回は，説明文同様「はじめ」「なか」「おわり」の構成で曲の特徴をとらえ，聞き手が見通しをもって聴くことができるようには心がけましたが，紙プレゼンやスライドなどプレゼンツールの活用ができませんでした。

　また，プレゼンの仕方も国語科等で行っているので，他教科の学習とつなげて活用すれば，さらにプレゼンテーションスキルが向上すると思いました。

（静岡県立沼津市静浦小中一貫学校　教諭　糸川麻里子）

From SHIOYA ● ● ●

　中学校3年生，音楽，プレゼンテーション，この3つの言葉が結びつくでしょうか。私は，「音楽でプレゼンテーション？」と，驚きました。そして，糸川先生から「音楽の教科書にもプレゼンテーションという言葉があります」とお聞きして二度びっくりしました。

　糸川先生は，小中一貫学校で小学校1年生から中学校3年生の音楽を担当しています。また，校内での校務分掌は研究主任です。音楽を9年間見通して系統的にとらえるだけでなく，中学校3年生として横のつながりも視野に入れています。授業では，ねらい（学習問題）に対して活動が明確であり，子どもたちは活動の場で習得した技能を発揮しています。この授業レポートでも，鑑賞をより主体的・対話的な学びにするために，プレゼンテーションという活動を取り入れています。中学校3年生の生徒は，もちろんプレゼンテーションの経験もあり，そのスキルもあります。スライドはつくってはいませんが，何を伝えるのかの筋道をつくる過程を重視したワークシートが用意されていました。音楽のねらいと活動に合わせ，生徒がもっているプレゼンテーションスキルを活用できる場の広がりを感じた授業でした。

| 学年・教科 | 中学校3年生　国語 | 単元名 | 説得力のある文章を書こう |

単元のねらい：興味をもった広告について分析し，どうしてその広告は効果的なものと言えるのか，どんな点がその広告の素晴らしいところなのかを，順序立てて書くことができる。

探究の過程

課題の設定
- 問う
  - ・問いをつくる

情報の収集
- 見通す
  - ・計画を立てる
- 集める
  - ・調べる―メディアを選ぶ
  - ・調べる―情報を見つける
  - ・地域に出て調査をする
  - ・観察や実験をする
- 収める
  - ・情報を手元に置く

整理・分析
- 整理・分析する
  - ○ものごとを分析し特徴や傾向をつかむ
    - 32　目的に応じて観点別に情報を整理し，特徴や傾向をつかむ
  - ・量を分析し特徴や傾向をつかむ

まとめ・表現
- まとめる
  - ○一つにまとめる
    - 43　主張と根拠，根拠のもとになる事実を構造化する（論理展開）
- 表現する
  - ・プレゼンテーションをする
  - ・事実や事柄を正確に伝える
  - ○根拠に基づいて考えを伝える
    - 55　根拠を明らかにして説得力のある批評文を書く

単元の流れ（3時間）

○単元目標や学習の流れの確認。批評文とは何かを復習し，ゴールを見据える（生徒は「故郷」の学習のまとめとして簡単な批評文を書いている）。教師が用意した広告4種類の中から興味のあるものを選び，批評の観点から分析する。（＊1）

- 分析する
- 4種類の広告の準備　ワークシート（批評の観点を示す）

○個人の分析を基にグループで，広告ポスターについての分析を更に広げ，深める。分析した中で，自分が最も評価したいと思ったことを題材に決定し，構成メモをつくる。（＊2）

- 構成メモをつくる
- 教師の例の提示（批評文と構成メモ）

○構成メモを使って，批評文を書く。（＊3）

- 批評文を書く
- ワークシート（評価項目入り，原稿用紙）

【評価】
根拠のある批評を，論理立てて書くことができる。

第2章 単元デザインに役立つ「デザインシート」と「授業レポート」

> **授業レポート** 論理の展開を意識して――ゴールを見据える

■教師の願い

　中学校3年生の書く力として求められているものの一つに，「論理の展開を工夫して書く力」がある。しかし，「工夫」するまでの段階に至っていない生徒が多いのが現状である。論理的な構成で文章を書くことができず，行き当たりばったりで書き進めてしまう生徒がまだまだ多く，そんな生徒たちにとって論理の展開を工夫していくということは大変なことである。これまでに，物語文の批評や説明的文章の要約などを通して書くことについて学習してきた生徒だが，本当に書く力が身についてきているのか疑問だった。というのも，定期テストの短作文の解答を見てみると，行き当たりばったりの文章が多く，論理の展開などというものからは程遠い文章が多く見られていたからだ。

　今までの指導の反省点として，書き出しの言葉だけ提示をして，それに合わせて書かせていたことがあげられる。書き出しでつまずく生徒が多いためにそのサポートをしたつもりでいたが，後々考えるとこれだけでは，スタートを切るのみでゴールがわからない，という状態を招くのみだった。そこで段落構成を意識した学習の流れを組み立て，根拠に基づいた文章を論理の展開を工夫して書いていけるように指導した。

■授業の様子

＊第1時　題材とする広告選びとその分析（個人）

　「ゴールがわからない」そういった事態を改善するため，授業の始めに単元目標の確認をし，題材選びをする前から生徒がどんな作文を書くのかイメージできるようにした。教科書の例や教師の作成した例を用いて，なるべく具体的にわかるようにした。

　題材選びでは，テレビコマーシャル等で有名なACジャパンの広告を用意した。この団体の広告には考えさせられるものが多く，「これはどういう訴えのある広告だろう」と興味をもつ生徒ばかりであった。生徒は自分が興味をもち，なおかつ書きやすい広告を選ぶことができていた。また，今回は分析することは目的ではなく手段であるため，分析の観点は教師側が示した。その結果，多くの生徒が観点に沿って広告を見る中で，その広告の工夫された点を見つけ出すことができていた。

＊第2時　広告の分析を共有し，構成を組む

　本時の目標は，批評文の構成メモを完成させることである。そこで，構成を考えるうえで必要な①資料の分析と②構成の考え方についてそれぞれ以下のように授業を進めた。

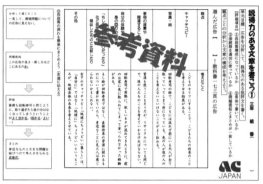

観点を示した構成メモ

①資料の分析は、すでに個人では済ませているものを基に、グループワークの機会を設けた。同じ広告を分析した者同士、自分の分析を報告し合い、分析を深め合うようにした。お互いの分析をよく聞き、メモを取って記録する姿が多く見られた。また、前時の分析でやりきれなかった観点については、自然と「ここからは、こんなことがわかるんじゃない？」といった声も上がり、活発な話し合いに発展していくグループもあった。

②構成の考え方については、教師の例として完成した批評文と構成メモとの両方を用意し、ゴールが見えるようにした。そして、広告の何に注目して何について書きたいのかをはっきりさせ、まとめから書くように指導した。ゴールを見据えることができ、そこに向かって文章が組めるようにするためだ。まとめから、つまり逆から考えるという形に戸惑う生徒も多くいたが、こちらで用意したワークシートの言葉を真似しながら考えることができていた。席をグループワーク用に移動したままで進めたクラスと、元の席に戻って進めたクラスと、2通りあったのだが、同じ広告について進めている仲間が近くにいると、作文が苦手な生徒も教えてもらいながら構成を組むことができた。

＊第3時　批評文を書く

前回までに、構成メモができていたので、本時はその流れに沿って書いていく時間とした。指導のポイントは、それぞれの段落をつなげる言葉をどう入れるかのみにして、

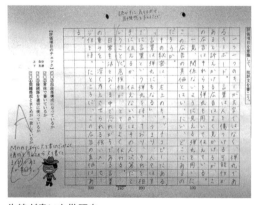

生徒が書いた批評文

生徒には構成メモの流れに沿って書くことに集中させた。300字程度の短い文章であるので、構成メモをしっかり書けた生徒は、すんなりと書き上げることができた。これまでの授業では、これくらいの分量を書くときには、友達に頼ってしまう生徒が多かったが、本時では多くの生徒が自分の構成メモや教科書とワークシートの参考例を頼りに、一人で書き切ることができていた。

授業を振り返って

　今回の実践の中で私は，広告の分析をするということよりも，何を根拠に何を伝えるかを順序立てることに力を入れました。文章を書くときに生徒がつまずくポイントの一つとして，内容に対しての理解がないことがあげられますが，これでは書くためのスタートラインにすら立つことができません。単に文章を書くという点においては，スタートラインを同じにしてあげることが大切だと思い，実践に取り組んでいきました。

　スタートラインに立った生徒たちは自然と書き進めていきます。もちろんゴールも，途中のチェックポイント（評価項目や構成メモ）も示してあるので，なんとか書いていけます。今まで作文問題を書かずに終えてしまっていた生徒や，文章を書くことに抵抗を感じていた生徒が，グループワークで話し合った資料や構成メモを見ながら書き進める姿を見て，書く力がないのではなく，書くための準備ができていないのだと強く感じました。ただし，書きあがった批評文の多くは，教科書の例を真似て書いたもののため，自分の言葉に変えて書くところまではたどり着いていません。そういった点を課題として，授業改善をしていきたいと思っています。

（静岡県磐田市立城山中学校　教諭　金澤広也）

From SHIOYA ● ● ●

　中学校3年生の国語の時間数は，1・2年生よりも減り，「批評文を書く」単元を3時間で扱わねばなりません。生徒はといえば，「批評文」という言葉を初めて聞き，そもそも書くことには抵抗感をもっています。金澤先生はどのようにして単元計画を立てたのでしょうか。

　まず，金澤先生は，文章を書き始めるまでの「順序立て」を，授業改善の根幹に据えました。3時間のうちの2時間は，この「順序立てる」に当てられています。その2時間で，批評文を書き始めるというスタートラインに立てるように，学習活動を組み立てたのです。その結果，「書く力がないのではなく，書くための準備ができていないのだと強く感じました」という気づきの言葉が生まれました。このような学習活動を通して，生徒が学ぶのは，批評文の書き方だけでなく，書くまでの準備をも含めたプロセスなのです。学び方を学ぶ，そのものです。

　次に，単元計画の第1時に括弧書きですが，「生徒は『故郷』の学習のまとめとして簡単な批評文を書いている」と但し書きがあります。ひょっとして，今後，他の単元でも批評文を書くことを計画に入れるかもしれません。批評文を書くことが，この単元だけではなく，複数回あることは，本単元で学んだことを活用する場があるということです。少ない時間数の中で，学習活動を組み込もうとすると，このような単元と単元をつなぐ力が授業づくりに影響してくるのです。

引用・参考文献

木下是雄（2018）「第 4 章　パラグラフ」(58-74 頁)「第 5 章　文の構造と文章の流れ」(75-88 頁)「第 7 章　事実と意見」(101-117 頁)『理科系の作文技術』中公新書

久保田賢一・今野貴之（2018）「第 1 章　21世紀に求められる能力と ICT を活用した学習環境」(4-14 頁)「第 3 章　思考力の育成と ICT」(28-42 頁)「第 8 章　情報活用能力を育てる」(107-122 頁)「第12章　図書館における学習環境デザイン」(163-176 頁)『主体的・対話的で深い学びの環境と ICT』東信堂

R. リチャート・M. チャーチ・K. モリソン／黒上晴夫・小島亜華里訳（2015）「第 2 部　思考ルーチンによる思考の可視化」(37-204 頁)『子どもの思考が見える21のルーチン』北大路書房

黒上晴夫・小島亜華里・泰山裕『シンキングツール——考えることを教えたい』NPO 法人学習創造フォーラム http://ks-lab.net/haruo/thinking_tool/（参照　2018/09/30）

黒上晴夫（2017）『小学校新学習指導要領ポイント総整理　総合的な学習の時間』東洋館出版社。

慶應義塾大学教養研究センター監修／西山敏樹・鈴木亮子・大西幸周（2013）『アカデミック・スキルズ　データ収集・分析入門——社会を効果的に読み解く技法』慶應義塾大学出版会。

塩谷京子（2017）「特集：情報リテラシーのいま　初等教育（小学校）における情報リテラシー教育——情報リテラシー教育を推進するための視点」(527-532 頁)『THE JOURNAL OF INFORMATION SCIENCE AND TECHNOLOGY ASSOCIATION（情報の科学と技術）』Vol. 67, No. 10

塩谷京子（2016）『すぐ実践できる情報スキル50——学校図書館を活用して育む基礎力』ミネルヴァ書房

日本図書館協会図書館利用教育委員会図書館利用教育ハンドブック学校図書館（高等学校）版作業部会（2011）『問いをつくるスパイラル　考えることから探究学習を始めよう！』日本図書館協会 http://toisupa.blogspot.com（問いをつくるスパイラル　サポートページ　参照　2018/09/30）

日本図書館情報学会研究委員会（2017）「第10章　メディアとしての学校図書館」(163-178 頁)『わかる！図書館情報学シリーズ第 4 巻　学校図書館への研究アプローチ』勉誠出版

堀川照代（2018）「第 1 章　学校図書館の目的・機能」(22-32 頁)『学校図書館ガイドライン活用ハンドブック解説編』悠光堂

堀川照代・塩谷京子（2016）「第 2 章　学校図書館利用指導から情報リテラシー教育へ」（31-48頁）「第 3 章　情報リテラシーの理論」（49-66頁）『改訂新版　学習指導と学校図書館』放送大学教育振興会

松原望（2005）『統計学100のキーワード』弘文堂

P. グリフィン・B. マクゴー・E. ケア編／三宅なほみ監訳／益川弘如・望月俊男編訳（2014）『21世紀型スキル──学びと評価の新たなかたち』北大路書房

文部科学省（2008）「小学校学習指導要領解説　総合的な学習の時間編」http://www.mext.go.jp/component/a_menu/education/micro_detail/__icsFiles/afieldfile/2009/06/16/1234931_013.pdf　（参照　2018/09/30）

文部科学省（2017a）「小学校学習指導要領（平成29年告示）」http://www.mext.go.jp/component/a_menu/education/micro_detail/__icsFiles/afieldfile/2018/09/05/1384661_4_3_2.pdf　（参照　2018/09/30）

文部科学省（2017b）「中学校学習指導要領（平成29年告示）」http://www.mext.go.jp/component/a_menu/education/micro_detail/__icsFiles/afieldfile/2018/05/07/1384661_5_4.pdf　（参照　2018/09/30）

文部科学省（2017c）「幼稚園教育要領，小・中学校学習指導要領等の改訂のポイント」http://www.mext.go.jp/a_menu/shotou/newcs/__icsFiles/afieldfile/2017/06/16/1384662_2.pdf　（参照　2018/09/30）

文部科学省（2018a）『小学校学習指導要領（平成29年告示）解説　総合的な学習の時間編』東洋館出版社

文部科学省（2018b）『中学校学習指導要領（平成29年告示）解説　総合的な学習の時間編』東山書房

文部科学省（2018c）『小学校学習指導要領（平成29年告示）解説　算数編』日本文教出版

文部科学省（2018d）『中学校学習指導要領（平成29年告示）解説　数学編』日本文教出版

文部科学省（2018e）『小学校学習指導要領（平成29年告示）解説　理科編』東洋館出版社

文部科学省（2018f）『中学校学習指導要領（平成29年告示）解説　理科編』学校図書

Big6 Associates. "Big6" http://www.big6.com/（参照　2018/09/30）

Eisenberg, Michael B.; Berkowitz, Robert E., *Information problem-solving: the big sixskills approach to library & information skills instruction*, Norwood, N. J., Ablex Publishing, 1990

おわりに

　本書を作成しながら想像したのは，授業づくりや授業改善に取り組んでおられたり，探究的な学習のサポートをしておられたり，また，このような学校現場の取り組みに関心をもっておられたりする方々の姿でした。と同時に，この本が筆者の手から離れるときに記しておきたいことは何だろうかと，執筆段階から自身に問うてきました。

　「おわりに」に書いておきたいこと，それは，授業レポートの協力者である先生方のことです。本書の構想は，協力してくださった先生方抜きでは考えられません。特に，第2章は，静岡県内の小中学校の先生の日々の「授業」をもとに，「単元シート」と「授業レポート」の構成で書き起こしたものです。これらの一つ一つは，読者のみなさまにきっと届くものであると思っておりますが，ここで繰り返しておきたいことは，そのもとになっているのが特別な授業ではなく，日々の授業だということです。以下は，「日々の授業を取り上げた経緯」と「協力者と筆者とのつながり」を語ったものです。長文ですので，お時間のあるときにお読みください。

　教師の主たる職務の一つに日々の「授業」があります。「授業」を進めるに当たり，学校では教育課程の編成が行われ，時間割が作成されています。時間割に書かれている教科や総合的な学習の時間などは，学習指導要領によって目標や内容が示され，週の時間数が決まっています。学校での「授業」は，年間の時間数もはっきりしている中で計画的に行われているのです。

　教師は，時間割に示された自分の担当の「授業」を進めています。しかし，よく耳にする「環境教育」「健康教育」「人権教育」「食の教育（食育）」「情報教育」「安全教育」「福祉教育」「国際理解教育」「図書館教育」「キャリア教育」などは，どの時間割に収まるのでしょうか。これらは，現在の時間割には記されていないものの，子どもが今を生きるうえで必要な概念や内容ばかりです。つまり，今日的な課題とも言える用語の集まりです。これらの中には，学校が必要に応じて教育課程の編成に組み入れるものもある一方で，教師に任されているものもあります。

　筆者は，20世紀から21世紀に移る頃，総合的な学習の時間の新設とともに，学校図書館を充実するための校内の推進役として司書教諭という職務に就きました。このときに飛び込んできたのが，「環境教育」「福祉教育」「国際理解教育」などの総合的な学習の内

容に関する用語に加えて,「情報教育」「図書館教育」などインターネットを通して得られる情報や学校にある図書館をどう活用するのかなどの学び方に関する用語でした。

このときに困ったことは, 教職員同士が互いに話し合うための用語が十分に整理されていなかったことです。例えば,「図書館」や「情報」といった用語をとってみても, その理解には教職員間で大きな差異がありました。学校の図書館には各教科等の授業で使える図書が数多くあることや, 学校図書館の活用の仕方を知れば誰でも使えることなどについても, 自分の体験から語ることが精一杯でした。残念ながら当時の私には, これらを伝えるための学術的な用語を持ち合わせていなかったのです。

偶然, 校内において学校図書館の担当者になったことがきっかけでしたが, その後, 学校現場に関わる「教育者」と図書館活用に関わる「図書館情報学」いう別々の学術的な概念を学ぶことを通して, 両者をつなげる道筋を模索するようになりました。

両者をつなげるきっかけとなったのは, 図書館情報学において,「インフォメーションリテラシー（情報リテラシー）」という用語に出合い,「リテラシー」という概念があることを知ったことです。最近, 特に目にするのは, 例えば,「健康に関する情報が氾濫している今, 最低限必要な基本的な用語の理解がないと健康に関する情報を読み取ることができない。だから,『健康リテラシー』が必要」という使われ方です。このように,「リテラシー」という用語は, 読み書き能力や理解力を表す場合が多く,「健康」「金融」「ネット」などとセットになってさまざまな分野で使われています。

学校現場において, 今日的な課題を扱うときに必要な概念があったとき, それが, 社会や理科などの教科には出てこない言葉, または, いくつかの教科にまたがっている内容である場合, 子どもにはその分野の「リテラシー」が不足していると考えることができます。もちろん, 学校現場では「リテラシー」が不足しているという表現の仕方はしません。しかし,「リテラシー」という用語を使うことにより, 筆者の頭の中は,「リテラシーは, その分野の基礎的な理解に繋がるため, 新聞やテレビニュースなどを用いて普段から触れたり, 体験や見学をしたり, 専門家の話を聞いたり, 事典などを使って学んだりすることなどを通して, 用語に馴染むことを教育現場に取り入れることがスタートになる」というように整理されたのです。

「リテラシー」という用語を学校現場で使用しなくても,「リテラシー」という概念は, 教科の枠をはずした内容や今日的な課題を扱う場合に鍵になると考えるようになりました。校内において「情報」をどう扱うのかに関する知識・技能の習得を推進するというのが筆者の職務でしたが, そこで取り扱う内容を「情報リテラシー」という用語でひとまとめにすると, 引き出しにラベルが貼られたようになります。関係する事柄はすべてその中に入れ, ある程度溜まったら, 分類して見出しをつけることを繰り返すことがで

きました。最終的に「情報リテラシー」の引き出しの中は，学校現場で使われている用語である「課題の設定」「情報の収集」「整理・分析」「まとめ・表現」の4つの見出しをつけました。そして，見出しの中にある一つ一つをスキルという形に揃え，「情報活用スキル」と名付けました。その結果生まれたのが「情報活用スキル」の一覧表です。

しかしながら，前にも述べた通り，整理された一覧表があるだけでは，なかなか日々の授業に取り入れることができません。このような「ある分野のリテラシー」を教師が授業に取り入れるとき，教育用語である「授業設計」，または「単元計画を立てる」ことが必要になります。単元は決まった時間数で計画されますので，単元のねらいを見据え，子どもの発達段階を考慮した上で，用語や概念との出合い方を考えることが必要になります。

また，新たな分野の概念を伝えるときには，そこで使われている最低限必要な用語との親和性を子どもとの間にどう作るのかも大切です。必要だからといって，突然子どもに見せたとしても，興味関心や必要性を感じないからです。そこで大切になるのが，教育分野での用語である「学習活動」，または「言語活動」の設定です。

このように，探究の過程において情報を活用するときに必要な知識・技能の集まりである「情報活用スキル」と，教育分野の用語である「授業設計」「単元計画」や，「学習活動」「言語活動」とをつなげ，単元計画に組み入れることに取り組みました。そして，静岡県内の24人の先生方に協力していただいたのです。24人の先生方には本書の協力者であるという以外に，もう一つの共通点があります。

およそ10年前に遡ります。学校図書館の全国大会が静岡県で行われることになりました。小中高等学校の教師，学校司書等の職員を対象とし，隔年で開催される2000人から3000人規模の大きな大会です。この大会を運営するに当たり確認し合ったことは，この大会を成功させるだけでなく，大会準備・運営を通して10年先を見て，「若手を育てていこう」ということでした。

そのため，事務的な運営準備だけでなく，継続的に学習会を開催しました。学習指導要領改訂にともない，「思考力・判断力・表現力」という言葉が使われ始めた頃のことです。この学習会は現在にも至り，100人ほどの参加者と共に研鑽を続けております。24人の先生方は，学習会に参加したり，参加メンバーと校内で共に仕事をしたりしているという共通点があるのです。つまり，スタートは，学校図書館の活用であったものの，学習会を重ねながら皆が目指したのは，教科や総合的な学習の時間において，「思考力・判断力・表現力」を育成するための単元づくりの研鑽でした。

本書を出版するに当たり，第37回全国学校図書館研究大会（静岡大会）運営委員長の戸﨑雅章先生からメッセージをいただきました。

おわりに

> メッセージ「10年後を担う人材の育成を」
>
> 　「10年後の静岡県学校図書館活動を担う人材の育成」を。これは，ちょうど10年前，第37回全国学校図書館研究大会（静岡大会）を2年後に控えた平成20年8月21日の第1回運営会議で，参加者全員が確認し合った内容である。
> 　これまでに，いろいろ大きな大会に携わってきた私たちは，大会終了後に疲労感しか残らない経験を何度もしていた。その原因は，目標と目的の混乱にあると感じていた。大会の運営は目標であっても，目的ではない。目的は，運営にあたる関係者が，その期間を通し研究内容をどれだけ研鑽したかである。その考えの基に，私たちは「10年後の人材の育成」を大会の目的に置いた。
> 　その目的に迫るために，静岡大会で初めて100ある分科会のすべてに，静岡県メンバーによる研究担当者を配置した。発表者と司会者との連携を取りながら，研究内容を充実させることを，活動の中心とした。そのために，メンバーは大会に向けたその後の2年間，事前の研究会議を何回も重ねた。当時，指導要領が改訂される時期であり，その読解から始め，各自が担当する分科会の内容の研究を深めた。
> 　この事前研究を推進した中核の人たちも，その1・2年前に，初めて知り合ったばかりで，互いが交流を深めながら，手探りで研究を進める状況だった。このことにより，県内のそれぞれで活動していた点が，初めて線として繋がりを見せた。事前の研究会議が，その線を堅固なものとしていった。中核のメンバーは，今でも「あの時は毎週のように，静岡市の森下小学校のクラブハウスに通った」と懐かしむ。
> 　そして，大会終了後，その線は県内各地で結ばれ，面として広がった。現在，大会当時見えなかった新しい人材が生まれている。本書も，この面として広がった研究活動の成果のひとつであろう。目指した「10年後の人材の育成」は，見事に結実したと言える。実践から生まれた本書は，各自の研究授業を検証する中で，現場に即した独自のスキルを紡ぎ出すという優れた視点を持っている。
> 　10年の節を刻んだ静岡県学校図書館研究会は，次の10年でも地道な実践の成果を示してくれるだろう。教育の目的は，子どもの幸福にあるとすれば，学校図書館研究活動の目的も，子どもの幸福に通じるものであるはず。各自が日々の研究を進め，会として成果を作り上げる時，この「何のため」を常に心に留めてほしいと願っている。
>
> （第37回全国学校図書館研究大会　運営委員長　戸﨑雅章）

　本書を編集執筆しながら，各教科等の学習の単元計画の中に「探究の過程」や「情報活用スキル」を組み込むことが当たり前となっていることに，改めて10年という月日の継続を感じています。そして，協力者の先生方にとってはすでに当たり前となっていることを，第2章では「単元シート」という形で見える化しました。24人の先生方による「単元シート」と「授業レポート」は，図書館大会という一つのきっかけを通して始まりましたが，帰着したのは教師の主たる職務である「授業づくり」であったからこそ，形にすることができたのではないかと思っております。

最後になりますが，本書には，子どものつまずきを何とかしたい，主体的に学んでほしいという現場の教師の切なる願いが散りばめられています。そのための授業改善や工夫の足跡が読者に見えるような授業レポートとしました。本書が，単元計画を立てたり授業改善をしたり，また探究的な学習を支える立場にあったり，さらには，このような取り組みに関心があったりするみなさまのお役に立つことができるならば，こんなにうれしいことはありません。

　本書の出版にあたり，協力してくださった先生方，そして，企画段階から何度も打ち合わせを重ねたミネルヴァ書房の編集者である河野菜穂さんには，大変お世話になりました。心よりお礼申し上げます。

2018年12月4日　　　　　　　　　　　　　　　　　　　　　　　塩谷　京子

索　引

あ　行

- アンケート……………………………… 43, 116
- 意見文……………………………… 103, 111, 160
- イメージマップ………………………… 63, 76, 80
- インターネット………………………………… 85
- インタビュー…………………………… 33, 42, 145
- ウェビング…………………………………… 96, 103
- 奥付………………………………………… 92, 131
- お仕事カード……………………………………… 32
- おわり…………………………… 7, 34, 53, 69, 112

か　行

- 仮説……………………………………… 163, 165
- 紙プレゼン………………………………… 100, 107
- 関係付ける………………………………………… 99
- 観察…………………………………………… 27, 49
- 観察メモ……………………………………… 23, 29
- 観点…………………………… 8, 50, 134, 147, 181
- 共通（の）テーマ………………………… 63, 75, 129
- KWLシート………………………………… 37, 42, 71
- 計画立案シート………………………………… 72
- 結論……………………………………………… 7, 167
- 5W1H……………………………………… 38, 63, 71, 96
- 構成表…………………………………………… 112
- 構成メモ………………………………………… 181
- 根拠……………… 49, 81, 103, 112, 145, 159, 166, 177
- コンセプトマップ………………………………… 99

さ　行

- 参考資料………………………………………… 141
- 参考図書……………………………………… 91, 125
- 参考文献の書き方………………………………… 122
- 実験・観察…………………………………… 60, 153
- 順序……………………………………………… 27

- 情報カード………………………………… 20, 99
- 情報ガイド……………………………………… 148
- 情報源……………………………………… 87, 122, 145
- 情報メモ………………………………………… 81
- 職業ガイド……………………………………… 148
- 序論……………………………………………… 7, 167
- 資料の分析……………………………………… 182
- 新聞にまとめる………………………………… 96
- 筋道…………………………… 67, 80, 108, 117, 138
- 全数調査………………………………………… 172
- 双括型…………………………………………… 7, 159
- 相互評価……………………………………… 156
- 卒業論文………………………………………… 163

た　行

- 体験……………………………………… 21, 25, 27, 58
- 探究の過程………………………………………… 14
- 調査計画………………………………………… 115
- 著作権…………………………………………… 130
- 提案書……………………………………………… 77
- データ……………………………………… 85, 91, 151, 173
- 問い………………… 21, 27, 37, 41, 75, 77, 79, 96, 165
- 頭括型…………………………………………… 7, 159
- 統計的手法……………………………………… 172
- 図書館資料……………………………………… 112

な　行

- なか……………………………… 7, 34, 53, 69, 112
- なぜなにシート…………………………………… 44
- 年鑑………………………………………………… 91

は　行

- はじめ…………………………… 7, 34, 53, 69, 112
- 発表会…………………………………………… 157
- 反論……………………………………… 104, 111, 160, 166

191

比較する……………………………… 49
尾括型……………………………… 7, 159
Big6 Skills Model………………… 13
批評文……………………………… 182
標本調査…………………………… 172
ピラミッドチャート 64, 81, 104, 107, 117, 134, 137, 166
フィールドワーク………………… iii
フェイスシート…………………… 116
フリップ…………………………… 156
プレゼンテーション……… 46, 64, 107, 155, 177
文章構成…………………………… 7
ベン図……………………………… 50
報告文……………………………… 46, 81
ポスター…………………………… 77, 173
本論………………………………… 7, 167

ま 行

マトリックス表…………………… 8

メディアを選ぶ…………………… 121
目次・索引………………………… 19

や 行

要約・引用………………………… 6, 131
予想………………………………… 59

ら 行

ライブラリーワーク……………… iii
ラボラトリーワーク……………… iii
理由のある予想…………………… 59
レポート…………………………… 117
レポート（の）形式……………… 118, 141
論理的に説明……………………… 167
論理の展開………………………… 143, 181

単元シート

学年・教科	単元名

単元のねらい：

探究の過程

課題の設定

問う
・問いをつくる

情報の収集

見通す
・計画を立てる

集める
・調べる―メディアを選ぶ
・調べる―情報を見つける
・地域に出て調査をする
・観察や実験をする

収める
・情報を手元に置く

整理・分析

整理・分析する
・ものごとを分析し特徴や傾向をつかむ
・量を分析し特徴や傾向をつかむ

まとめ・表現

まとめる
・一つにまとめる

表現する
・プレゼンテーションをする
・事実や事柄を正確に伝える
・根拠に基づいて考えを伝える

単元の流れ（　時間）

単元シートの使い方

学年・教科	単元名

単元のねらい：
　　　　手順１．単元のねらいを記入する。
　　　　　指導書だけでなく，学習指導要領とも照らし合わせる。

探究の過程

課題の設定
問う
・問いをつくる

情報の収集
見通す
・計画を立てる

集める
・調べる－メディアを選ぶ
・調べる－情報を見つける
・地域に出て調査をする
・観察や実験をする

収める
・情報を手元に置く

整理・分析
整理・分析する
・ものごとを分析し特徴や傾向をつかむ
・量を分析し特徴や傾向をつかむ

まとめ・表現
まとめる
・一つにまとめる

表現する
・プレゼンテーションをする
・事実や事柄を正確に伝える
・根拠に基づいて考えを伝える

単元の流れ（　時間）

手順２．単元の流れを大まかに書く

手順３．流れごとに，主な活動をふせんに書いて貼る

手順４．活動を進めるに当たり準備することをふせんに書いて貼る

手順５．情報活用スキルと活動を矢印で結ぶ

活動	準備

※活動と準備のふせんの色を変えると区別しやすい

【評価】
　手順６．評価することを記入する

情報カード　　　　　　　　月　　日
名前（　　　　　　　　　　　　　　）

1　知りたいこと（問い）	
2　調べたこと（答え） 　　要　約 　　まとめよう！ 　　引　用 　　書きうつそう！	
3　参考資料 　本　インターネット 　新聞，その他 　　メモしておこう！ ・本の場合 　著者名／発行所名／発行年 　参考にしたページ ・インターネットの場合 　サイト名／URL ・新聞の場合 　新聞社名／発行日	
4　メ　モ 思ったことや新たなぎもんが あったらメモをしておこう！	

情報カードの使い方例とチェック

☑ 知りたいこと（問い）の文末は「〜か」で終わる疑問形となっているか。
☑ 調べたこと（答え）は、1の知りたいこと（問い）が求めていることか。
☑ 調べたこと（答え）は、「自分の言葉でまとめた要約」か、それとも「そのまま書きうつした引用」か。どちらかに○印がついているか。
☑ 参考資料のうち、本、インターネット、新聞、その他に○印がついているか。

1 知りたいこと（問い）	なぜ、イモリ、ヤモリという名前がついたのか
2 調べたこと（答え） 要約　まとめよう！ 引用　書きうつそう！	イモリは、小川や田んぼなど、よく水のまわりでみられます。井戸や田んぼを守るとおもわれて、井守となりました。ヤモリはおもに家のまわりにすんでいます。ときどき家の中でもみられます。家を守るとおもわれて家守になりました。
3 参考資料 ㊪　インターネット 新聞，その他 メモしておこう！ ・本の場合　著者名／発行所名／発行年　参考にしたページ ・インターネットの場合　サイト名／URL ・新聞の場合　新聞社名／発行日	もっと知りたいイモリとヤモリ 赤木かん子 新樹社 2017 　P2〜3
4 メ モ 思ったことや新たなぎもんがあったらメモをしておこう！	井守と家守というように漢字で表されていることにおどろいた。

《実践提供協力者紹介，勤務先は2018年３月現在，実践末尾に明記》

青木　依子	静岡県静岡市立賤機南小学校教諭
池谷　聡美	静岡県静岡市立賤機北小学校校長
糸川麻里子	静岡県沼津市立静浦小中一貫学校教諭（音楽科）
大石　雅子	静岡県静岡市立西奈小学校教諭
岡　博美	静岡県静岡市立田町小学校（元静岡市立服織小学校）教諭
岡田　千代	静岡県静岡市立清水飯田小学校教諭
岡村　将嗣	静岡県沼津市立静浦小中一貫学校教諭
加藤　匡崇	静岡県沼津市立静浦小中一貫学校教諭
金澤　広也	静岡県磐田市立城山中学校教諭（国語科）
狩野　絹子	静岡県静岡市立南藁科小学校教諭
加納　礼子	静岡県沼津市立内浦小学校教諭
河村　嘉之	静岡県沼津市立静浦小中一貫学校教諭（理科）
小見山晋治	静岡県裾野市立裾野西小学校主幹教諭
小谷田照代	静岡県沼津市立静浦小中一貫学校教諭
鈴木　芳	静岡県磐田市立磐田中部小学校教諭
鈴木久美子	静岡県沼津市立静浦小中一貫学校教諭
鈴木　朝子	静岡県沼津市立沢田小学校教諭
中村　寿乃	静岡県静岡市立井宮北小学校（元静岡市立長田北小学校）教諭
萩田　純子	静岡県磐田市立城山中学校教諭（国語科）
堀内　典子	静岡県磐田市立城山中学校教諭（国語科）
本田　喜子	静岡県榛原郡川根本町立中川根第一小学校教諭
武舎　章充	静岡県沼津市立静浦小中一貫学校教諭（数学科）
山口すみえ	静岡県島田市立大津小学校教諭
山本　直也	静岡県磐田市立城山中学校教諭（理科）

《著者紹介》

塩谷京子（しおや・きょうこ）

静岡県生まれ。
放送大学客員准教授。博士（情報学）。
静岡大学教育学部卒業。静岡大学大学院情報学研究科修士課程修了。関西大学大学院総合情報学研究科博士課程修了。静岡県公立小学校教諭・司書教諭，関西大学初等部専任教諭・司書教諭／中高等部兼務を経て現職。
関西大学・昭和女子大学非常勤講師兼務。
専攻は，教育工学。関心分野は，情報リテラシー教育・読書教育・授業設計・学習環境デザイン。
主な著書は，
『小学校　明日からできる　読書活動事典』（共著）明治図書出版，2018年。
『司書教諭の実務マニュアル　シオヤ先生の仕事術』（単著）明治図書出版，2017年。
『改訂新版　学習指導と学校図書館』（共著）放送大学教育振興会，2016年。
『すぐ実践できる情報スキル50――学校図書館を活用して育む基礎力』（編著）ミネルヴァ書房，2016年。
『探究的な学習を支える情報活用スキル――つかむ・さがす・えらぶ・まとめる』（単著）全国学校図書館協議会，2014年。
『司書教諭が伝える　言語活動と探究的な学習の授業デザイン』（共著）三省堂，2013年。

探究の過程における すぐ実践できる情報活用スキル55 ――単元シートを活用した授業づくり――	
2019年1月30日　初版第1刷発行	〈検印省略〉
	定価はカバーに表示しています
著　者　　塩　谷　京　子	
発行者　　杉　田　啓　三	
印刷者　　田　中　雅　博	
発行所　株式会社　ミネルヴァ書房	
607-8494　京都市山科区日ノ岡堤谷町1 電話　代表　075-581-5191 振替口座　01020-0-8076	

© 塩谷京子, 2019　　　　　　　創栄図書印刷・清水製本

ISBN978-4-623-08445-6
Printed in Japan

すぐ実践できる 情報スキル50
——学校図書館を活用して育む基礎力

塩谷京子 編著

B5判美装カバー／212頁　2016年4月刊行
本体：2,200円（税別）　ISBN 978-4-623-07661-1

【ここがポイント】
◎ 探究の過程に沿って情報スキルを一覧できる
◎ 小中9年間の発達段階を見通すことができる
◎ スキルの内容理解と実践事例がセットになっている
◎ 授業を支える学校図書館をはじめとした学習環境の整備の仕方が見える

はじめに
情報スキル50一覧表
知っておいてほしいこと

Ⅰ 課題の設定
つかむ A 問いをつくる
1 知りたいことを絞る ステップ1
2 知りたいことを整理する ステップ1
3 知識を広げてからテーマを選ぶ ステップ2
4 共通テーマから自分の問いを作る ステップ3
発達段階を意識して まとめ
実践事例 1〜4

Ⅱ 情報の収集
見通す B 計画を立てる
5 調べる方法を整理する ステップ2
6 調査計画を立てる ステップ3
発達段階を意識して まとめ
実践事例 5〜6
集める C 探索する
7 読みたい本の場所を知る ステップ1
8 日本十進分類法（NDC）を知る ステップ1
9 参考図書を使う ステップ2
10 メディアの種類や特徴を知る ステップ2
11 使用するメディアを目的に応じて選ぶ ステップ3
発達段階を意識して まとめ
実践事例 7〜11
D 事典・辞典を引く
12 百科事典を引く ステップ1
13 事典・辞典を使いこなす ステップ3
発達段階を意識して まとめ
実践事例 12〜13
E 目次・索引を使う
14 目次・索引を使う ステップ1
15 見当をつけて情報・資料を探す ステップ3
発達段階を意識して まとめ
実践事例 14〜15
F インターネットを使う
16 キーボードを使う ステップ1
17 インターネットを使って情報を集める ステップ2
18 インターネットのよりよい利用について考える ステップ3
発達段階を意識して まとめ

実践事例 16〜18
G 地域に出て調査をする
19 アンケートを作る ステップ1
20 インタビューをする ステップ2
21 目的に応じたアンケートを作成する ステップ3
22 目的に応じたインタビューを行う ステップ3
発達段階を意識して まとめ
実践事例 19〜22
収める H 情報を手元に置く
23 問いと答えを正対させる ステップ1
24 要約と引用を区別する ステップ1
25 参考にした資料を書く ステップ2
26 著作権を意識して要約や引用をする ステップ3
発達段階を意識して まとめ
実践事例 23〜26

Ⅲ 整理・分析
考えをつくる I 言葉を使う
27 集めた情報を比較・分類する ステップ1
28 関係づけながら主張を見出す ステップ2
29 観点を立てて情報を整理する ステップ3
30 目的に応じて情報を整理する方法を選ぶ ステップ3
31 事実と主張のつながり方を読み取る（論理展開） ステップ3
発達段階を意識して まとめ
実践事例 27〜31
J 数値を扱う
32 調査結果の特徴を読み取る（グラフ，表） ステップ2
33 調査結果の傾向を読み取る（ヒストグラム） ステップ3
34 標本調査から母集団の傾向を読み取る ステップ3
発達段階を意識して まとめ
実践事例 32〜34

Ⅳ まとめ・表現
まとめる K 筋道を通す
35 なぜ・なにシートを使って主張と根拠を組み立てる ステップ1
36 ピラミッドチャートを使って事実・意見・主張を組み立てる ステップ2

37 ピラミッドチャートを使って構造化する ステップ3
発達段階を意識して まとめ
実践事例 35〜37
表現する L プレゼンテーションをする
38 形式に沿ってプレゼンテーションを行う（紙芝居） ステップ1
39 主張が伝わるプレゼンテーションを行う ステップ2
40 相手や目的に応じたプレゼンテーションを行う ステップ3
発達段階を意識して まとめ
実践事例 38〜40
M 事実や事柄を正確に伝える
41 はじめ・なか・おわりを区別して報告する文章を書く ステップ1
42 事実（結果）と自分の考えを区別して報告する文章を書く ステップ2
43 レポートの形式を知る ステップ3
44 レポートにまとめる ステップ3
45 わかりやすい説明の仕方を工夫する ステップ3
46 自己の考えを明確にしてレポートにまとめる ステップ3
発達段階を意識して まとめ
実践事例 41〜46
N 根拠に基づいて考えを伝える
47 要約や引用を取り入れて意見文を書く ステップ2
48 立場と根拠を明らかにして意見文を書く ステップ3
49 根拠を明らかにして説得力のある批評文を書く ステップ3
50 文章の形態を選んで書く ステップ3
発達段階を意識して まとめ
実践事例 47〜50

参考にした文献／おわりに／索引

———ミネルヴァ書房———
http://www.minervashobo.co.jp/